贸易便利化与企业出口绩效

涂远芬 著

企业管理出版社
ENTERPRISE MANAGEMENT PUBLISHING HOUSE

图书在版编目（CIP）数据

贸易便利化与企业出口绩效/涂远芬著. —北京：企业管理出版社，2023.12
ISBN 978-7-5164-2970-9

Ⅰ.①贸… Ⅱ.①涂… Ⅲ.①出口贸易-影响-企业经济-研究-中国　Ⅳ.①F279.24

中国国家版本馆 CIP 数据核字（2023）第 203020 号

书　　名：	贸易便利化与企业出口绩效
书　　号：	ISBN 978-7-5164-2970-9
作　　者：	涂远芬
责任编辑：	陈　戈　田　天
出版发行：	企业管理出版社
经　　销：	新华书店
地　　址：	北京市海淀区紫竹院南路 17 号　邮　　编：100048
网　　址：	http://www.emph.cn　电子信箱：emph001@163.com
电　　话：	编辑部（010）68701638　发行部（010）68414644
印　　刷：	北京亿友数字印刷有限公司
版　　次：	2023 年 12 月第 1 版
印　　次：	2023 年 12 月第 1 次印刷
开　　本：	710mm×1000mm　1/16
印　　张：	15.75
字　　数：	196 千字
定　　价：	68.00 元

版权所有　翻印必究　·　印装有误　负责调换

前 言
PREFACE

当前，国际贸易已经步入了"后关税时代"，"贸易非效率"逐渐成为阻碍国际贸易发展的绊脚石（Lee 和 Kim，2012）。通过贸易便利化简化贸易程序、降低交易成本、提高贸易效率已成为国际社会的普遍共识。2004 年 10 月，世界贸易组织（WTO）关于贸易便利化的谈判正式启动。2013 年 12 月，WTO 第九届部长级会议最终达成了《贸易便利化协定》。《贸易便利化协定》是 WTO 自 1995 年成立以来达成的首个多边协定，也是最具历史意义和最具商业价值的多边成果（盛斌，2016）。2017 年 2 月 22 日，《贸易便利化协定》正式生效。2015 年 9 月 4 日，中国正式完成接受《贸易便利化协定》议定书的国内核准程序，成为第 16 个接受议定书的成员。那么，作为全球第一大货物贸易国，中国贸易便利化水平如何？贸易便利化措施将如何影响中国企业的出口绩效？这些都是亟待研究的问题。正确评估中国贸易便利化水平，分析贸易便利化对中国企业出口绩效的影响及机制，对大力推动中国乃至世界贸易的健康发展和经济的稳定增长，具有重要的理论意义和实践意义。

联合国的研究结果显示，贸易便利化的潜在节约可以达到 4900 亿美元（UN/CEFACT BPAWG meeting Geneva，2001）；贸易便利化将给社会带来很大的收益，甚至会超过贸易自由化带来的社会效益（Francois 等，2005）。

本书是国家自然科学基金项目——贸易便利化对中国企业出口行为

影响的经验分析（项目编号：71863013）的阶段性成果。本书共有7章。

第1章，绪论。主要包括研究背景和研究意义、文献回顾与述评、研究内容与研究方法以及主要创新点。

第2章，中国贸易便利化的测度和发展。全球已进入"后关税时代"，贸易便利化已成为世界各国（或地区）推动贸易发展的主要举措之一。首先，本章在界定贸易便利化定义的基础上，采用OECD（经济合作与发展组织）的贸易便利化综合指数，分析了全球主要经济体贸易便利化发展趋势，并对中国国家层面的贸易便利化进行了深度的对比分析，以了解中国贸易便利化水平在全球所处的位置；其次，借鉴Wilson（2003，2005）方法，从法制环境、海关效率、交通基础设施和电子商务应用4个方面构建贸易便利化指标体系，测算了2001—2012年我国省域层面（本书涉及29个省份）贸易便利化综合指数；再次，通过数据分析和对比研究我国各地区2001—2012年贸易便利化演变进程和发展差异；最后，则为本章小结。

第3章，贸易便利化对企业出口二元边际的影响。贸易过程中的贸易成本是影响企业出口二元边际的主要因素（Eaton等，2011），而贸易便利化建设旨在降低贸易成本，因此，贸易便利化将影响企业出口二元边际。首先，研究了出口企业所在地贸易便利化（即中国省级层面贸易便利化）建设对企业出口边际的影响；其次，分析了出口目的地（国外）贸易便利化对企业出口二元边际的影响；再次，将国内和国外贸易便利化纳入同一框架，研究了双向贸易便利化对多产品出口产品范围（即扩展边际）的影响；最后，则为本章小结。

第4章，贸易便利化对企业出口技术复杂度的影响。企业出口技术复杂度既反映了一国商品出口的结构，也反映了一国国际分工地位，是衡量出口贸易高质量发展的重要指标之一。首先，借鉴Melitz（2003）和

Yeaple（2005）模型，理论分析了贸易便利化对企业出口技术复杂度的影响；其次，借鉴了 Xu（2010）的方法，测度了我国企业出口技术复杂度；再次，通过构建包含贸易便利化和企业出口技术复杂度的计量经济模型，检验贸易便利化对企业出口技术复杂度的影响，并进行了内生性、稳健性和异质性分析，进一步通过中介效应模型检验贸易便利化影响企业出口技术复杂度的途径；最后，则为本章小结。

第5章，贸易便利化对企业出口持续时间的影响。贸易关系的持续时间从一个新视角研究了贸易的动态行为，较长的贸易持续时间可以促进贸易的持续平稳发展。首先，主要借鉴 Facundo 等（2016）的模型，理论分析贸易便利化对企业出口持续时间的影响；其次，采用出口生存函数估计中国企业出口持续时间并分析了出口持续时间的分布特征；再次，主要采用 Cloglog 模型实证分析贸易便利化对中国企业出口持续时间的影响，并进行了稳健性、内生性和异质性分析，进一步通过中介效应模型检验贸易便利化对企业出口持续时间的作用机制；最后，则为本章小结。

第6章，贸易便利化对出口企业成本加成的影响。成本加成是衡量企业竞争力和盈利能力的重要指标之一。首先，从理论上分析贸易便利化影响出口企业成本加成的机制；其次，构建计量模型检验贸易便利化对出口企业成本加成的影响，并进行了稳健性、内生性和异质性分析，进一步通过中介效应模型检验贸易便利化影响出口企业成本加成的途径；最后，则为本章小结。

第7章，结论与政策建议。归纳全书的主要研究结论，并在此基础上提出相应的对策建议。

目 录
CONTENTS

第 1 章　绪论　　001

　　1.1　研究背景和研究意义 …………………………………… 002
　　1.2　文献回顾与述评 ………………………………………… 006
　　1.3　研究内容与研究方法 …………………………………… 023
　　1.4　主要创新点 ……………………………………………… 028

第 2 章　中国贸易便利化的测度和发展　　031

　　2.1　贸易便利化的内涵 ……………………………………… 032
　　2.2　中国整体贸易便利化的发展 …………………………… 034
　　2.3　中国省级层面贸易便利化的测度和发展 ……………… 046
　　2.4　本章小结 ………………………………………………… 059

第 3 章　贸易便利化对企业出口二元边际的影响　　061

　　3.1　出口企业所在地贸易便利化对企业出口二元边际的
　　　　 影响 ……………………………………………………… 062
　　3.2　出口目的地贸易便利化对企业出口二元边际的影响 … 079
　　3.3　双向贸易便利化与多产品企业出口产品调整 ………… 094

3.4 本章小结 …………………………………………………… 111

第 4 章　贸易便利化对企业出口技术复杂度的影响　113

4.1 贸易便利化对企业出口技术复杂度影响的理论分析 … 114
4.2 企业出口技术复杂度的测算及特征事实 ………………… 123
4.3 贸易便利化对企业出口技术复杂度影响的实证分析 … 128
4.4 本章小结 …………………………………………………… 146

第 5 章　贸易便利化对企业出口持续时间的影响　149

5.1 贸易便利化对企业出口持续时间影响的理论分析 …… 150
5.2 企业出口持续时间的数据处理与特征 …………………… 154
5.3 贸易便利化对企业出口持续时间影响的实证分析 …… 163
5.4 本章小结 …………………………………………………… 182

第 6 章　贸易便利化对出口企业成本加成的影响　185

6.1 贸易便利化对出口企业成本加成影响的理论分析 …… 186
6.2 计量模型设定与数据说明 ………………………………… 189
6.3 实证结果分析 ……………………………………………… 192
6.4 本章小结 …………………………………………………… 208

第 7 章　结论与政策建议　211

7.1 研究结论 …………………………………………………… 212
7.2 政策建议 …………………………………………………… 216
7.3 不足之处 …………………………………………………… 220

参考文献　222

第 1 章

CHAPTER 1

绪 论

本章就本书的总体状况进行说明。第一,基于研究背景阐述研究的理论意义和实践意义;第二,文献回顾与述评;第三,介绍本书的研究内容及研究方法;第四,介绍本书的主要创新点。

1.1 研究背景和研究意义

1.1.1 研究背景

当前,国际贸易已经步入了"后关税时代"。在多边贸易体制的约束下,世界范围内(包括中国)关税水平显著下降,大量非关税贸易壁垒被削减,全球贸易自由化达到了较高水平。根据世界银行的世界综合贸易解决方案(World Integrated Trade Solution,WITS)数据库统计,全球实际加权平均关税总水平由1996年WTO成立初期的9.90%下降至2020年的3.91%[①],进一步利用传统的关税削减措施推动全球贸易发展的空间已经非常有限。与此同时,贸易非效率逐渐成为阻碍国际贸易发展的"绊脚石"(Lee和Kim,2012),严重损害了社会福利。通过贸易便利化简化贸易程序、降低交易成本、提高贸易效率已成为国际社会的普遍共识。因此,在2014年11月WTO通过了《贸易便利化协定》(Trade Facilitation Agreement,TFA)议定书以后,口岸效率、海关环境、规制环境等贸易便利化措施成为推动全球贸易的主要动力之一。

根据经济合作与发展组织(OECD,2015)测算,如果严格执行《贸易便利化协定》中的所有条款,低收入国家、中低收入国家和中高收入国家贸易成本将分别降低16.5%、17.4%和14.6%,到2030年将令全球出口额外增加2.7%,推动全球经济额外增长0.5%。Francois等(2005)利用可计算一般均衡模型进行模拟分析表明,贸易便利化措施

---

① 数据来自世界银行的世界综合贸易解决方案(WITS)数据库。

带来的全球经济增长效应相当于所有经济体取消进口关税的增加效应的 3 倍。WTO（2015）研究发现，对最不发达的国家而言，在部分实施贸易便利化措施的情形下，估计出口增长幅度将从 7% 上升到 18%，在全面实施贸易便利化措施情况下，出口增长将高达 36%。由此可见，在全球范围内推进贸易便利化改革对全球经济与贸易发展具有重大意义。

截至 2023 年 6 月 30 日，在 WTO 的 164 个成员中已经有 156 个成员核准《贸易便利化协定》，占比为 95.1%；WTO 成员执行自由贸易协定（TFA）承诺比率为 76.8%[①]。2015 年 9 月 4 日，中国正式完成接受《贸易便利化协定》议定书的国内核准程序，成为第 16 个接受议定书的成员。那么，作为全球第一大货物贸易国，中国贸易便利化水平如何？贸易便利化措施将如何影响中国企业的出口绩效？这些都是值得探讨的问题。因此，正确评估中国贸易便利化水平，分析贸易便利化对中国企业出口绩效的影响及机制，对大力推动中国乃至世界贸易的健康发展和经济的稳定增长，具有重要的理论意义和实践意义。

1.1.2 研究意义

（1）理论意义

以 Melitz（2003）为代表的异质性企业贸易理论是国际贸易领域的前沿理论。与传统的国际贸易理论完全忽视贸易成本不同，异质性企业贸易理论中一个非常重要的概念就是贸易成本。由于贸易成本的存在，只有高生产率的企业才能够有足够的利润支付贸易成本，从而能够进入国际市场。因此，贸易成本不仅给国内企业进入国际市场参与全球分工

---

① 数据来自 WTO 的 TFA 数据库。

带来影响，还关系到企业在国际市场上的竞争力。与贸易自由化类似，贸易便利化旨在降低贸易成本，但与贸易自由化更多强调削减关税不同，贸易便利化主要涉及边境管理、通关费用、基础设施、监管和安全制度等加速商品跨境流动的措施，旨在为国际贸易创造一个高效的、透明的、公平的环境。那么，不断深化的贸易便利化改革是否也如贸易自由化一样能够提升中国企业出口绩效？这是亟待研究的一个问题。

事实上，贸易便利化一直是各国政界、学术界和商界关注的焦点，是国际贸易的谈判热点和发展趋势，但目前有关贸易便利化的文献主要从国家层面展开研究，从企业微观层面进行相关研究的文献相对较少。随着异质性企业贸易理论的兴起，对一国贸易的研究已由宏观视角转向微观视角，异质性企业贸易理论已经成为国际贸易研究的主流范式。现有从企业微观层面进行分析的相关文献，也只是考察了贸易便利化对企业出口规模的影响，鲜有探讨贸易便利化对企业出口技术复杂度、企业出口持续时间和企业出口盈利能力（成本加成）的相关文献。因此，测度贸易便利化水平，从企业微观层面系统地分析贸易便利化对企业出口绩效的影响，在一定程度上能丰富异质性企业贸易理论和贸易便利化的相关成果。

（2）实践意义

改革开放40多年来，我国依靠"人口红利"，对外贸易得到了巨大成绩，目前我国已成为世界第一大出口国，但我国对外贸易仍面临着"大而不强"的问题，出口产品附加值偏低，出口盈利能力不强。促进贸易高质量发展是我国对外贸易发展的新课题，也是我国经济高质量发展的主要内容之一。

另外，出口贸易是我国经济发展的"三驾马车"之一，在整体经济和企业发展中具有举足轻重的地位。但近年来贸易保护主义、单边主义有所抬头，经济全球化面临前所未有的严峻挑战，出口贸易外部环境的不稳定性、不确定性增强和全球经济增速放缓严重制约了我国出口贸易发展，进而影响我国经济发展的平稳性和可持续性。稳定出口仍然是我国当前对外贸易政策的主要目标之一。

为了促进出口稳定增长，推动贸易高质量发展，2015年，《国务院办公厅关于促进进出口稳定增长的若干意见》明确提出："要进一步推动对外贸易便利化，改善营商环境，为外贸企业减负助力，促进进出口稳定增长，培育国际竞争新优势。"党的十九大明确提出："实行高水平的贸易和投资自由化便利化政策。"《"十四五"对外贸易高质量发展规划》继续提出："依托高水平对外开放平台，推进贸易自由化便利化。"2023年4月，《国务院办公厅关于推动外贸稳规模优结构的意见》提出了十八条具体意见，而"提升贸易便利化水平"是其中之一。可见，优化出口流程中的制度安排，提高贸易便利化，是实现出口由外部拉动向内部驱动转变、从注重增量向注重提质转变的关键，也是新时代助力我国经济逐渐由追求高速增长转向追求高质量发展的重要驱动力之一。那么，贸易便利化将如何影响中国企业出口绩效？该问题的回答具有非常重要的实践意义。

本书拟在科学测度我国贸易便利化（特别是我国省级层面贸易便利化水平）的基础上，从企业出口边际、出口技术复杂度、出口持续时间、出口成本加成4个方面，研究贸易便利化对我国企业出口绩效的影响，据此提出的建议有助于我国建设高水平的贸易便利化，促进出口可持续发展和高质量发展。

1.2 文献回顾与述评

1.2.1 文献回顾

(1) 贸易便利化的测度

贸易便利化的测度方法大致可分为三种。

一是计数法,即针对"贸易便利化行动"计划开展的项目进行计数。Woo(2004)对亚太经合组织(APEC)提出的"贸易便利化行动计划 I"进行中期评估时,以组织成员开展的"贸易便利化单边行动计划"中涉及海关程序、商务流动、标准和一致化等众多领域在内的1407个项目按照悬而未决项目、在建项目、选择项目和已完成项目4类分类计数,借以评估 APEC 成员贸易便利化推进情况。该方法简单,但不易推广。

二是代理变量法,即选取具有代表性的指标作为贸易便利化的代理变量。这些指标通常包括通关时间、进出口所需的天数、物流绩效指数(LPI)和基础设施质量等。Felipe 和 Kumar(2012)、Lee 和 Kim(2012)以物流绩效指数(LPI)来衡量贸易便利化。杨军等(2015)利用世界银行公布的进出口通关时间分析了节约通关时间的贸易便利化对中国经济的影响。汪戎和李波(2015)将世界银行营商环境数据库中的出口所需天数作为贸易便利化的衡量指标,研究了贸易便利化对出口产品多样化的影响。曹颖琦等(2017)采用出口所需天数来衡量贸易便利化。张凤和孔庆峰(2014)借鉴 Dennis 和 Shepherd(2011)的做法,将出口一个标准20英尺(1英尺≈0.3米)集装箱所需要的成本作为贸易变量化的代理指标,分析了贸易便利化对中国出口结构的影响。Pieterse 等(2018)利用基础设施质量来衡量贸易便利化,分析了贸易便利化与非洲国家出口竞争力的关系。代理变量法相对简单，可操作性强，而且这些代理变量基本来自权威机构（组织）发布的数据，如世界银行、世界经济论坛等，具有一定的权威性；但这些指标只包含了贸易便利化的一个或几个方面，具有一定的片面性，并不能代表贸易便利化的真实水平。

三是综合指标法，即通过建立贸易便利化的指标体系构建一个综合指标来反映贸易便利化水平。综合指标法按照对指标赋值权重方法的不同又可分为简单平均法、层次分析法和主成分分析法。

第一，简单平均法。Wilson等（2003，2005）首次建立了贸易便利化的指标体系，以海关环境、港口效率、规制环境、电子商务为一级指标，按照简单平均法将一级指标最后转化为贸易便利化的综合指标。随后，国内外学者纷纷借鉴Wilson等（2003，2005）的方法来测算各国的贸易便利化，如Iwanow和Kirpatrick（2007）、Hoekman和Nicita（2011）、方晓丽和朱明侠（2013）、张晓静和李梁（2015）等。2011年，OECD将贸易便利化措施细分为信息的可获得性、上诉程序、自动化手续等11个指标，并对每个指标分别赋值，将这11个指标进行简单平均便得到了一国综合的贸易便利化指数（Trade Facilitation Indicators，TFIs）。简单平均法的缺点在于没有考虑不同指标对贸易影响的差异。Wilson等（2003，2005）研究了贸易便利化对APEC内部贸易的影响，结果表明，贸易便利化水平每提高1%会促进贸易规模提升9.9%，其中海关环境的贡献率为8.6%，口岸效率的贡献率为55.7%，规制环境的贡献率为20.7%，电子商务的贡献率为15%。可见，指标之间的贡献率存在差异。

第二，层次分析法（AHP）。首先，对贸易便利化水平指标体系进行层次结构的建立；其次，通过每一层次不同项目的两两比较，确定每一层次每一个项目的权重，将各层指标权重相乘；最后，相加得到贸易便利化的综合得分，该方法一般需借助yaahp软件来实现。曾铮和周茜

（2008）利用层次分析法对一国贸易便利化水平进行了量化，并进一步分析了贸易便利化对我国出口贸易的影响。朱剑冰和吕静（2015）也运用层次分析法来确定各指标的权重，并得出了贸易便利化的综合指数。层次分析法虽然考虑了指标贡献率的差异，但在制定对指标赋予权重的准则时，一般需请专家打分或者参考前人的研究结果，具有一定的主观性。

第三，主成分分析法。由于贸易便利化指标体系中的各级指标可能存在多重共线性问题，有学者采用统计学中的主成分分析法来解决该问题。该方法是将一组可能存在线性相关的变量通过线性变换转成为一组不相关的变量，转换后的这组变量被称为主成分。主成分分析法可以有效降低指标间的多重相关性，提取有效信息，给每个指标的权重科学赋值。Francois 和 Machin（2012）、Portugal-Perez 和 Wilson（2012）采用主成分分析法测度了贸易便利化水平。国内学者较少运用该种方法，孔庆峰和董虹蔚（2015）、张亚斌等（2016）沿袭该方法对贸易便利化水平进行了衡量。

综上所述，在贸易便利化测度的三种方法中，综合指标法更能全面地反映贸易便利化程度，使用更为广泛。目前，国内更多文献采用综合指标法的简单平均法来测度我国的贸易便利化水平。此外，已有的研究主要从国家层面测度一国的贸易便利化水平，较少考虑地区差异从省级层面研究贸易便利化问题。崔鑫生（2017）利用层次分析法测度了中国省级层面的贸易便利化水平，殷宝庆等（2016）、段文奇和刘晨阳（2020）采用简单平均法测度了我国省级层面的贸易便利化水平。

（2）贸易便利化与企业出口二元边际

由于出口可以分解为扩展边际和集约边际，对企业出口二元边际的研究往往建立在对出口规模影响的基础上。因此，本部分先回顾贸易便利化对出口规模影响的文献，再进一步回顾贸易便利化与企业出口二元边际的相关文献。

早在 1996 年新加坡部长级会议上，贸易便利化议题就被列入 WTO 工作日程，部分学者开始考察贸易便利化对出口贸易的影响。大多数文献从国家层面研究贸易便利化对出口规模的影响，主要采用事前研究和事后研究两种方法。

事前研究主要通过可计算一般均衡模型（CGE）模拟可能实施的贸易便利化措施来预测贸易便利化带来的贸易效应和其他经济效应。Fox 等（2003）通过模拟美国和墨西哥取消过境限制后对两国贸易的影响发现，取消货物过境限制后，两国双边贸易额会增加 70 亿美元，两国福利将分别提高 14 亿美元和 18 亿美元。Avetisyan 等（2015）利用 CGE 模型发现，如果在美国 12 个主要陆路口岸通过增加海关工作人员以减少海关等候时间，可导致卡车运输成本的减少及进口中间品和最终消费品出口的增加，最终导致美国 GDP 的提升，陆路口岸每增加 1 名海关工作人员，美国 GDP 将增加 350000 美元。佟家栋和李连庆（2014）利用 CGE 模型研究了 APEC 提高贸易便利化（用政策透明度表示）所造成的影响，发现随着政策透明度的提高，全球各经济体都会获得显著的贸易和福利收益。Francois 等（2005）、Zaki（2014）、陈虹和杨成玉（2015）等也采用 CGE 进行了相关分析。

事后研究主要运用贸易便利化措施实施后的贸易流量数据，采用引力模型来评估贸易便利化的贸易效应。Wilson 等（2005）对 APEC 成员进行了分析，发现如果港口效率和海关环境低于平均水平的成员将这两项指标提高至平均水平，则 APEC 成员内部贸易额将提升 11.5%，其中 9.7% 来自港口效率的提高，而 1.8% 来自海关效率的提高。Dennis（2010）利用 2008—2009 年出口至美国的跨国贸易数据，采用标准引力模型研究了贸易便利化在经济衰退时的作用，发现在经济危机期间，贸易便利化水平较高的国家对美国出口的减少量要低于贸易便利化水平较低的国家。Portol等（2015）利用引力模型研究了AEO（经认证的经营者）认证、单一窗口及相互承认安排等具体贸易便利化措施对双边贸易的影响，结果表明，AEO认证和单一窗口措施会提高双边贸易流，而相互承认安排的作用并不显著。此外，Tripathi和Leitão（2013）、Moise和Sorescu（2013）、张亚斌等（2016）、谭晶荣和潘华曦（2016）等均采用引力模型展开了研究，从研究结论来看，无论是采用CGE模型还是采用引力模型基本都认为贸易便利化程度越高，越能够促进出口规模的增加。

随着异质性企业贸易理论的发展和企业微观数据可获得性的提高，有学者开始从企业微观层面研究贸易便利化对企业出口规模的影响。Dollar等（2006）利用8个发展中国家的企业调查数据研究发现，清关时间较短（贸易便利化水平高）的国家，企业出口倾向更高。Li和Wilson（2009）将出口所需天数作为贸易便利化指标，采用2005年64个发展中国家的企业截面数据进行了相关分析，结果发现出口所需天数与企业出口倾向、出口强度呈显著的负相关关系，对时间敏感的生产企业（如电子、化学等制造品行业）的影响更大。盛丹等（2011）分别利用公路网、铁路网密度及电话、互联网的平均用户数作为基础设施的代表变量，研究了基础设施对中国企业出口倾向和出口数量的影响，结果发现，除了互联网基础设施，其他各项基础设施的建设对中国企业出口决策和出口数量均具有显著的促进作用。Hoekman和Shepherd（2013）利用世界银行企业调查数据库中119个国家的截面数据，以企业出口天数为贸易便利化指标，实证分析了贸易便利化对企业出口强度的影响，发现两者之间存在显著的正相关关系，并且贸易便利化对大型企业、中型企业、小型企业和微型企业的出口强度都有促进作用。茹玉骢和李燕（2014）利用世界银行对中国企业调查的截面数据分析发现，电子商务显著提高了企业参与出口的可能性和企业出口密集度。唐宜红和顾丽华（2019）利用2011—2016年世界银行企业调查数据，以49个共建"一带一路"国家的23075家企业为样本，从海关效率、政策透明度和基础设施3个维度9项指标实证研究了贸易便利化对共建"一带一路"国家制造业企业出口的影响。

关于出口二元边际的研究目前主要从国家层面、产品层面或企业层面展开（薛冰和卫平，2017），而有关贸易便利化对出口二元边际影响的文献主要从产品层面展开。相对于集约边际，扩展边际在某种程度上更能体现一国高端出口能力和国内附加值的获得能力（Uribe-Echevarria 和 Silvente，2012；张杰和郑文平，2015），因此更多的学者研究了贸易便利化与扩展边际的影响。

Dennis 和 Shepherd（2011）以出口成本来衡量贸易便利化，采用2005年118个发展中国家出口至欧盟的HS 8位码贸易数据，实证分析了贸易便利化与出口产品多样性（扩展边际）的关系。结果显示，出口成本对出口多样性有显著的负向影响，即出口成本每降低10%，出口产品种类将提高3%~4%。Persson（2013）以出口所需天数为贸易便利化的代理变量，将商品进一步区分为同质品和异质品，分析了贸易便利化对不同商品出口扩展边际的作用。发现：出口所需天数每减少1%，异质品和同质品的扩展边际将分别增长1%和0.6%；贸易便利化对异质品的扩展边际的影响更大。汪戎和李波（2015）利用跨国截面数据，利用出口所需天数来衡量贸易便利化，发现出口所需天数的减少能有效地增加出口产品种类的数目。Beverelli 等（2015）使用OECD编制的贸易便利化指标（TFIs），并用出口产品的种类数和产品出口目的地两种指标来衡量出口扩展边际，实证分析了贸易便利化对扩展边际的影响，发现贸易便利化对两种扩展边际都有积极的促进作用，并且不同的贸易便利化措施对扩展边际的影响也不尽相同。

也有学者同时研究了贸易便利化与扩展边际、集约边际的关系。Lee 和 Kim（2012）借鉴 Hummels 和 Klenow（2005）的做法，利用 2007 年 150 个国家出口至欧盟的 SITC 五分位贸易数据，以物流绩效指数为贸易便利化的代理指标，分析了贸易便利化对扩展边际和集约边际的影响，发现贸易便利化对扩展边际有明显的促进作用，而对集约边际的作用并不明显。Feenstra 和 Ma（2014）利用 1988—2005 年跨国面板数据进行研究，发现港口效率（贸易便利化的代理指标）每提升 10%，扩展边际将提高 1.5%~3.4%；而集约边际只提高 0.2%~1.0%。高越等（2014）借鉴施炳展（2010）的做法，将集约边际进一步分解为数量边际和价格边际，从产品层面分析了贸易便利化对我国 1995—2010 年出口贸易增长三元边际的作用。结果发现，我国贸易便利化水平的提高，对我国扩展边际和数量边际都有显著的促进作用，我国贸易便利化对价格边际存在负向影响。朱晶和毕颖（2018）分析了共建"一带一路"国家的贸易便利化对我国农产品出口深度（集约边际）和出口广度（扩展边际）的影响。

相对而言，从企业层面研究贸易便利化对企业出口二元边际的文献较少。Fontagné 等（2016）利用法国企业层面的数据分析了进口国贸易便利化水平对法国企业层面出口二元边际的影响，认为贸易便利化的不同措施对法国大型企业和小型企业出口边际的影响存在异质性，其中信息可获得性、预裁定、上诉程序主要对小型企业出口二元边际更有利，而单证类手续、自动化手续、程序性手续主要对大型企业出口二元边际更有利。段文奇和刘晨阳（2020）分析了中国贸易便利化对企业出口二元边际的影响，但并未深入分析贸易便利化影响企业出口二元边际的机制。

总结以上文献可知，现有文献更多从国家宏观层面分析贸易便利化对出口规模的影响,而从企业微观层面分析贸易便利化对企业出口规模的影响的文献相对较少;现有的相关微观层面文献大多采用跨国样本进行分析,虽然少数学者考察了单个国家贸易便利化对本国企业出口的作用,但主要采用代理变量(基础设施、电子商务等)来衡量贸易便利化,并不能全面反映贸易便利化的水平,还有些文献只是采用截面数据进行分析,无法考察贸易便利化水平对企业出口规模的影响。从企业层面研究贸易便利化对企业出口二元边际的文献较少,并且贸易便利化通过何种途径影响扩展边际和集约边际的分析还有待深入分析。

(3)贸易便利化与企业出口技术复杂度

2019年,中共中央、国务院印发的《关于推进贸易高质量发展的指导意见》明确指出,中国要建设更高水平开放型经济新体制,实现贸易高质量发展。贸易高质量发展有多种衡量维度,而出口技术复杂度是其中重要的维度之一。出口技术复杂度既反映了一国出口商品结构,也反映了一国的国际分工地位,是衡量出口贸易高质量发展的重要指标之一(戴翔和金碚,2014)。

既有文献围绕出口技术复杂度的影响因素展开了丰富的探讨,研究视角从国家层面拓展到省级、行业层面,再逐步深入到企业层面。早期的研究更多基于国家宏观层面和中观行业或省级层面,学者们研究了贸易方式、外商直接投资、基础设施、金融发展、制度质量等对出口技术复杂度的影响。Amiti 和 Freudn(2008)认为,加工贸易比重偏高是中国出口技术复杂度较高的主要原因。随后,Van Assche 和 Ganges(2010)剔除了加工贸易的影响,重新测算了出口技术复杂度,结果表明,中国电子产品行业出口结构并未出现明显的升级。Xu 和 Lu(2009)发现,积极引进来自发达国家的外商直接投资能够显著地提升中国出口技术复杂度。李惠娟和蔡伟宏(2016)利用行业面板数据分析表明,离岸生产性服务中间投入显著地提升了制造业的出口技术复杂度，并且对不同技术密集度的行业具有差异性影响。王永进等（2010）使用跨国数据进行了实证分析，发现基础设施的完善将显著地促进一国的出口技术复杂度的提升。齐俊妍等（2011）认为，通过解决逆向选择问题，金融发展显著地促进了一个国家或地区的出口技术复杂度。戴翔和金碚（2014）采用跨国面板数据研究发现，制度质量显著地促进了一国的出口技术复杂度的提升，并且制度质量越高，分工的促进作用就越大。刘会政和朱光（2019）以我国装备制造业为研究对象，深入探究了参与全球价值链和不同来源的进口中间品对出口技术复杂度的异质影响。研究发现，全球价值链嵌入显著地提高了我国装备制造业的出口技术复杂度，而中间品进口在促进中国装备制造业出口技术复杂度上发挥了重要的中介作用。郑玉和郑江淮（2020）利用世界投入产出表，测算了2000—2014年我国出口41个国家的产品技术含量及其双边贸易成本，并对二者之间的关系进行了理论与实证分析，发现在整体行业层面及分行业层面（制造业和服务业），我国与样本国之间的双边贸易成本均对我国出口技术含量提升产生了抑制作用。

近年来，随着微观数据可得性的提高，不少文献深入到企业层面考察出口技术复杂度的影响因素，试图把握企业在出口技术复杂度方面的异质性。学者们从企业外部环境和企业内部特征两个层面分析了企业出口技术复杂度的影响因素。从企业外部环境来看，学者们研究了贸易自由化、知识产权保护、环境规制等企业出口技术复杂度的影响。盛斌和毛其淋（2017）发现，进口贸易自由化显著地促进了企业出口技术复杂度的提升，且中间品关税减让（进口贸易自由化）对企业出口技术复杂度的促进作用大于最终品。李俊青和苗二森（2018）基于不完全契约的现实背景分析了知识产权保护对企业出口技术复杂度的作用机制，认为加强知识产权保护会促进企业出口技术复杂度的提升。余娟娟和余东升（2018）发现，政府补贴对我国企业出口技术复杂度的提升具有显著的抑制作用，而行业竞争促进了企业出口技术复杂度的提升；在不同竞争程度的企业样本中，政府对低竞争行业的企业出口技术复杂度的抑制效应显著高于中高竞争行业，这说明行业竞争度的提升有利于纠正政府补贴对出口技术复杂度的抑制效应。高翔和袁凯华（2020）的研究表明，通过加速企业内部产品转换和企业退出两个渠道，清洁生产显著地促进了企业出口技术复杂度的提升。

从企业内部特征来看，学者们研究了 CEO 特征、企业研发和数字化转型等对企业出口技术复杂度的影响。毛其淋和方森辉（2018）的研究表明，企业研发显著地促进了企业出口技术复杂度的提升，并且地区知识保护强化了企业研发对出口技术复杂度的提升作用。李宏等（2019）利用上市公司数据，实证分析了 CEO 特征与企业出口技术复杂度之间的关系，发现 CEO 的海外经历与学历水平对企业出口技术复杂度有显著的正向影响，而贫困经历则阻碍了企业出口技术复杂度的提升。杜两省和马雯（2022）发现，工业机器人的使用显著促进了以出口技术复杂度衡量的企业出口升级。于欢等（2022）发现，数字产品进口通过提升企业生产率和促进出口产品多样化两种渠道显著地促进了企业出口技术复杂度的提升；孟夏和董文婷（2022）以出口技术复杂度代表企业出口竞争力，采用半连续双重差分方法探讨了企业数字化转型对出口竞争力的影响效应，研究表明，企业数字化转型显著地提高了企业出口竞争力。

有关贸易便利化与出口技术复杂度的文献更多地从宏观层面或中观层面进行了分析。孟庆雷和王煜昊（2022）采用跨国层面数据研究发现，提升共建"一带一路"国家的贸易便利化能促进出口技术复杂度的提升；李谷成等（2020）基于对中国和共建"一带一路"国家的研究发现，贸易便利化水平的提高可显著提升农产品出口技术复杂度。殷宝庆等（2016）实证检验了我国贸易便利化程度与区域出口技术复杂度之间的关系，认为贸易便利化会通过交易机会增加、融入全球价值链分工及进口优质中间品促进技术复杂度的提升。从企业层面研究贸易便利化对出口技术复杂度的相关文献相对较少，肖扬等（2020）研究了出口目的地贸易便利化对我国企业出口技术复杂度的影响，发现共建"一带一路"国家的贸易便利化对中国制造业企业出口技术复杂度的提升具有显著的促进作用；但是对出口所在地，即我国自身的贸易便利化水平如何影响企业出口技术复杂度还鲜有探讨。

（4）贸易便利化与企业出口持续时间

自 Besedes 和 Prusa（2006）将生存分析法拓展至国际贸易领域进行贸易持续时间的研究以来，对贸易持续时间的研究成为国际贸易领域中的一个新兴议题（邵军，2011）。现有文献主要从产品层面或者企业层面对一个国家或地区贸易持续时间的总体分布特征和决定因素进行了估计和研究，但是关于贸易便利化对企业出口持续时间影响的文献相对较少。

在对贸易持续时间的研究上，贸易持续时间偏短是一个基本特征。Besedes 和 Blyde（2010）利用 SITC4 分位的数据从产品层面研究了拉丁美洲 47 个经济体出口的持续时间，发现这 47 个经济体出口贸易的中位数持续时间仅为 1~2 年，但不同经济体之间存在显著的差异。无独有偶，Esteve-Pérez 等（2013）利用西班牙企业数据从企业层面研究了出口贸易持续时间，发现西班牙企业出口贸易的中位数持续时间为 2 年，有近 50% 的企业在第一年之后就结束了贸易联系。Albornoz 等（2016）、Nitsch（2009）分别发现，在阿根廷、德国等国家中普遍存在贸易持续时间短的现象。何树全和张秀霞（2011）利用 1989—2008 年中国出口到美国农产品高度细分的贸易数据，研究了中国对美国出口农产品的贸易持续时间，发现中位生存时间为 2 年，平均生存时间为 3.9 年。周世民等（2013）从企业层面估计了我国企业的出口生存状态，研究表明，2000—2005 年企业出口平均生存时间为 1.6 年，且生存率为 67%。彭世广等（2020）发现，2002—2018 年我国生鲜水果出口持续时间的中位数为 2 年，有 60.3% 的贸易段在 3 年内消失。由此可见，无论是从产品层面还是企业层面，大部分学者得出了贸易持续时间较短的结论。

为了探寻贸易持续时间较短的原因，学者们从产品特征、企业特征和企业外部环境 3 个层面研究了影响企业出口持续时间的因素。在产品特征层面，已有文献从产品创新程度（陈勇兵等，2012）、出口产品种类（戚建梅等，2017）和进口中间品质量（李宏兵等，2021）等视角考察对企业出口持续时间的影响。在企业特征层面，企业全要素生产率是延续企业出口的核心因素（叶宁华等，2015），企业家精神（何有良和陆文香，2018）、企业数字化转型（范黎波等，2022；孙楚仁等，2022）也会影响其出口持续时间。在企业外部环境层面，最低工资（赵瑞丽等，2016）、政府补贴（欧定余和田野，2018）、增值税改革（李丹等，2022）、地区出口制度复杂度（魏昀妍和程文先，2021）和双边政治关系（孙楚仁等，2022）均会对企业出口持续时间产生影响。

但是，从贸易便利化角度系统研究其对一国的企业出口持续时间影响的文献相对较少，只散落于少量文献中。Besedes（2008）从产品层面估计了美国进口持续时间，并将运输成本引入 Cox 模型，发现运输成本对贸易关系的持续时间有显著的影响。陈勇兵等（2012）利用 2000—2005 年我国企业层面微观数据估计了我国企业的出口持续时间，在分析决定因素时，引入了出口目的地完成进口程序所需时间这一变量，结果发现，完成进口程序所需时间提高了贸易关系的失败率，这表明出口目的地贸易便利化的提升将延长我国企业出口的持续时间。李清政等

(2016）在分析中国对东盟自贸区农产品出口贸易持续时间时，引入了出口目的地经济自由度（由美国传统基金会发布），发现出口目的地经济自由度每提高1%，贸易关系的失败率会降低2.47%，出口持续时间将延长。谭智等（2014）在分析我国企业出口生存影响因素时，特别强调了出口目的地的制度，出口目的地的制度环境越好，越有利于我国出口企业的生存；Araujo等（2016）也得出了相似的结论。魏昀妍和樊秀峰（2017）从微观产品层面对我国1998—2014年出口至共建"一带一路"国家商品的生存时间进行了统计，并进一步发现，出口目的地（进口国）的经济自由度、信息网络发展及出口目的地对出口商所征收的税费（出口成本）等因素对我国商品生存时间都有显著的影响。林常青和许和连（2017）在分析我国企业出口持续时间影响因素时，引入了出口目的地营商便利指数排名，发现出口目的地的营商便利指数排名越靠前，我国企业的出口持续时间越长。

综上所述，已有研究普遍认为，营商环境是影响我国企业出口持续时间的重要因素之一，但现有文献主要考察了出口目的地（进口国）贸易便利化对企业出口持续时间的影响，而未考虑出口地自身的贸易便利化水平对该国企业出口持续时间的影响。仅有程凯和杨逢珉（2022）从进口中间品角度（降低进口中间品价格及提高进口中间品种类）分析了地区贸易便利化对企业出口持续时间的影响，但现有文献发现贸易便利化会提高企业生产率和企业技术水平（李波和杨先明，2018；史亚茹等，2022），而企业全要素生产率是延续企业出口的核心因素（叶宁华等，2015），可见贸易便利化对企业出口持续时间还有进一步深入研究的空间。

（5）贸易便利化与出口企业成本加成

企业成本加成（也称加成率）是指企业价格与边际成本之比，能够很好地反映企业的市场势力和盈利能力，是衡量企业竞争力的重要指标之一，一直是国内外学术界研究的热点。目前，国内外学者对企业成本加成影响因素的研究已相当丰富。本书关注的是贸易便利化如何影响出口企业成本加成，以及通过何种途径作用于企业的成本加成。对这些问题的回答有助于厘清贸易便利化对微观出口企业加成率的影响及其作用机制，对提高企业盈利能力、优化资源配置以实现中国出口贸易高质量发展，具有重要的理论意义与现实意义。

从企业内部特征来看，现有文献主要分析了进口产品和全球价值链的位置对企业成本加成的影响。许统生和方玉霞（2020）研究了企业进口产品种类对企业成本加成的影响，发现从总体上看，进口产品种类与企业成本加成呈"U"形关系，即进口产品种类增加，企业成本加成下降，当企业进口产品种类增加到一定阈值之后，企业成本加成上升。林正静（2022）发现，进口中间品有利于中国制造业企业成本加成的提升，尤其是对产品差异化程度较大的企业成本加成的提升作用更大。盛斌和陈帅（2017）发现，企业嵌入全球价值链（Global Value Chain，GVC）对提高成本加成有明显的正向作用，并且资本和技术密集型企业、高技术一般贸易企业，以及行业集中度较高的企业能够从参与GVC中获得更显著的成本加成提高。沈鸿等（2019）则从上游度视角研究了企业全球价值链嵌入位置对成本加成的影响，发现出口上游度越高，成本加成越高；净出口上游度越高，成本加成越低；而进口上游度与成本加成关系不明确。净出口上游度高导致企业成本加成较低的原因在于：更多国内生产环节的企业是通过增加国内中间品采购，而非通过研发和固定资产投资向上游延伸产业链。

不少文献从企业外部环境展开了相关分析。盛丹和王永进（2012）发现，我国出口企业加成率低于非出口企业的现象普遍存在于不同地区、不同行业和不同所有制企业中，认为长期的出口退税、补贴政策及出口企业行业内部的过度竞争是导致中国出口企业加成率过低的重要原因。钱学锋等（2015）研究表明，政府实施出口退税政策通过促进竞争效应，降低了企业成本加成；出口退税政策还扩大了出口部门与非出口部门之间的成本加成差异，加深了两部门之间的资源误置程度。高翔和黄建忠（2019）发现，政府补贴对我国出口企业加成率产生了显著的负向影响，进一步考虑非线性因素后，政府补贴与加成率变动呈现出显著的倒"U"形关系。Caselli等（2017）将汇率因素纳入多产品出口企业加成率问题研究的分析框架，考察了墨西哥比索贬值对该国多产品出口企业加成率的影响，发现本国货币贬值提高了墨西哥出口企业的加成率，并且该效应因企业生产率和产品在多产品企业中地位的提高而显著增强。许家云和毛其淋（2016）考察了人民币汇率对我国出口企业加成率的影响，研究表明，人民币升值显著地降低了我国出口企业的加成率，并且对出口依赖程度越高的企业，人民币升值对其加成率的负面影响越大；作用机制研究表明，人民币升值通过影响价格竞争和生产规模进而抑制企业加成率。孙林等（2022）以中国—东盟自由贸易区建立为例，探究了实施自由贸易区战略、签订自由贸易协定带来的区域贸易政策不确定性（RTPU）下降对中国多产品企业出口产品成本加成率的影响及作用机制。研究发现，RTPU下降会显著提升中国企业出口产品的成本加成；在多产品企业内部，RTPU下降对企业核心出口产品的成本加成的提升效应更大。

还有许多学者研究了贸易自由化对成本加成的影响。早期的文献主要关注了贸易自由化（进口关税削减）导致的进口竞争对成本加成的影响。Goldar和Aggarwal（2005）发现，印度最终品关税削减显著地降低了行业加成率；孙辉煌和兰宜生（2008）利用我国制造业行业数据进行研究，发现进口自由化对成本加成的影响与行业本身的竞争性有关，在高竞争性行业，进口自由化具有显著的正向作用；而在低竞争性行业具有相反的效应。Noria（2013）研究了进口贸易自由化对墨西哥制造业行业成本加成的影响，发现贸易自由化的"促竞争效应"在短期内显著地降低了行业的加成率，但在长期内的"促竞争效应"并不明显。钱学锋等（2016）基于我国制造业企业的研究也得到了相似的结论。

随着国际分工的不断细化，中间品贸易占全球贸易总额的比重不断提高，近年来出现了许多研究中间品贸易自由化对成本加成影响的文献。De Loecker 等（2016）利用印度的数据，研究了最终品和中间品贸易自由化对企业成本加成的影响，发现中间品贸易自由化显著地提高了企业成本加成；而最终品贸易自由化降低了企业的成本加成。余淼杰和袁东（2016）基于对我国加工贸易的研究也得出了相似的结论。毛其淋和许家云（2017）发现，中间品贸易自由化对企业成本加成有显著的促进作用。目前，关于贸易自由化对企业成本加成的文献，更多地从进口竞争的角度分析了关税削减对企业成本加成的影响；但是，进口关税削减还会带来产品种类增加，产生"水平效应"和"学习效应"（钱学锋等，2016），进而对企业成本加成产生影响，鲜有文献从进口关税的学习效应角度进行探究。祝树金等（2019）引入进口引致的质量升级效应后发现，最终品和中间品的关税削减均对企业成本加成有显著的提升作用。

由此可见，贸易自由化对成本加成影响的文献相对较丰富，而鲜有文献从贸易便利化的角度展开研究。

1.2.2 文献述评

通过对国内外文献的梳理发现，现有文献为本书的研究提供了坚实的理论基础和实证基础，但也有未尽之处。

第一,现有文献对贸易便利化的测度及影响效应研究主要集中于国别层面,以考察目的地贸易便利化对我国贸易活动的影响为主。事实上,贸易便利化不仅指国际间的贸易便利化,也涉及一国内部制度的优化和改进;国际间贸易便利化主要涉及国家之间的贸易协定签订、运输技术提升等因素,而一国内部贸易便利化的改善则主要涉及国内制度安排的优化等因素。由此可见,出口目的地贸易便利化和国内贸易便利化都将对企业出口绩效产生影响。在当前国际贸易环境日趋复杂,不稳定、不确定性明显增加的背景下,提高国内贸易便利化对企业出口尤其重要。但既有研究从国内视角考察贸易便利化对出口的影响相对匮乏,仅少量文献关注了我国内部贸易便利化问题。

第二,针对国内贸易便利化的研究,既有文献多停留在讨论我国整体层面的贸易便利化水平,鲜有文献对比考察省际层面的贸易便利化水平差异,研究国内贸易便利化制度安排对企业出口绩效影响的文献相对较少;在已有的相关文献中,也更多关注了国内贸易便利化对企业出口规模的影响,对企业出口绩效的其他关键指标,如对出口技术复杂度、出口持续时间和成本加成等未进行系统全面的研究,对研究对象(企业出口绩效)挖掘的深度和广度还不够。

基于此,在科学测度贸易便利化水平的基础上,以异质性企业贸易理论框架为基础,以我国出口企业为研究对象,以海量微观数据为依托,系统全面地研究我国贸易便利化对企业出口绩效(出口二元边际、出口技术复杂度、出口持续时间和出口成本加成)的影响及机制,从而为贸易便利化与企业出口绩效这一研究主题提供来自我国企业的微观经验证据,也为我国政府部门建设高水平的贸易便利化和如何提升出口企业绩效提供了新洞察。

另外,现有文献只是研究单向贸易便利化对企业出口的影响,从国内贸易便利化或出口目的地贸易便利化单向出发,鲜有文献将国内贸易便利化和出口目的地贸易便利化放在同一框架下进行研究,在研究贸易便利化对企业出口二元边际的影响时,本书研究了双向贸易便利化对多产品出口企业扩展边际的影响。

1.3 研究内容与研究方法

1.3.1 研究内容

本书在测度和分析我国贸易便利化水平的基础上,从企业出口绩效的 4 个方面(出口二元边际、出口技术复杂度、出口持续时间和出口成本加成)出发,研究贸易便利化对中国企业出口绩效的影响。本书的研究共分为 7 个章节,每个章节具体研究内容安排如下。

第 1 章,绪论。主要介绍研究背景和研究意义、国内外研究现状、研究内容、研究方法、主要创新点等。

第 2 章,中国贸易便利化的测度和发展。一方面,基于 OECD 数据库的贸易便利化指数(TFIs)分析了我国整体贸易便利化发展水平在全球所处的位置。我国贸易便利化指数(TFIs)由 2017 年的 1.348 上升为 2022 年的 1.606,提升了 19.14%,说明我国近年来贸易便利化改革取得了一定成效,2022 年在全球 164 个经济体中居第 51 位。在贸易商的参与、边境机构的内部合作、费用和上诉程序 4 个方面我国已经处于全球领先位置,但边境机构的外部合作、单证类手续、自动化手续等方面与全球最佳仍存在一定的差距。另一方面,借鉴 Wilson(2003,2005)等的方法,从法制环境、海关效率、交通基础设施和电子商务应用 4 个方面构建指标体系,测度了我国省级层面贸易便利化水平;在样本期间(2001—2012 年)

我国各地区贸易便利化水平总体上呈逐渐上升的发展趋势，呈现"东部优于西部、沿海优于内陆"的典型特征；东部地区在贸易便利化4个分项指标的得分均远远高于中部和西部地区；但地区差异在逐步缩小。

第3章，贸易便利化对企业出口二元边际的影响。首先，分析了企业所在地（省级层面）贸易便利化对企业出口边际的影响；企业所在地贸易便利化的提升有利于通过扩展边际（"产品—目的地"数量）和集约边际（"产品—目的地"平均出口额）促进企业出口额增长。异质性分析发现，贸易便利化对中西部地区企业、内资企业、劳动密集型企业的影响更大。机制检验发现，贸易便利化通过降低出口固定成本和可变成本进而促进了企业出口边际增长。进一步分析发现，贸易便利化的扩展边际作用主要通过促进企业出口目的地数量增加，进而促进企业出口增长；而对企业出口产品种类数量没有显著的影响。其次，分析了出口目的地贸易便利化对我国企业出口边际的影响；出口目的地贸易便利化水平的提升对我国企业出口额有积极的促进作用，但企业的出口增长主要通过缩小出口产品种类（扩展边际）、提高产品平均出口额（集约边际）实现。出口目的地贸易便利化水平的提升导致小企业、加工贸易企业更多地减少出口产品种类；低收入水平国家贸易便利化水平的提升对中国企业出口扩展边际的消极作用更大，但高收入国家贸易便利化水平对我国企业出口集约边际的促进作用更大。最后，将企业出口所在地（国内）贸易便利化水平和出口目的地（国外）贸易便利化水平放入同一研究框架，探讨了双向贸易便利化对多产品企业出口产品范围的影响。国内贸易便利化水平和国外贸易便利化水平的提升均会导致我国多产品企业出口产品种类的减少和出口产品分布偏度的提升，加剧了企业产品组合的"倾斜效应"，使多产品企业更多地出口更具有比较优势的核心产品，以应对贸易便利化带来的竞争效应。

第 4 章，贸易便利化对企业出口技术复杂度的影响。一方面，通过数理模型理论分析了贸易便利化对企业出口技术复杂的影响；贸易便利化可以通过贸易成本节约效应和研发提升效应促进企业出口技术复杂度的提升。另一方面，测算了我国企业出口技术复杂度；2001—2012 年，我国企业出口技术复杂度总体呈现不断增长的趋势，由 2001 年 14405.79 上升为 2012 年的 31680.27，增长了 1.199 倍；资本密集型企业、西部地区企业、内资企业和小企业的出口技术复杂度相对较高。实证分析表明，贸易便利化水平对企业出口技术复杂度有显著的促进作用，并通过了内生性和稳健性检验；在贸易便利化的分项指标中，海关效率、法制环境和交通基础设施对企业出口技术复杂度均具有显著的促进作用，且作用大小为：海关效率>交通基础设施>法制环境，而电子商务应用在样本期内对企业出口技术复杂度并没有显著的作用。贸易便利化对企业出口技术复杂度的影响具有明显的异质性：贸易便利化对一般贸易企业、中西部地区企业、内资企业、劳动密集型企业出口技术复杂度的促进作用更强。中介效应检验表明，贸易成本节约效应和研发提升效应是贸易便利化提升企业出口技术复杂度的主要途径。

第 5 章，贸易便利化对企业出口持续时间的影响。一方面，通过数理模型理论分析了贸易便利化对企业出口持续时间的影响，贸易便利化通过出口成本节约效应和生产率提升效应降低企业出口风险，延长企业出口持续时间。另一方面，采用非参数 K-M 生存分析法刻画了我国企业出口持续时间的分布特征；样本期内我国企业出口持续时间的中位数仅为 5 年，出口持续时间并不长，并且企业出口生存时间存在异质性，国有企业和外资企业出口持续时间长于私营企业，东部地区企业长于西部和中部地区企业，资本密集型企业长于劳动密集型企业。实证分析表明，贸易便利化水平对企业出口持续时间有显著的促进作用，并通过了内生性和稳健性检验；

在贸易便利化的分项指标中，海关效率、法制环境和电子商务应用对企业出口持续时间均具有显著的促进作用，且作用大小为：法制环境>电子商务应用>海关效率，而交通基础设施在样本期内对企业出口持续时间没有显著的作用。基于企业异质性的实证结果表明，贸易便利化对私营企业、西部地区企业、一般贸易企业和资本密集型企业出口生存的促进作用更大。中介效应表明，出口成本效应和企业生产率提升效应是贸易便利化降低企业出口风险、延长企业出口持续时间的作用机制。

第6章，贸易便利化对出口企业成本加成的影响。理论分析表明贸易便利化的提升削减了企业进口成本引致进口增加，通过技术溢出效应和竞争效应提升出口企业的成本加成。实证分析表明贸易便利化对出口企业成本加成具有显著的促进作用，并通过了内生性和稳健性检验；在贸易便利化的分项指标中，海关效率、法制环境和交通基础设施对企业成本加成均具有显著的促进作用，且作用大小为：交通基础设施>法制环境>海关效率，而电子商务应用在样本期内对出口企业成本加成并没有显著的作用。基于企业异质性的实证结果表明，贸易便利化对西部地区企业、外资企业、中低技术企业、一般贸易企业和进口资本品企业的成本加成作用更大；中介效应检验表明，技术溢出效应和竞争效应是贸易便利化提升出口企业成本加成的途径。

第7章，结论与政策建议。本章总结了本书的研究结论并提出了相应的政策建议。一是深化贸易便利化认识，大力推进贸易便利化建设以此提升企业出口绩效。二是在积极响应WTO实施《贸易便利化协定》的同时，我国还应借助双边或区域自由贸易协定，与其他国家共同推进贸易便利化改革。三是出口企业还应充分考虑出口目的地贸易便利化建设带来的外部环境变化，应积极、主动地对企业内部资源进行优化配置，把资源聚焦于生产率高的核心产品，放弃边际成本高的边缘产品，以提高企业的核心竞争力。

本书的结构安排如图 1-1 所示。

```
┌─────────────┐    ┌─────────────────────────────────┐    ┌─────────┐
│ 中国贸易便利化 │    │ 贸易便利化对企业出口二元边际的影响 │    │         │
│ 的测度和发展  │    │ ①国内贸易便利化对企业出口二元边际的影响 │    │         │
│             │    │ ②出口目的地贸易便利化对企业出口二元边际的影响 │    │         │
│ ①国家层面：我 │    │ ③双向贸易便利化与多产品企业出口产品范围调整 │    │提升我国 │
│ 国贸易便利化水 │    ├─────────────────────────────────┤    │贸易便利 │
│ 平的测度      │ ⇒ │ 贸易便利化对企业出口技术复杂度的影响 │ ⇒ │化水平， │
│ ②省级层面：我 │    │ ①理论分析贸易便利化对企业出口技术复杂度的影响 │    │促进企业 │
│ 国各省贸易便利 │    │ ②企业出口技术复杂度的测算 │    │出口绩效 │
│ 化水平的测度  │    │ ③实证分析贸易便利化对企业出口技术复杂的影响 │    │的政策   │
│ ③我国贸易便利 │    ├─────────────────────────────────┤    │建议     │
│ 化水平横向和纵 │    │ 贸易便利化对企业出口持续时间的影响 │    │         │
│ 向比较分析    │    │ ①理论分析贸易便利化对企业出口持续时间的影响 │    │         │
│             │    │ ②企业出口持续时间的测算 │    │         │
│             │    │ ③实证分析贸易便利化对企业出口持续时间的影响 │    │         │
│             │    ├─────────────────────────────────┤    │         │
│             │    │ 贸易便利化对出口企业成本加成的影响 │    │         │
│             │    │ ①理论分析贸易便利化对出口企业成本加成的影响 │    │         │
│             │    │ ②实证分析贸易便利化对出口企业成本加成的影响 │    │         │
└─────────────┘    └─────────────────────────────────┘    └─────────┘
```

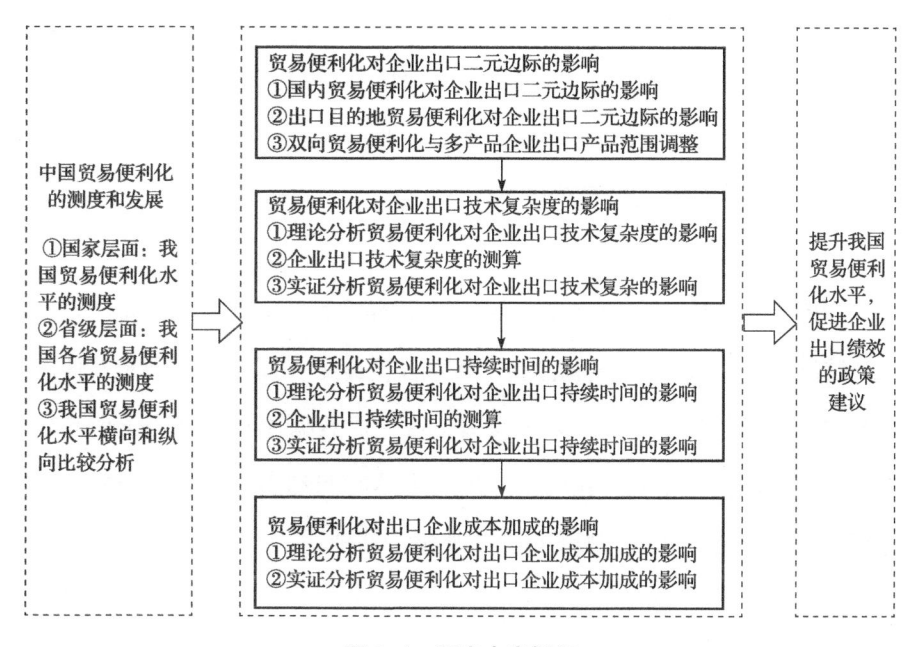

图 1-1 研究内容框架

1.3.2 研究方法

本书试图在异质性企业贸易理论的框架下，系统地研究贸易便利化对企业出口绩效的影响。为了使研究结论更具有可靠性和实证性，本书从多个维度、多个层次和多种方法进行分析和研究，具体而言，所采用的主要研究方法有以下几种。

（1）文献分析法

在搜寻和阅读有关贸易便利化、企业出口绩效等相关的经典文献和最新研究的基础上，发现现有文献研究的不足，寻找本书的研究起点，为贸易便利化对企业出口绩效影响的研究提供有益借鉴。

(2) 数理分析法

本书的第 3 章、第 4 章和第 5 章基于异质性企业贸易理论等经典模型，运用数理分析法，分别构建了贸易便利化对企业出口二元边际、出口技术复杂度和企业出口持续时间的数理模型，理论分析贸易便利化对企业出口二元边际、出口技术复杂度和企业出口持续时间的影响，为实证分析提供科学而坚实的理论依据。

(3) 统计分析法

利用历年《中国统计年鉴》《中国口岸年鉴》《中国信息化发展指数统计监测年度报告》，通过构建指标体系，测度了我国省级层面贸易便利化指数并进行了对比分析；利用我国工业企业数据库和我国海关贸易数据库的匹配数据，测度了我国企业出口持续时间和出口技术复杂度，并进行了相关的统计分析，为实证分析奠定了基础。

(4) 规范分析和实证分析法

规范分析是以价值判断为基础，主要回答"应该是什么"的问题；实证分析以经验研究为基础，主要回答"是什么"的问题。在本书的第 3 章至第 6 章，先采用规范分析法分别探讨了贸易便利化对多产品企业出口产品范围、出口技术复杂度、出口持续时间和出口成本加成的影响，并提出了研究假设；再运用实证分析法，采用面板计量模型对规范分析中的研究假设进行了实证检验，以期为政策实施提供理论和实证证据。

1.4 主要创新点

(1) 研究视角创新

企业出口是国际贸易前沿领域——异质性企业贸易理论研究的热点

问题之一，相关的文献和研究成果极其丰富，但从贸易便利化视角进行研究的文献并不多见。事实上，贸易便利化是影响企业出口绩效的重要外部因素之一。随着世界贸易组织《贸易便利化协议》的生效和持续推进，贸易便利化对企业出口绩效的影响不容忽视，将贸易便利化对国际贸易的影响从宏观层面推进到企业微观层面，具有研究视角的创新性和独特性。本书从贸易便利化视角出发，系统研究贸易便利化对企业出口绩效的影响，这是本书的特色之处。

（2）丰富了异质性企业贸易理论研究内容

进入21世纪以来，我国在贸易便利化领域进行了多项改革，取得了显著进展，提升了贸易便利化总体水平。与此同时，加入WTO后，我国出口占世界出口的份额大幅增加，但贸易便利化对企业出口绩效影响的领域仍缺乏理论模型论证。本书基于异质性企业贸易经典理论，通过建立数理模型，探究了贸易便利化对企业出口技术复杂度和出口持续时间的影响；通过建立贸易便利化对企业出口二元边际和成本加成的理论分析框架，分析贸易便利化对企业出口二元边际和成本加成的影响与传导机制。上述理论分析拓展了现有文献关于贸易便利化影响企业出口的分析框架，丰富了异质性企业贸易理论研究内容。

（3）丰富了贸易便利化对企业出口绩效影响的实证研究

本书在构建贸易便利化对企业出口绩效影响理论模型的基础上，通过标准化得分法和简单平均加权法构建并测算中国省级层面贸易便利化程度的综合指数，并结合中国工业企业数据库和中国海关数据库等测度得到的企业出口二元边际、出口技术复杂度、出口持续时间和成本加成数据，考察贸易便利化对企业出口绩效的影响；采用面板固定效应模型和Cloglog模型实证检验了贸易便利化对企业出口绩效的影响，丰富了贸易便利化对企业出口绩效的实证研究领域。另外，在基准回归基础上，进行了内生性和稳健性检验，以增强本书实证研究的稳健性。

目前，全球主要经济体都在推进贸易便利化建设，因此不仅中国在进行贸易便利化建设，中国许多贸易伙伴也在推行贸易便利化建设，现有研究仅研究了出口目的地或出口所在地贸易便利化，即单向的贸易便利化对企业出口的影响，本书在研究贸易便利化对企业出口二元边际的影响时，将两者放入同一研究框架下，研究了双向贸易便利化对多产品出口企业扩展边际的影响，在一定程度上拓展了现有文献的研究内容。

第 2 章
CHAPTER 2

中国贸易便利化的测度和发展

目前，贸易便利化已成为世界各国或地区推动贸易发展的主要举措之一。本章在界定贸易便利化定义的基础上，首先，采用 OECD 的贸易便利化综合指数（TFIs），分析了全球主要经济体贸易便利化发展趋势，并对中国国家层面的整体贸易便利化进行了深度的分析与对比；其次，借鉴 Wilson（2003，2005）的方法，从法制环境、海关效率、交通基础设施和电子商务 4 个方面构建了贸易便利化指标体系，测算了 2001—2012 年我国省域层面贸易便利化综合指数[1]；最后，基于测度的贸易便利化水平，分析了 2001—2012 年我国各地区贸易便利化演变进程和发展差异。

---

[1] 由于数据的可获得性，本书只测度了我国除港澳台地区及青海、宁夏之外的 29 个省份（本书统一简称为省或者地区）的贸易便利化水平。

2.1 贸易便利化的内涵

第二次世界大战结束后,国际分工与生产国际化的深化促进了全球贸易迅速发展,但烦琐的贸易规则和管理制度对国际贸易的制约影响也初步显现。20世纪60年代,联合国欧洲经济委员会为推进全球贸易便利化进程,成立了国际贸易程序简化工作组。1996年,在WTO新加坡部长级会议中,贸易便利化被纳入WTO谈判议题。随后,由于多哈回合谈判的失败,贸易便利化在全球的推进一直停滞不前。2013年12月,WTO第九届部长级会议最终达成了《贸易便利化协定》,这是自WTO成立以来达成的首个多边协定,也是最具历史意义和最具商业价值的多边成果。2017年2月22日,《贸易便利化协定》正式生效。贸易便利化是"后关税时代"全球一直大力推进的一项削减贸易成本的贸易政策,是各大国际机构组织(如OECD、世界银行)和各类双边或者多边谈判仍然要进一步深化讨论与合作的重要议题。虽然,贸易便利化对经济发展的贡献及其重要性一直被提及,但对其的定义尚无统一的界定,各大国际机构也都有自己的认识。

WTO把贸易便利化定义为"国际贸易程序的简化与协调",其中的"国际贸易程序"包括"国际贸易商品流动中所需的数据和其他信息的收集、提供、传递、处理的活动、实践和手续"。欧盟委员会(European Commission,EC)也采用了与WTO相同的贸易便利化定义。

OECD认为,贸易便利化是指商品国际流动中从销售者到购买者和其他支付者所需的程序和相关信息流的简化和标准化。OECD界定的贸易便利化领域包括事先裁定、上诉程序、费用与收费、治理与公正等11个方面。

联合国亚洲及太平洋经济社会委员会（United Nations Economic and Social Commission for Asia and the Pacific，ESCAP）认为，贸易便利化是为节约管理和商务的时间和费用而进行简化过程和规则的措施。他们在落实贸易便利化时尤其关注贸易规则和条例的实施效率。

亚太经济合作组织（Asia Pacific Economic Cooperation，APEC）把贸易便利化定义为简化、协调和使用新技术及其他手段处理贸易中的行政和管理障碍。APEC在"贸易便利化行动计划"中把货物运输、标准一致性、商务人员流动和电子商务归为贸易便利化行动的4个方面。

世界银行从一个更宽泛的视角定义贸易便利化，认为贸易便利化是一系列提高海关和港口效率的制度性和管理性改革的措施，这些措施比较复杂且应用成本较高，主要包括基础设施投资、运输安全、港口效率、物流和运输服务等多个领域。

世界银行贸易便利化项目研究的著名经济学家Wilson等（2003，2005）从广义和狭义两个方面对贸易便利化进行了描述。他们认为，狭义的贸易便利化是指简化贸易商品通过港口时的流动程序或者是提高跨境贸易时贸易商品有关文件传达效率。但是，随着认识的深入，贸易便利化被拓展到了贸易发生地环境、海关和监管的透明和专业化、标准的协调及国际或者区域规则的一致性方面，把贸易便利化关注的范围扩展到"边境内"的国内政策和制度结构；同时，在界定贸易便利化时也需要考虑贸易中的网络信息技术整合这一技术概念。因此，广义的贸易便利化同时融入了"边境上"（如港口效率、海关监管）和"边境内"（如国内法制环境、电子商务应用）两方面因素。

国内学者刘军梅等（2014）也对贸易便利化的狭义和广义定义进行了明确的界定：贸易便利化的狭义定义指进出口程序（如海关、检疫、许可等有关程序)、交通运输手续(物流和仓储等)、支付、保险、检测、标准化和其他要求等方面的协调、削减和便捷;而广义的贸易便利化则是指除狭义贸易便利化定义所述的海关与边境措施简化与高效外,还包括适用于贸易的法律法规的协调、物流与基础设施建设的改善和规范及信息的收集、发布和使用等。据此,他们把贸易便利化涵盖的领域总结为:基础设施投资建设、贸易政策法规的透明度、海关现代化改进与跨境制度、贸易手续的简化、通关的高效性、物流与运输服务的管理与竞争力,通道便利与国际贸易便利化和运输安全(特别是在内陆国家范围内)及与信息流动等。

借鉴和参考上述研究成果,本书认为广义的贸易便利化概念更符合当前国际贸易发展现实和本书的研究主题,因此,本书将贸易便利化定义为国际贸易过程中所采取的旨在降低贸易成本、提高效率的一系列政策和措施,包括国内法制环境、海关效率、交通基础设施和电子商务应用等领域。

2.2 中国整体贸易便利化的发展

2.2.1 OECD贸易便利化指标体系

目前,一些主要国际组织发布了若干测度贸易便利化的指标与相关数据,主要包括OECD编制的贸易便利化指数(Trade Facilitation Indicators, TFIs)、世界银行发布的营商环境(Doing Business, DB)指标、全球物流绩效指数(LPI)和世界经济论坛发布的贸易促进指数(ETI)等(ESCAP和OECD,2017)。其中,2013年OECD构建了包含11个一级指标的贸易便利化指标体系,并将每个指标细分为若干个二级指标,以量化考察分析不同国家实施贸易便利化措施的进展情况,是目前相关测度研究中最完整与最权威的数据(OECD,2013)。OECD 编制的贸易便利化指数(TFIs)的优点在于其能更全面地反映贸易便利化的内涵,更科学、更翔实,与 WTO 倡导的《贸易便利化协定》相关条款更匹配(Fontagné 等,2016)。

TFIs 以《贸易便利化协定》具体条款内容为蓝本,构建了 11 个贸易便利化变量(一级指标,具体说明见表 2-1),以此反映组织成员执行《贸易便利化协定》的情况及相对于其他国家的表现。这 11 个指标按照其作用的不同可分为"透明度和可预见性""手续的简化""边境机构合作""管理与公正性"四大类。

表 2-1　OECD 的贸易便利化指标(TFIs)结构和说明

贸易便利化指标	指标含义的简单说明
(a)信息的可获得性	咨询点,贸易信息的发布(包括网络发布)、通知等
(b)贸易商的参与	贸易商在货物运输、放行、清关等相关法律、法规生效前发表评论的机会等
(c)预裁定	政府预先公布货物分类方法、原产地规则和估值方法,公开规则和流程等
(d)上诉程序	对边境机构行政决定提出上诉的可能性和方式
(e)费用	对进出口货物征收费用的纪律和透明度、罚款制度等
(f)单证类手续	要求提交单证的数量和单证的简化是否与国际标准协调等
(g)自动化手续	电子数据交换、自动风险管理、电子支付等
(h)程序性手续	简化边境管制、单一窗口、清关后的审核等

续表

贸易便利化指标	指标含义的简单说明
（i）边境机构的内部合作	国内各边境口岸之间的合作
（j）边境机构的外部合作	与相邻国家（地区）和第三国之间的合作
（k）管理与公正性	海关的行为准则、审计系统和道德准则

其中，"透明度和可预见性"体现了《贸易便利化协定》第1至第6条的内容，旨在降低贸易过程中的信息摩擦和不确定性，避免低效的立法及增强公正性和非歧视性等。在OECD的贸易便利化指标体系中"透明度和可预见性"包括5个指标，分别为信息的可获得性、贸易商的参与、预裁定、上诉程序和费用。《贸易便利化协定》的第7、第10和第11条旨在减少贸易过程中手续的数目和复杂性（"手续的简化"）；TFIs中建立了3个指标来反映"手续的简化"，分别为单证类手续、自动化手续和程序性手续。"边境机构合作"对应了《贸易便利化协定》的第8和第12条，目的在于提高边境效率；TFIs中设立了边境机构的内部合作和边境机构的外部合作两个指标来反映"边境机构合作"。"管理与公正性"是OECD额外设置的一个指标，并不包含在《贸易便利化协定》的条款中，主要反映一国或地区海关的管理能力。

TFIs每个一级指标下又包含若干个二级指标，共计155个，用以反映各组织成员现行的与贸易有关的政策和法规及其实施情况。每个二级指标取值范围为[0，2]，"0"代表最差的表现，"2"代表最好的表现；数值越大表示贸易便利化程度越高。将二级指标简单平均加权可以分别得到每个一级指标的取值，因此，一级指标取值范围也为[0，2]。将11个一级指标简单平均加权最终得到一国综合的贸易便利化指数（TFIs）。

2.2.2 全球贸易便利化水平

OECD 的贸易便利化指数（TFIs）于 2013 年推出，先后公布了 2013 年、2015 年、2017 年、2019 年和 2022 年全球贸易便利化指数，涵盖了 160 多个经济体。2015 年后，TFIs 的二级指标体系有所调整，目前 OECD 官方网站只有 2017 年、2019 年和 2022 年的数据，本节主要介绍 2022 年全球贸易便利化发展情况；因此在进行纵向比较时，只采用 2017 年、2019 年和 2022 年的数据进行对比分析。

图 2-1 描绘了 2017 年和 2022 年全球主要经济体 11 个贸易便利化分项指标的均值。由图 2-1 可以看出，与 2017 年相比，2022 年的 11 个贸易便利化指标都得到了一定程度的提升，这说明《贸易便利化协定》的谈判和实施对全球贸易便利化水平的提升产生了积极的作用。《贸易便利化协定》规定了发展中国家和最不发达国家成员可以确定自己的执行时间表，发达国家成员则须从《贸易便利化协定》生效之日起执行所有条

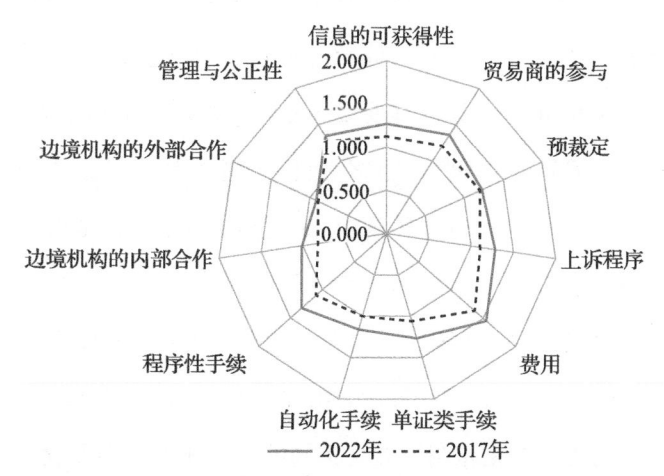

图 2-1 2017 年、2022 年全球主要经济体 TFIs 分项指标得分

资料来源：根据 OECD 的 TFIs 计算得出。

款。截至2023年6月30日,《贸易便利化协定》的核准成员数为156,占比为95.1%,全部WTO成员执行《贸易便利化协定》承诺比率为76.8%[①]。从提升的分值大小来看,2017—2022年,程序性手续、单证类手续和边境机构的内部合作提升的最多,分别提升了0.226、0.205和0.190;而预裁定、边境机构的外部合作、管理与公正性提升的相对较少,分别只提升了0.022、0.030和0.057。

一方面,从2022年的数据来看,在11个贸易便利化分项指标中,平均得分最高的是费用,得分为1.547,说明各经济体在进出口收费的征收纪律和透明度等方面已经有不错的表现;贸易商的参与、管理与公正性,得分分别为1.362和1.343,说明各经济体在制定与贸易便利化相关的法律和法规前,能够听取贸易商的相关意见;得分最低的为边境机构的外部合作,得分仅为0.915;边境机构的内部合作、自动化手续的得分也较低,分别为1.009和1.160,说明各经济体之间需加强沟通与合作,如公开分享边境管控信息、电子信息系统的跨国匹配等。边境机构的合作也是实施《贸易便利化协定》最具挑战性的领域(OECD,2018)。

另一方面,不同收入的经济体贸易便利化水平呈现出差异性。根据世界银行的分类标准,对2022年主要经济体的贸易便利化指数按照收入水平的不同进行分类分析,各收入组贸易便利化指数统计性描述如表2-2所示。由表2-2可以看出,2022年高收入经济体贸易便利化指数的均值为1.641,位居第一;中高收入组,贸易便利化指数的均值为1.254,位居第二;中低收入组位居第三,贸易便利化指数的均值为1.007;低收入组贸易便利化指数均值为0.730,位居最后。由此可见,人均收入水平越高的经济体,其贸易便利化水平也越高,并且不同的经济体的贸易便利化水平相差

[①] 数据来源于WTO的贸易便利化协定数据库。

较大，高收入经济体贸易便利化水平的均值约为低收入经济体的 2.248 倍。

表 2-2 2022 年不同收入的经济体贸易便利化水平统计性描述

类别	样本个数	便利化均值	标准差	最小值	最大值
高收入组	54	1.641	0.302	0.626	1.880
中高收入组	42	1.254	0.356	0.471	1.683
中低收入组	47	1.007	0.300	0.333	1.586
低收入组	20	0.730	0.195	0.308	1.006
总体	163①	1.251	0.434	0.308	1.880

注：根据 OECD 的 TFIs 计算得出。

表 2-3 是 2022 年不同收入经济体商品出口总额的情况。由表 2-3 可以看出，贸易便利化程度越高的国家（地区），其出口均值越高。虽然各组出口值的最大值、最小值与收入水平存在差距，但总体来看，收入越高的国家，其贸易便利化程度也越高，相应的出口水平就越高，这在一定程度上反映出贸易便利化与出口之间存在正向关系。

表 2-3 2022 年不同收入经济体商品出口总额

单位：百万美元

类别	出口均值	标准差	最小值	最大值
高收入组	300799	356488	18	2064787
中高收入组	162334	583567	2	3593602
中低收入组	135348	396887	16	1804635
低收入组	4371	5793	11	26200

注：根据 UN COMTRADE 计算得出。

---

① OECD 的贸易便利化指数（TFIs）2022 年涵盖了 164 个经济体；但 2022 财年和 2023 财年，世界银行对世界主要经济体按收入水平进行分类时，并未对委内瑞拉进行分类，因此本章在分类描述时也未将委内瑞拉放入样本中。

从 2022 年具体的贸易便利化分项指标的得分来看（见表 2-4），高收入经济体与低收入经济体分值差距从小到大依次为：费用、程序性手续、上诉程序、贸易商的参与、边境机构的外部合作、单证类手续、边境机构的内部合作、信息可获得性、管理与公正性、自动化手续和预裁定。分数差距越小，说明在该领域低收入经济体与高收入经济体的贸易便利化程度越接近。在费用的便利程度上，低收入经济体和高收入经济体的分差为 0.589，而在预裁定、自动化手续、管理与公正性等涉及国家法律法规、政府执政公平性、基础设施和科技应用等方面，低收入经济体和高收入经济体之间的差距较大，绝对差距达到了 1.230、1.227 和 1.143。这是低收入经济体未来改革的重点领域，也是需要 WTO 给予技术支持和建设援助的领域。

表 2-4　2022 年不同收入、不同地区经济体贸易便利化水平

贸易便利化指标	不同收入经济体				不同区域				
	高收入	中高收入	中低收入	低收入	亚太	欧洲和中亚	美洲	中东和北非	撒哈拉以南的非洲
（a）信息的可获得性	1.702	1.267	1.036	0.705	1.279	1.619	1.276	1.237	0.862
（b）贸易商的参与	1.676	1.437	1.144	0.874	1.352	1.663	1.390	1.256	1.026
（c）预裁定	1.706	1.213	1.009	0.476	1.216	1.746	1.156	1.244	0.639
（d）上诉程序	1.528	1.335	1.166	0.784	1.326	1.501	1.334	1.304	0.927
（e）费用	1.828	1.508	1.391	1.239	1.515	1.754	1.499	1.514	1.369
（f）单证类手续	1.696	1.295	0.939	0.817	1.175	1.634	1.248	1.255	0.913
（g）自动化手续	1.676	1.222	0.814	0.449	1.111	1.548	1.241	1.154	0.667

续表

贸易便利化指标	不同收入经济体				不同区域				
	高收入	中高收入	中低收入	低收入	亚太	欧洲和中亚	美洲	中东和北非	撒哈拉以南的非洲
(h) 程序性手续	1.651	1.367	1.068	0.986	1.265	1.593	1.305	1.293	1.087
(i) 边境机构的内部合作	1.411	1.000	0.765	0.524	1.018	1.313	1.002	0.938	0.664
(j) 边境机构的外部合作	1.419	0.800	0.588	0.563	0.716	1.354	0.871	0.797	0.632
(k) 管理与公正性	1.756	1.366	1.161	0.613	1.438	1.760	1.320	1.183	0.829
TFIs	1.641	1.254	1.007	0.730	1.219	1.589	1.240	1.198	0.874

注：根据 OECD 的 TFIs 计算得出。

由表 2-4 还可以看出，贸易便利化水平还表现为地区差异。欧洲和中亚地区由于欧盟成员的强劲表现，整体贸易便利化在全球处于领先水平，贸易便利化分值为 1.589；美洲和亚太的贸易便利化水平大体相当，贸易便利化得分分别为 1.240 和 1.219；撒哈拉以南的非洲是贸易便利化水平最低的地区，得分仅为 0.874。撒哈拉以南的非洲主要在预裁定、边境机构的外部合作和边境结构的内部合作与其他地区差距较大，但在费用方面得分并不低。OECD（2018）指出，尽管各国（地区）在执行《贸易便利化协定》方面存在收入和地区差异，但在一些领域，特别是《贸易便利化协定》所涉及的边境收费和简化程序方面，各国（地区）的表现相对较平均，差距并不大。

2.2.3 我国整体贸易便利化水平

近年来，我国在贸易便利化领域进行了多项改革，并取得了显著进展。2001年，我国政府明确提出实行"大通关"制度。2006年，海关总署等多部委联合启动口岸电子执法系统，使监管部门可以进行跨部门、跨行业的联网数据核查，企业可以通过电子口岸在线办理海关申报、外汇结算等各种进出口业务。2009年在部分海关开展出口货物分类通关改革试点。2012年加速推进了分类通关、通关无纸化、"属地申报、口岸验放"、企业分类管理等改革。2013年决定尽快实施"一次申报、一次查验、一次放行"改革方案，并分步在全国口岸实行。2014年明确改善贸易融资服务，加快出口退税进度，适时扩大融资租赁货物和出口退税试点范围。2015年进一步确定全面推进贸易便利化的改革，由"推进试点"向"全面推进"开展。2018年，《国务院关于印发优化口岸营商环境促进跨境贸易便利化工作方案的通知》提出了精简进出口环节监管证件、深化全国通关一体化改革等20条具体措施。2019年，《中共中央 国务院关于推进贸易高质量发展的指导意见》第七点指出，"深化改革开放，营造法治化国际化便利化贸易环境"。

特别引人注目的是，我国在自由贸易试验区进行的改革中都将贸易便利化作为探索简化行政审批与监管的重要内容之一，包括实施"一线放开、二线安全高效管住"的通关监管服务模式；建立国际贸易"单一窗口"管理服务模式；积极推动实施海关特殊监管区域整合优化改革（如京津冀通关一体化）；加强电子口岸建设，推动实现海关、检验检疫等口岸监管部门信息共享；探索建立货物状态分类监管模式等。2021年8月，《国务院印发关于推进自由贸易试验区贸易投资便利化改革创新若干措施的通知》提出了开展进口贸易创新、加快推进多式联运"一单制"和推进开放通道建设等有针对性的19条措施。自由贸易试验区将成为中国全面推进贸易便利化措施和执行《贸易便利化协定》的综合试验田。截至2021年12月底，自贸试验区已向全国复制推广了79项贸易便利化制度创新成果①。

此外，在区域与双边经贸合作方面，中国与东盟于2009年签署了《中国-东盟贸易便利化南宁倡议》；在中韩、中澳等诸多双边自贸协定中都单独设立了"贸易便利化"章节，体现了中国对该议题的高度重视。截至2023年6月底，我国已经与27个国家（地区）签署了20个自贸协定②，就透明度、货物放行、海关合作等做出了规定，对简化海关程序、提高通关服务效率、畅通跨境货物流动发挥了积极作用。

中国还积极参与并推动《贸易便利化协定》的谈判工作，先后提交和参与联署了8份提案，内容涉及贸易法规的公布和实施、风险管理、后续稽查、成员方需求和优先领域的确定、技术援助和能力建设支持等问题。在《贸易便利化协定》达成后，为体现支持《贸易便利化协定》尽早实施的积极姿态，我国于2014年6月30日向WTO秘书处通报了协定实施计划（A类措施），比巴厘岛部长会议决定规定的期限提前了一个月。在《贸易便利化协定》议定书为全体成员通过的过程中，中国强调多边实施符合所有成员利益，同时呼吁各成员重视发展中成员关注，切实落实多哈回合发展目标，全面、平衡地推进巴厘岛部长会议决议的落实。2015年9月4日，中国常驻WTO特命全权大使俞建华向WTO总干事罗伯特·阿泽维多递交接受书，标志着我国已正式完成接受《贸易便利化协定》议定书的国内核准程序，从而成为第16个接受

---

① 数据来自澎湃网站。
② 数据来自中国自由贸易区服务网站。

《贸易便利化协定》议定书的成员。中国在向 WTO 递交批准实施《贸易便利化协定》通知中,将公布平均放行时间、单一窗口、信息交换及信息提供 4 项措施列为 B 类条件①,承诺于 2020 年 1 月实施。2020 年 1 月,中国向 WTO 通报提前实施《贸易便利化协定》中"确定和公布平均放行时间"等措施,中国对《贸易便利化协定》规定的各类措施实施率已达到 100%。

OECD 贸易便利化数据库中也提供了 2017 年、2019 年和 2022 年中国贸易便利化的数据,具体指标如表 2-5 所示。由表 2-5 可以看出,2022 年中国各项贸易便利化分数从低到高,依次为边境机构的外部合作、边境机构的内部合作、自动化手续、程序性手续、单证类手续、信息可获得性、上诉程序、预裁定、贸易商的参与、管理与公正性、费用。

表 2-5 2017 年、2019 年和 2022 年中国贸易便利化水平

贸易便利化指标	2017 年 中国	2017 年 世界最佳	2019 年 中国	2019 年 世界最佳	2022 年 中国	2022 年 世界最佳
(a) 信息的可获得性	1.429	1.571	1.476	1.667	1.619	1.667
(b) 贸易商的参与	1.429	1.625	1.857	1.750	1.857	1.750
(c) 预裁定	1.667	1.636	1.857	1.909	1.857	1.909
(d) 上诉程序	1.333	1.615	1.625	1.615	1.625	1.615
(e) 费用	1.692	1.714	1.923	1.857	1.923	1.857
(f) 单证类手续	1.333	1.667	1.500	1.778	1.556	1.778

---

① 来源于北京睿库贸易安全及便利化研究中心《平说关事(111)<贸易便利化协定>全球实施情况不乐观!》。由于 WTO 成员的经济、社会发展水平存在巨大差距,对发展中国家和最不发达国家来说,实施《贸易便利化协定》各项措施不仅需要时间,还要获得国际社会多方面的援助和支持。为此,作为一项制度创新,WTO 的《贸易便利化协定》对相关条款专门设置了 A、B、C 3 个实施类型,其中,声明为 A 类措施的表示协定生效或提交核准之日起即承诺实施(最不发达国家可以推迟一年);B 类表示需要一个过渡期后承诺实施;C 类表示需要一个过渡期并同时获得国际援助后承诺实施。

续表

贸易便利化指标	2017年 中国	2017年 世界最佳	2019年 中国	2019年 世界最佳	2022年 中国	2022年 世界最佳
(g) 自动化手续	1.154	1.615	1.538	1.692	1.538	1.692
(h) 程序性手续	1.321	1.514	1.519	1.600	1.556	1.600
(i) 边境机构的内部合作	1.000	1.182	1.000	1.273	1.364	1.273
(j) 边境机构的外部合作	0.800	1.182	0.800	1.273	0.900	1.273
(k) 管理与公正性	1.667	1.889	1.875	1.889	1.875	1.889
贸易便利化指数	1.348	—	1.543	—	1.606	—

注：根据OECD的TFIs计算得出。

从纵向来看，中国的综合贸易便利化水平由2017年的1.348提升为2022年的1.606，提升了19.14%，呈递增趋势，这说明中国近年来贸易便利化改革取得了一定成效。无论是2017年还是2022年，中国的综合贸易便利化水平均高于世界平均水平。与2017年相比，2022年中国在贸易便利化11个分项指标的得分均有所提高，其中贸易商的参与的得分提升最多，达到了0.428分，然后分别为自动化手续（0.384分）、边境机构的内部合作（0.364分）。而提升相对较慢的是边境机构的外部合作，仅提高了0.1分，然后为信息的可获得性和预裁定，均只提高了0.19分。

从世界排名来看，2017年中国的总体排名为53位，2019年上升为44位。但是，2022年中国的总体排名仅为51位，相较于2019年的第44位下降了7位[①]。

按照全球贸易便利化得分水平，前25%国家的贸易便利化一级指标的平均数构成了全球最佳贸易便利化指数。图2-2为2022年中国和全球最佳贸易便利化指数的雷达图。由图2-2可知，2022年，中国在4个贸

---

① 引自北京睿库贸易安全及便利化研究中心的OECD《贸易便利化指数》更新，中国排名51。

易便利化分项指标的得分中已经领先全球最佳，领先分差从大到小依次为贸易商的参与（0.107 分）、边境机构的内部合作（0.091 分）、费用（0.066 分）和上诉程序（0.010 分）。但在一些项目上仍与全球最佳之间存在差距，差距从大到小依次为边境机构的外部合作（0.373 分）、单证类手续（0.222 分）、自动化手续（0.154 分）、预裁定（0.052 分）、信息的可获得性（0.048 分）和管理与公正性（0.014 分）。此外，程序性手续与世界平均水平大体相当。

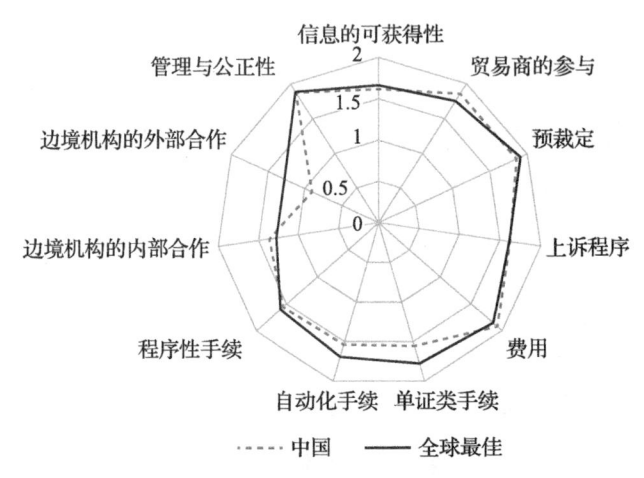

图 2-2　2022 年中国和全球最佳 TFIs 分项指标得分

2.3　中国省级层面贸易便利化的测度和发展

2.3.1　指标的选取和构建

《贸易便利化协定》已经成为包括中国在内的各成员的义务，我国应基于协定内容进一步完善海关制度，提升便利化程度；但是，我国地缘广博，各地区经济发展水平参差不齐，对相关政策的理解和执行必然存在一定的差异，这就需要在省级层面上研究贸易便利化，以全面提高我国贸易便利化水平。借鉴 Wilson（2003、2005）的研究，首先，把贸易便利化涉及的领域归纳为 4 个方面，即法制环境、海关效率、交通基础设施及电子商务应用；其次，分别计算贸易便利化所涉及的四个领域的得分；最后，借鉴樊纲等（2011）、Portugal-Peres 和 Wilson（2012）的做法，采用标准化得分法和算术平均法构建测算贸易便利化的综合指标。

（1）法制环境

法制环境反映了一个国家（或地区）的政策环境与制度框架的透明情况和规范程度，好的法制环境是国际贸易开展的先决条件，效率低下的法制环境则明显抑制进出口贸易的开展（Hoekstra，2013）。具体而言，法制环境不仅影响着一国整体的进出口贸易流量（Levchenko，2007；Nunn，2007），而且会影响企业出口的扩展边际和集约边际（Ma 等，2010；蒋为和蒋柳，2015）。本章借鉴蒋为和蒋柳（2015）的做法，选取樊纲等（2011）和王小鲁等（2019）的"中介组织的发育和法律制度环境"作为法制环境的代理指标。樊纲等（2011）和王小鲁等（2019）首先把市场中介组织的发育和法律制度环境分解为 4 个一级指标[①]，然后采用相对比较法转换数据和主成分分析法计算权重，最后得到各类指标。

（2）海关效率

海关效率是衡量一个国家海关部门处理进出口货物时工作的效率，是度量贸易便利化的重要指标之一（Hoekstra，2013）。低海关效率会导致进出口清关的时间延迟，而时间又是一种贸易壁垒（Hummels 和 Schaur，2013），从而抑制产品的进出口贸易（Liapis，2011；Persson，

---

① 4个一级指标为：市场中介组织的发育（律师、会计师等市场中介服务的条件，行业协会对企业的帮助程度）、对生产者合法权益的保护、知识产权保护（三种专利申请受理量/科技人员数，三种专利申请批准量/科技人员数）和消费者权益保护。

2013)，尤其是抑制易腐坏类和时间敏感类产品的进出口贸易（Djankov 等，2010；胡超，2014）。刘仕国和吴海英（2013）认为，推进边境口岸贸易管理改革，通过技术、人员和服务的流动等措施有利于提高海关效率，减少跨境贸易成本，进而促进全球价值链的发展。Carballo 等（2014）分析了秘鲁企业在不同入境口岸办理通关手续遭遇延误产生的影响，结果表明入境口岸的延误是有成本的，通关手续办理每延误一天，贸易成本将增加 0.9%，而对不同类型的企业与进口方式来说，其延误成本也存在相应的差异。一般认为，通关模式的便利化改革、电子单证信息化及关务系统信息网络化等均能缩短通关时间，提升边境口岸通关效率，进而达到促进贸易便利化的目的。本书借鉴殷宝庆等（2016）、李波和杨先明（2018）的研究方法，以《中国口岸年鉴》中各省通过本省口岸进出口总额与《中国统计年鉴》中各省进出口总额的比值作为海关效率的指标值来测算中国各地区口岸效率。

（3）交通基础设施

交通基础设施刻画了一国或地区铁路、公路、内河航道及航空航运等基础设施的建设水平和运输质量。众多研究表明，交通基础设施不仅在宏观层面影响整个国家的贸易流量（Stone 和 Strutt，2009；Donaldson，2018）和贸易可能性（Francois 和 Manchin，2013；Edwards 和 Odendaal，2008），而且在微观层面通过减少企业出口固定成本和可变成本影响企业的出口选择和出口量（盛丹等，2011）。Raei 和 Ignatenko（2019）利用引力模型研究发现，基础设施质量是企业参与全球价值链的决定因素之一。因此，提高交通基础设施建设水平是推进贸易便利化进程中不可忽视的重要构成。参考 Demurger（2001）、刘秉镰和刘玉海（2011）对交通基础设施的测算方法，首先将各省铁路、公路、内河航道三类运输方式的里程数加总得到总里程数，然后用总里程数除以各省份的总面积再乘以

1000，得到总体交通运输方式的每千平方千米网络密度（以下简称交通网络密度），以此作为各省交通基础设施的代理变量。

(4) 电子商务应用

以互联网营销、跨境电子商务为代表的电子商务应用服务平台是推动国际贸易便利化的重要支撑点，Wilson 等（2005）指出，电子商务应用有利于促进贸易便利化水平的提升，且其对贸易增长的贡献高达41%；并且它还能促进国家间的经济交流（Freund 和 Weinhold，2004；Miraskari 等，2011）。Clarke（2008）、茹玉骢和李燕（2014）对微观企业的研究也发现电子商务应用对企业出口强度和出口参与的促进作用。研究者在衡量电子商务应用程度时往往采用信息通信技术作为代理指标（Wilson 等，2005；Portugal-Perez 和 Wilson，2012），其反映了贸易参与者和消费者通过信息通信技术进行交易的便利程度。Rainer 等（2018）研究证明，互联网的兴起和信息通信技术的进步降低了与贸易有关的信息和通信成本，一个国家的信息通信技术基础设施在促进中小企业参与全球价值链方面起到了积极的作用。因此，本书借鉴李波和杨先明（2018）的做法，采用国家统计局统计科学研究所每年发布的《中国信息化发展指数统计监测年度报告》中的信息化发展指数作为电子商务应用的代理指标。电子商务应用指标包括信息技术设施指数、信息技术应用指数和信息技术技能指数三类一级指标及计算机拥有率、用户互联网平均带宽和每百居民互联网用户数等13个二级指标。

2.3.2 省级层面贸易便利化水平的测度

根据上述构建的贸易便利化指标体系，本书首先测算了中国各省法制环境、海关效率、交通基础设施和电子商务应用指标值，即贸易便利化4个分项领域的指标值。在此基础上，为了能够比较和分析中国各地区之间的贸易便利化水平，借鉴樊纲等（2011）计算中国市场化指数运用的标准化处理方法，对中国各地区贸易便利化所涉及的4个领域的指标值进行标准化处理，最后根据各个指标的标准化得分，采用算术平均法计算得到各省贸易便利化综合得分（贸易便利化综合指数）。[①]

由于法制环境、海关效率、交通基础设施和电子商务应用4个指标的数值与贸易便利化水平均呈正相关关系，即原始数据越大，指标得分越高，指标所体现的贸易便利化水平越高。因此，采用如下公式来计算标准化水平。

$$X_i^* = \frac{X_i - X_{min}}{X_{max} - X_{min}} \times 10 \qquad (2-1)$$

其中，X_i为某个省第i个指标的原始数据，X_{max}为所有省份基年（2001年[②]）第i个指标对应的原始数据的最大值，X_{min}为所有省份基年（2001年）第i个指标对应的原始数据的最小值；X_i^*是原始数据经过标准无量纲化处理的数值，由此可见，就某个单项指标而言，其在基数年份贸易便利化最高水平为10，最低为零。然后，对各地区一级指标下经过无量纲化处理的指标数据取简单算术平均值，得到法制环境、海关效率、交通基础设施和电子商务应用4个贸易便利化分项指标的数值，最后利用算术平均法计算得出各省域的贸易便利化水平和中国综合贸易便利化得分（贸易便利化综合指数）。

由于《中国信息化发展指数统计监测年度报告》2013年测算方法进行了变更，本书只计算了2001—2012年中国29个省级层面的贸易便利化

[①] 樊纲等（2011）认为，经过标准化处理后的数据计算综合指数时，采用主成分分析法和算术平均法计算两种方法并无显著的差别，因此本书采用了算术平均法测算贸易便利化综合指数。

[②] 由于数据的可获得性，本书采用2001年作为基年。

指数①，青海和宁夏的口岸进出口数据存在许多缺失值，最终本书只测度了中国 29 个省份的贸易便利化指数，具体结果如表 2-6 所示。

表 2-6 代表性年份各地区贸易便利化指数

地区	2001 年	2003 年	2005 年	2007 年	2009 年	2012 年	均值	增长幅度
北京	6.645	7.182	7.759	9.142	9.942	11.577	8.708	74.221
天津	5.804	6.374	7.218	8.087	7.890	10.300	7.612	77.468
河北	2.138	2.591	3.389	4.411	3.906	4.215	3.442	97.113
山西	1.766	2.498	3.238	4.164	3.740	4.491	3.316	154.222
内蒙古自治区	2.034	2.391	3.202	3.606	2.847	3.405	2.914	67.429
辽宁	3.279	4.072	4.649	5.748	5.207	5.989	4.824	82.650
吉林	2.157	2.724	3.278	4.058	3.841	4.259	3.386	97.477
黑龙江	2.080	2.677	3.211	3.656	3.121	4.695	3.240	125.736
上海	8.601	9.928	11.109	13.635	12.836	13.759	11.645	59.973
江苏	3.958	4.868	6.138	8.455	8.127	11.345	7.148	186.624
浙江	3.974	5.080	6.307	8.659	7.978	10.402	7.067	161.741
安徽	1.855	2.376	3.111	4.977	4.674	6.084	3.846	227.931
福建	3.536	4.631	4.823	5.722	5.261	6.623	5.099	87.296
江西	1.647	2.292	2.868	4.246	3.608	3.985	3.108	141.959
山东	3.055	3.852	4.590	6.857	6.235	7.324	5.319	139.762
河南	1.845	2.249	2.960	5.298	4.686	5.896	3.822	219.513
湖北	2.426	3.092	3.674	5.235	4.875	5.963	4.211	145.831

① 本书进行微观实证分析需采用中国工业企业数据库和中国海关数据库的匹配数据，目前这两个数据库的匹配数据只能获取到 2013 年。

续表

地区	2001年	2003年	2005年	2007年	2009年	2012年	均值	增长幅度
湖南	1.784	2.586	3.121	4.212	4.066	5.156	3.487	189.046
广东	6.064	7.148	8.389	10.059	8.785	10.233	8.446	68.757
广西壮族自治区	2.139	2.560	3.046	3.791	3.266	4.306	3.185	101.263
海南	3.069	3.294	3.621	3.791	3.246	4.882	3.651	59.055
重庆	1.420	2.257	3.147	5.290	5.300	6.877	4.049	384.197
四川	1.583	2.111	2.618	3.460	3.339	4.479	2.932	182.988
贵州	1.371	2.051	2.615	3.838	4.131	5.073	3.180	270.042
云南	1.945	2.293	2.923	3.416	3.315	3.692	2.931	89.822
西藏自治区	1.496	1.737	2.562	2.807	1.838	2.310	2.125	54.443
陕西	1.363	2.088	2.770	4.085	4.140	5.196	3.274	281.154
甘肃	0.835	1.286	2.061	2.627	2.485	3.035	2.055	263.353
新疆维吾尔自治区	1.687	2.544	2.857	3.357	2.976	3.341	2.793	98.018
均值	2.812	3.477	4.181	5.403	5.023	6.169	4.511	119.345

资料来源：笔者根据相关资料计算所得。

2.3.3 省域贸易便利化水平的典型特征

（1）综合指数

由图2-3可知，2001—2012年，全国贸易便利化水平总体上呈直线上升的趋势，贸易便利化指数由2001年的2.812提高至2012年的6.619，提高了135.384%，年均增长8.093%，发展势头较为迅猛。从具体的省份来看，2001—2012年贸易便利化水平均值最高的省份为上海，贸易便利化指数为11.645。上海既有国际航运中心最重要港口之一的上海港，也有我国第一个设立的海关特殊监管区——上海外高桥保税区；此外，上海还拥有外高桥保税物流园区、洋山保税港区和上海浦东机场综合保税区等海关特殊监管区域。无论是进出口商品还是从事进出口贸易的企业都更为集中，对通关便捷的要求更高，因此，从各个角度看，上海的贸易便利化程度都是最好的。在观测期内（2001—2012年），北京和广东贸易便利化指数的均值分别为8.708和8.446。贸易便利化指数均值最低的省份为甘肃，贸易便利化指数仅为2.055，上海的贸易便利化指数为甘肃的5.667倍，可见我国贸易便利化存在显著的地域差异；西藏和新疆的贸易便利化指数较低，分别为2.125和2.793。

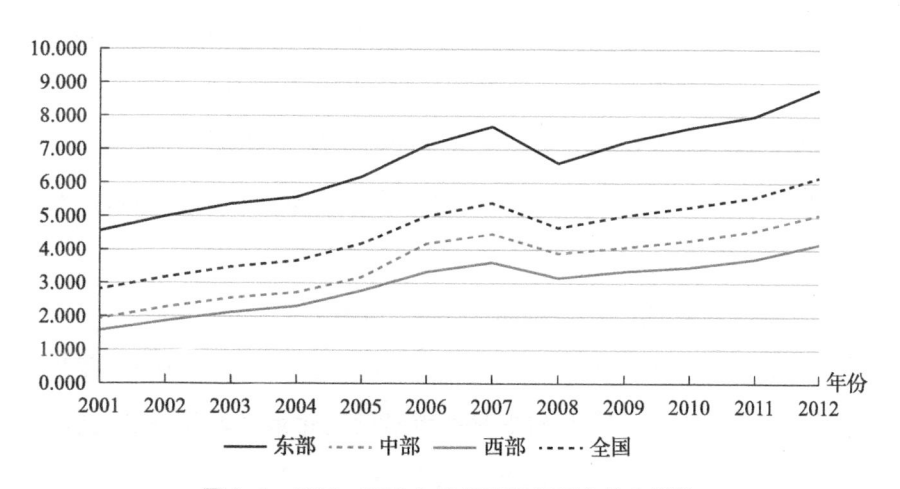

图2-3　2001—2012年地区贸易便利化综合指数

整体来看，2001—2012年我国贸易便利化呈现"东部优于西部、沿海优于内陆"的显著特点。我国的东部省份特别是沿海省份贸易便利化程度较高，而西部及内陆区域则通常便利化程度较低，这主要是与当地经济发展状况特别是产业环境有关。由图2-3也可以看出，尽管东部、中部和西部地区贸易便利化的发展趋势很相似，但东部地区贸易便利化明显高于中部和西部地区，并且远高于全国平均水平，而中部地区和西部地区贸易便利化水平则低于全国平均水平。东部沿海省份是我国改革开放前沿，进出口贸易活跃，设施方面条件优越，无论是港口、仓储等硬件设备，还是思想意识、制度建设方面都符合贸易便利化的要求，因此贸易便利化水平相对更高。

另外，人口大省的交通便捷较高，地广人稀、地理环境较差的沿疆地区的交通便捷指数较低。贸易的根本在于对商品的需求，商品需求的规模在于人口，支撑贸易满足人口需求的硬件条件就是信息的获取与顺畅的物流，从贸易便利化的指数和排名上也可以看出这一点。除经济发展快速、基础设施完善的东部沿海区域外，内陆省份全部满足交通与人口这两大要求，不但人口众多，交通也非常便利，甚至在一省之内有很多交通枢纽，不仅陆上运输线路纵横交错，空中线路和江河船舶运输业也很发达。这在很大程度上保证了省域间经贸往来的顺利开展；而与之相适应的软件条件，也能够为此做出相应调整，以适应日益增长的贸易需求。

从贸易便利化的增长幅度来看，2001—2012 年，在考察的 29 个省份当中，重庆的贸易便利化水平增长幅度最大，增长了 384.197%，年均增长率达到了 15.420%。陕西和贵州的贸易便利化水平增长幅度也较大，增长幅度分别为 281.154% 和 270.042%，年均增长率分别为 12.936% 和 12.630%。此外，甘肃和安徽的贸易便利化水平增长也相对较快。贸易便利化增长幅度最低的省份为西藏，增长幅度为 54.443%。海南和上海贸易便利化增长幅度也相对较低，增长幅度分别为 59.055% 和 59.973%。可见，中西部地区的省份虽然贸易便利化水平相对较低，但发展速度普遍高于东部地区，这说明贸易便利化综合发展水平的地区差异在逐步减小。图 2-4 是 2001—2012 年推移主要年份省级层面的贸易便利化的核密度。由图 2-4 可以发现，随着时间的推移，贸易便利化综合指数的核密度曲线由"高而瘦"变成"矮而胖"，说明贸易便利化综合指数的核密度曲线随着时间的推移而向右移动，并且峰值逐年下降，分布越发均匀，这反映了两层含义：第一，平均而言，我国各省份贸易便利化水平在不断提升；第二，贸易便利化综合发展水平的地区差异在逐步减小。

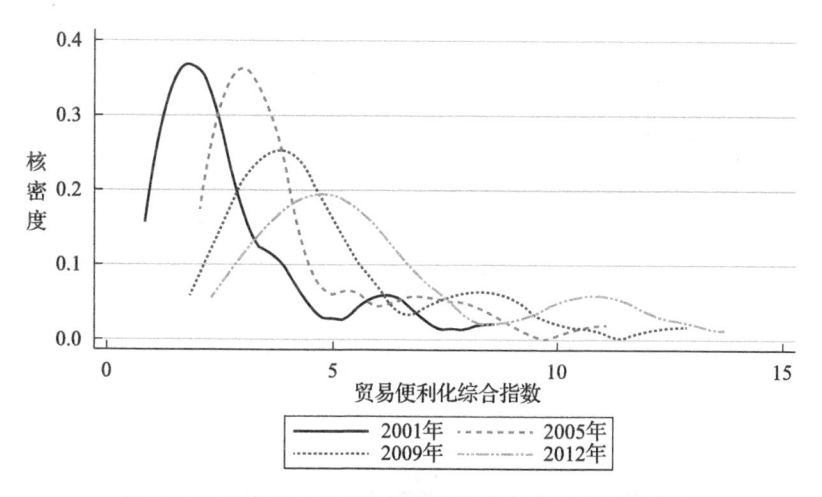

图 2-4 代表性年份贸易便利化综合指数的核密度估计

（2）分项指标

由图 2-5 可知，从贸易便利化 4 个分项指标的发展进程看，2001—2012 年，我国法制环境虽然存在波动，2008—2010 年我国法制环境指数出现了下降，但总体呈上涨的趋势；由期初的 3.151 增至期末的 5.370，增长了 70.422%，年均增长 4.96%。海关效率指数由 2001 年的 1.748 增至 2012 年的 2.202，增长了 25.972%，年均增长 2.12%，增长较为平缓；交通基础设施指数由 2001 年的 3.132 增至 2012 年的 7.164，增长了 1.287 倍，年均增长 7.812%；2001—2012 年，电子商务应用指数由期初的 3.218 提高至期末的 9.939，增长了 208.856%，年均增速达 10.795%。

整体而言，我国电子商务应用的增幅最大，交通基础设施的增幅排名第二，市场环境指数的增幅排名第三，海关效率指数的增幅最小，说明在观察期内我国贸易便利化程度的快速提高主要得益于电子商务应用、交通基础设施和法制环境的不断发展，而海关效率对我国贸易便利化综合指数的提高影响相对较小。

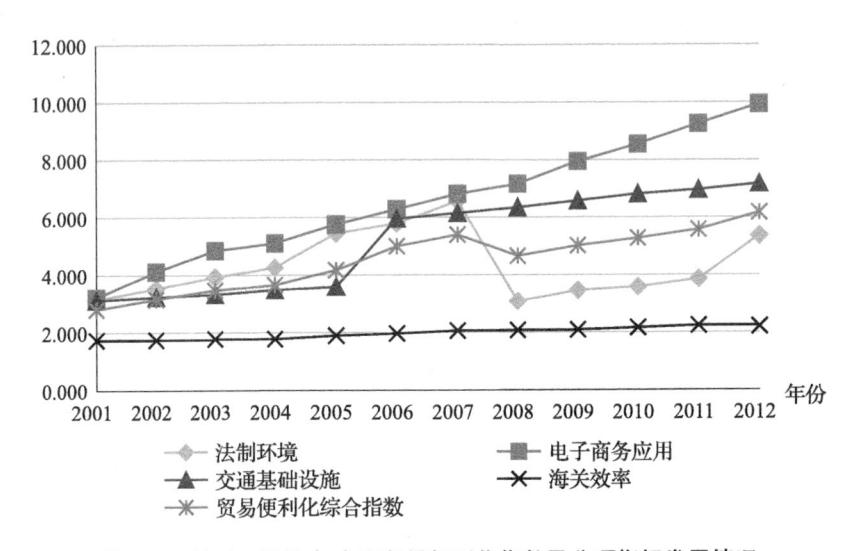

图 2-5　2001—2012 年中国贸易便利化指数及分项指标发展情况

从图 2-6 可以看到，东部地区法制环境的便利化总体水平比较高，主要是因为东部沿海地区是中国经济发展最发达地方，其法律制度建设必然相应更加规范、更加完善。中部地区法制环境指数虽然高于西部地区，但是和西部地区差异不大，均呈现出不断上升状态，但中部、西部地区法制环境指数与东部地区的差距比较大。从图 2-6 还可以看出，2007—2008 年法制环境有一个下降的过程，2008—2010 年也有些停滞，这主要是为了应对 2008 年的国际金融危机，实施了宽松的财政政策和货币政策。扩张性的财政政策和货币政策对短期经济增长发挥了拉动作用，但不可否认也导致政府配置资源的比重上升和政府对市场干预程度的提

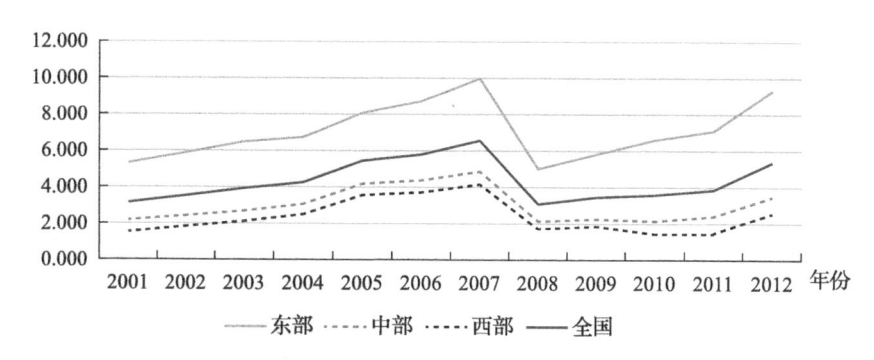

高，削弱了市场配置资源的作用（樊纲等，2011）。

图 2-6　2001—2012 年我国及东部、中部、西部地区法制环境发展情况

图 2-7 是海关效率的发展情况，东部、中部和西部虽然在不同年份出现了一定的波动，但总体上各区域的海关效率还是呈现出逐渐上升的趋势，上升的速度比较平稳。从数值的大小来看，东部、中部和西部三个地区在海关效率方面差距很明显，其中东部地区最高，西部地区排第二，而中部地区位居最后。这与东部沿海地区进出口货物频繁，过关量大导致其不断优化关境程序，提高海关效率有直接关联；而西部地区不少省份拥有国际边境线，存在不少边境贸易，也会导致其不断优化关境

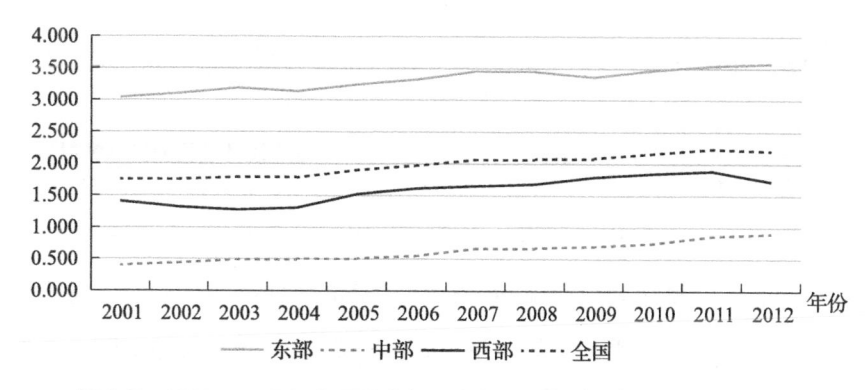

图 2-7　2001—2012 年我国及东部、中部、西部地区海关效率发展情况

程序，提高海关效率。从增长的幅度来看，与2001年相比，2012年东部和西部地区分别增长了17.686%和22.769%，而中部地区增长的幅度比较大，增长幅度达到了126.858%。这可能是因为中部地区海关效率的基数相对较小造成的。

图2-8展示了交通基础设施发展情况，2001—2012年我国及东部、中部和西部三个地区交通基础设施均呈现不断上升的趋势，特别是2005—2006年均大幅度增长，这与中国公路统计口径变化有一定的关系。总体来看，仍然是东部地区占据比较明显的优势；中部地区紧随其后，中部地区在2006年之前交通基础设施低于全国平均水平，但2006之后一直高于全国平均水平；相对而言，西部地区交通基础设施比较落后，并且与东部、中部地区差距较明显，这主要与地理位置有关。

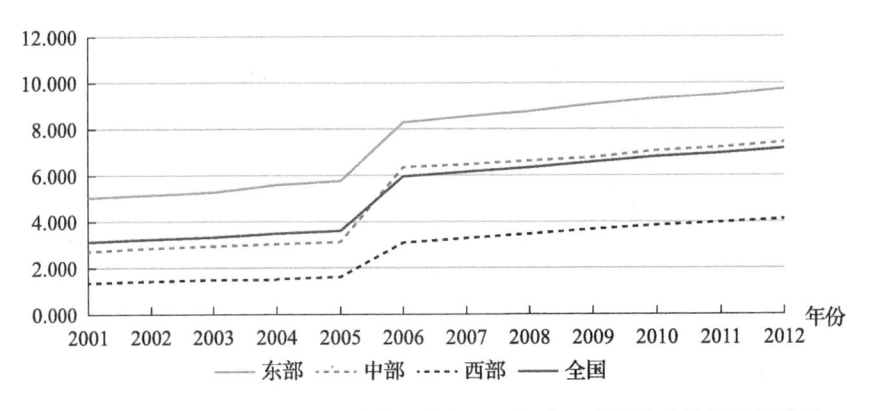

图2-8　2001—2012年我国及东部、中部、西部地区交通基础设施发展情况

从图2-9电子商务应用指数来看，东部、中部和西部地区均保持较快的增长速度，整体发展比较均匀；从发展水平来看，东部地区电子商务应用仍然是一枝独秀，总体水平最高，远高于中部和西部地区；中部地区电子商务应用水平虽然高于西部地区，但两者差距并不明显，且有逐渐缩小的趋势。

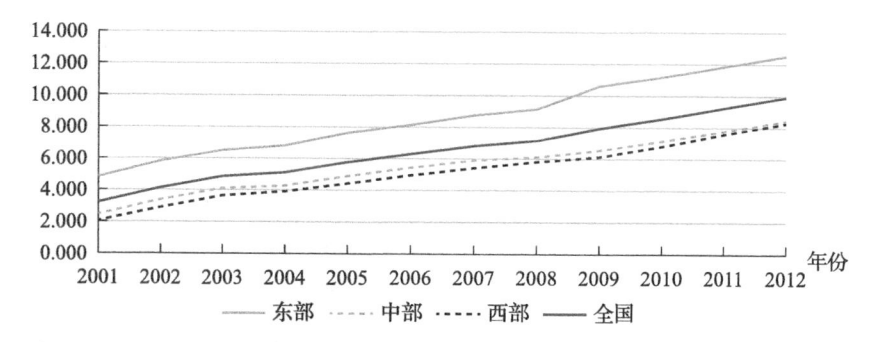

图 2-9 2001—2012 年我国及东部、中部、西部地区电子商务应用发展情况

2.4 本章小结

本章重点考察了我国国家层面和省域层面贸易便利化的特征事实。首先，采用 OECD 的贸易便利化综合指数（TFIs）分析了全球贸易便利化的发展，对比分析了我国国家层面贸易便利化发展情况；其次，从法制环境、海关效率、交通基础设施和电子商务应用 4 个方面构建指标体系，计算了我国省级层面的贸易便利化指数，并分析了我国各地区贸易便利化发展情况，得出如下主要结论。

第一，基于 OECD 贸易便利化综合指数（TFIs）的研究发现，不同收入的经济体贸易便利化水平呈现出差异性，人均收入水平越高的经济体，贸易便利化水平也越高，并且不同的经济体，贸易便利化水平相差较大；贸易便利化水平还存在地区差异，欧洲和中亚地区整体贸易便利化在全球处于领先水平，而撒哈拉以南的非洲是贸易便利化水平最低的地区。

第二，中国贸易便利化水平不断攀升，中国综合贸易便利化指数（TFIs）由 2017 年的 1.348 上升为 2022 年的 1.606，提升了 19.14%，这说明中国近年来贸易便利化改革取得了一定成效；2022年在全球164个经济体中位居第51。在贸易商的参与、边境机构的内部合作、费用和上诉程序4个方面中国已经领先全球最佳，但边境机构的外部合作、单证类手续、自动化手续等方面与全球最佳仍存在一定的差距。

第三，从省域贸易便利化发展及特征来看，2001—2012年，我国各地区贸易便利化水平总体上呈逐渐上升的发展态势，其中，上海、北京和广东贸易便利化水平的均值较高；而甘肃、西藏和新疆贸易便利化均值较低；我国贸易便利化呈现出"东部优于西部、沿海优于内陆"的典型特征；但中部、西部地区贸易便利化发展速度较快，地区差异在逐步减小。从贸易便利化分项指标来看，电子商务应用的增幅最大，交通基础设施的增幅排名第二，市场环境指数的增幅排名第三，海关效率指数的增幅最小；东部地区在这四个分项指标中均远远高于中部和西部地区。

第 3 章
CHAPTER 3

贸易便利化对企业出口二元边际的影响

首先，本章研究了出口企业所在地贸易便利化（省级贸易便利化）建设对企业出口二元边际的影响；其次，分析了出口目的地（国外）贸易便利化对企业出口二元边际的影响；最后，将国内和出口目的地贸易便利化纳入同一框架，研究了双向贸易便利化对多产品出口产品范围（扩展边际）的影响。

3.1 出口企业所在地贸易便利化对企业出口二元边际的影响

3.1.1 理论分析

贸易便利化能够降低企业出口的固定成本与可变成本,通过门槛效应和竞争效应进而作用于企业出口二元边际。

出口固定成本的概念最早由 Baldwin(1986)提出,即企业为进入出口市场,必须支付一定的市场进入成本。异质性贸易理论对此进行了更为深入的解释,企业参与国际贸易时不仅面临着"冰山成本",还面临着在出口市场建立"滩头阵地"的固定成本,这也决定了企业出口的生产率门槛,门槛越低,参与出口的企业越多(Melitz,2003)。贸易便利化降低企业出口的固定成本主要体现在以下两个方面。第一,潜在的出口企业在进入出口市场前,需要了解必要的贸易程序,程序越复杂,所付出的成本越高;企业需要对出口目的地的市场、法律和文化背景等进行相关调研,出口目的地的公开信息越少,风险与调研成本越高;这类成本可视为进入市场的一次性沉没成本。被 WTO 列入贸易便利化范畴的措施,如提高信息可获得性、提高贸易机构参与度和加强跨境合作等,可以有效降低出口企业进入市场的一次性沉没成本。第二,企业在进行跨境运输时,必须遵守相关程序,即使企业支付了一次性沉没成本,仍需要花费精力与时间填写相关单据,提供相关证明,这些合规成本不随企业出口额的大小而变化,可以视为出口的固定成本,手续—文件、手续—自动化、治理与公正性等贸易便利化措施可以显著地降低这类成本。

与固定贸易成本不同，可变贸易成本是指随产品出口数量变化而变动的成本。贸易便利化降低企业出口的可变成本体现在：低效复杂的贸易流程容易造成运输延误，商品会因此产生折旧给企业带来损失，长时间的延迟还会增加货物的存储成本，增加交易的风险与不确定性，而贸易便利化中事先告知、费用等措施对降低可变成本有积极的作用。

贸易便利化通过门槛效应与竞争效应作用于企业出口二元边际。

(1) 门槛效应

贸易便利化减少出口固定成本，使之前因无法承受高固定成本而放弃出口的企业进入出口市场，降低企业出口的生产率门槛。进一步深入企业出口二元边际层面，贸易便利化降低了出口目的地市场与特定产品的准入门槛，可能会提升企业出口的扩展边际。Arkolakis 和 Muendler (2011) 构建的企业出口模型考虑了三个维度的异质性：一是企业的整体生产率，影响企业出口决策；二是企业在产品层面的生产效率，影响企业在特定出口目的地市场的出口产品的种类；三是市场进入成本，影响企业对出口目的地的选择。

(2) 竞争效应

一方面，出口可变成本下降会增加企业产品的平均出口额（Chaney，2008；Kancs，2007）；另一方面，出口固定成本下降会使更多企业进入出口市场，在特定出口目的地市场需求给定的条件下，企业特定出口商品的市场份额随之降低（Bernard 等，2011）。

由此可见，贸易便利化同时作用于企业的出口可变成本与出口固定成本，对企业出口扩展边际具有积极的影响，但对企业出口集约边际的影响不确定，取决于门槛效应和竞争效应的大小。

3.1.2 模型设定与数据说明

(1) 模型设定

为了研究贸易便利化对中国企业出口边际的影响,本书借鉴 Minetti 和 Zhu(2011)、连慧君和魏浩(2023)的做法,构建了如下计量模型。

$$\text{lnexport}_{it} = \alpha_0 + \alpha_1 \text{lnTFI}_{it} + \beta X_{it} + \gamma_i + \gamma_t + \varepsilon_{it} \tag{3-1}$$

其中,下标 i 为企业,t 为年份;lnexport_{it} 为企业出口变量,具体包括企业出口规模、出口集约边际、出口扩展边际;lnTFI_{it} 表示企业所在省份的贸易便利化;X_{it} 为企业层面的控制变量;γ_i 为企业效应;γ_t 为时间效应;ε_{it} 为误差项。

各变量的具体说明如下:

第一,被解释变量:本节的被解释变量是企业层面的出口规模及出口边际。其中,企业出口边际的测算方法,借鉴 Besedes 和 Prusa(2006)、陈雯和孙照吉(2016)的做法,以企业层面的"产品—目的地"为观测单元对企业出口规模进行边际分解;扩展边际定义为企业出口关系中"产品—目的地"的数量,集约边际定义为企业出口关系中"产品—目的地"的平均出口额。企业出口规模边际分解的公式如下。

$$\text{eport}_{it} = \text{exportnum}_{it} \times \frac{\text{export}_{it}}{\text{exportnum}_{it}} \tag{3-2}$$

对式(3-2)两端取对数可得如下公式。

$$\text{lnexport}_{it} = \text{lnexportnum}_{it} + \ln\left(\frac{\text{export}_{it}}{\text{exportnum}_{it}}\right) \tag{3-3}$$

其中,lnexport_{it} 为企业的出口规模;lnexportnum_{it} 为企业出口关系中"产品—目的地"的数量,代表企业出口扩展边际;$\ln\left(\frac{\text{export}_{it}}{\text{exportnum}_{it}}\right)$ 为

"产品—目的地"的平均出口额,代表企业出口集约边际。

第二,核心解释变量:模型中的核心解释变量是贸易便利化(lnTFI)。借鉴 Wilson(2003,2005)的做法,从海关效率、法制环境、电子商务应用和交通基础设施 4 个方面来构建贸易便利化指标体系;测算出各个省份在贸易便利化相关领域的得分,在此基础上将所有变量标准化再取简单平均值得到各省贸易便利化综合得分。具体计算方法见第 2 章。

第三,控制变量:本节选取的控制变量包括企业生产率(lntfp),采用企业工业总产值与企业雇用职工总人数的比值来衡量,在回归模型中进行取对数处理;企业规模(lnscale),采用企业雇用职工总数的对数来表示用以控制规模效应;企业年龄(lnage),采用当年年份减去企业成立年份来衡量,在回归模型中进行加 1 并取对数处理;企业资本密集度(lncapital),采用企业年固定资产与职工总数的比值来衡量,在回归模型中进行取对数处理;企业利润率(profit),采用利润与主营业务的收入比值来衡量。

(2)数据说明

本节使用的数据主要来源于中国工业企业数据库、中国海关贸易数据库,样本研究期限为 2001—2012 年。具体说明如下。

企业层面的出口规模和二元边际的测算数据主要来源于中国海关贸易数据库。省级贸易便利化计算的原始数据主要来自历年《中国统计年鉴》《中国口岸年鉴》等。企业层面的控制变量数据来源于中国工业企业数据库。借鉴 Feenstra 和 Ma(2014)的方法,对中国工业企业数据进行了清洗,剔除了企业名称缺失、从业人数小于 8 人、成立时间无效、固定资产合计大于资产总计、本年折旧大于累计折旧及关键变量存在缺失的企业样本。对数据合并匹配时采取了以下做法:第一,将企业名称和企业年龄相同的企业进行合并;第二,将邮政编码相同且电话号码后 7 位相同的企业进行合并。

3.1.3 实证结果分析

（1）基准回归结果

表3-1报告了贸易便利化对企业出口影响的基准回归结果。其中，列（1）至列（3）在回归模型中仅控制了核心解释变量（贸易便利化）及企业、行业和时间固定效应。从列（1）的估计结果来看，贸易便利化的系数显著为正，这说明贸易便利化显著地促进了企业出口增长。进一步从列（2）和列（3）来看，贸易便利化的系数也显著为正，这表明贸易便利化显著地促进了企业出口集约边际和扩展边际的增长，即贸易便利化不仅促进了企业出口关系中的"产品—目的地"数量增长，同时对企业"产品—目的地"层面的平均出口额也有显著的促进作用。贸易便利化降低了企业出口贸易成本，一方面，贸易成本的下降降低了出口目的地市场与特定产品的准入门槛，即以前企业不出口的产品可能变成出口产品，非出口目的地可能变成出口目的地，从而增加了企业出口关系中的"产品—目的地"数量，提升了企业出口的扩展边际。另一方面，贸易成本的下降有利于企业在原有的出口关系中继续保持出口增长，即提升企业出口的集约边际，这也表明贸易便利化的"门槛效应"大于"竞争效应"。

表3-1 基准回归结果

变量	出口规模 (1)	扩展边际 (2)	集约边际 (3)	出口规模 (4)	扩展边际 (5)	集约边际 (6)
lnTFI	1.684*** (0.116)	0.689*** (0.070)	0.995*** (0.088)	0.849*** (0.109)	0.307*** (0.068)	0.542*** (0.086)
lntfp				0.397*** (0.006)	0.135*** (0.003)	0.262*** (0.004)
lnsize				0.738*** (0.008)	0.342*** (0.004)	0.395*** (0.006)

续表

变量	出口规模 (1)	扩展边际 (2)	集约边际 (3)	出口规模 (4)	扩展边际 (5)	集约边际 (6)
lnage				0.074***	0.081***	−0.007
				(0.010)	(0.006)	(0.007)
lkl				0.226***	0.120***	0.105***
				(0.007)	(0.004)	(0.005)
profit				0.002**	0.000**	0.001**
				(0.001)	(0.000)	(0.000)
常数项	12.46***	1.360***	11.10***	5.853***	−1.603***	7.456***
	(0.123)	(0.070)	(0.091)	(0.136)	(0.080)	(0.104)
企业固定效应	Yes	Yes	Yes	Yes	Yes	Yes
年份固定效应	Yes	Yes	Yes	Yes	Yes	Yes
行业固定效应	Yes	Yes	Yes	Yes	Yes	Yes
R^2	0.0798	0.0472	0.0532	0.1469	0.0890	0.0896
N	424671	424671	424671	422455	422455	422455

注：括号内为标准误，*、**、***分别表示在10%、5%和1%的水平上显著，各模型均采用聚类到企业层面的标准误进行回归。

表 3-1 的列（4）至列（6）分别在列（1）至列（3）的基础上，进一步加入了企业层面的控制变量。从估计结果来看，核心解释变量的符号和显著性均没有发生变化，说明基准回归结果具有一定的稳定性。

从企业层面的控制变量来看，企业的生产率越高，出口规模越大，企业规模、企业年龄、企业资本密集度及企业利润等对企业出口规模也具有积极的作用。

（2）内生性检验

由于贸易便利化与企业出口之间可能存在互为因果关系，企业出口可能会反作用于贸易便利化水平。为了解决可能存在的内生性问题，本书采用工具变量法进行回归分析，借鉴崔鑫生等（2019）的做法，以各省开埠通商历史为工具变量进行回归。开埠通商是历史事件独立于企业进口行为具有外生性，同时开埠通商越早的省份，工商业相对越发达，贸易便利化水平也相对较高，回归结果如表3-2所示。表3-2的回归结果显示：第一阶段的F值都大于10，排除了弱工具变量问题，说明工具变量选择是有效的。贸易便利化的回归系数均通过了1%的显著性检验，这表明在有效控制可能存在的内生性情况下，贸易便利化水平对企业出口行为有显著的作用，贸易便利化的符号与前文的基准回归结果保持一致，验证了本书研究结论的可靠性。

表3-2 内生性检验结果

变量	出口规模 (1)	扩展边际 (2)	集约边际 (3)
lnTFI	10.404***	3.679***	6.724***
	(0.228)	(0.128)	(0.171)
lntfp	0.404***	0.146***	0.257***
	(0.005)	(0.003)	(0.004)
lnsize	0.705***	0.320***	0.385***
	(0.007)	(0.004)	(0.005)
lnage	0.154***	0.104***	0.050***
	(0.007)	(0.004)	(0.005)
lkl	0.203***	0.102***	0.101***
	(0.005)	(0.003)	(0.004)
profit	0.002**	0.000*	0.001*
	(0.001)	(0.000)	(0.001)
第一阶段F值	25037.24	25037.24	25037.24
R^2	0.0884	0.0890	0.0896
N	397785	397785	397785

注：括号内为标准误，*、**、***分别表示在10%、5%和1%的水平上显著，各模型均采用聚类到企业层面的标准误进行回归；回归模型控制了企业的固定效应、年份的固定效应和行业的固定效应。

（3）稳健性检验

为避免因贸易便利化测算方法不同而产生的干扰，本部分采用主成分分析法和加权法重新对贸易便利化进行测度并再次进行回归。主成分分析法可以避免在贸易便利化综合指数计算过程中，确定不同领域权重时主观随机因素的干扰。加权法主要借鉴方晓丽和朱明侠（2003）的做法，对贸易便利化分项指标分别赋予权重：法制环境为25%，海关效率为10%，交通基础设施为50%，电子商务应用为15%，并最终得到加权后的贸易便利化水平。具体的回归结果如表3-3所示。由表3-3可以看出，无论是采用加权法还是主成分分析法，核心解释变量均在1%水平上显著为正，说明本书的研究结论具有较好的稳健性。贸易便利化显著地促进了企业出口规模的增长，并且对企业出口扩展边际和集约边际的增长都具有显著的促进作用。

表 3-3　稳健性检验结果

变量	加权法 出口规模 (1)	加权法 扩展边际 (2)	加权法 集约边际 (3)	主成分分析法 出口规模 (4)	主成分分析法 扩展边际 (5)	主成分分析法 集约边际 (6)
lnTFI	1.058***	0.421***	0.637***	0.980***	0.403***	0.577***
	(0.117)	(0.073)	(0.092)	(0.113)	(0.070)	(0.088)
lntfp	0.398***	0.135***	0.262***	0.398***	0.135***	0.262***
	(0.006)	(0.003)	(0.004)	(0.006)	(0.003)	(0.004)
lnsize	0.737***	0.342***	0.395***	0.737***	0.342***	0.395***
	(0.008)	(0.004)	(0.006)	(0.008)	(0.004)	(0.006)
lnage	0.074***	0.081***	-0.007	0.074***	0.081***	-0.007
	(0.010)	(0.006)	(0.007)	(0.010)	(0.006)	(0.007)
lkl	0.225***	0.120***	0.105***	0.225***	0.120***	0.105***
	(0.007)	(0.004)	(0.005)	(0.007)	(0.004)	(0.005)

续表

变量	加权法			主成分分析法		
	出口规模	扩展边际	集约边际	出口规模	扩展边际	集约边际
	(1)	(2)	(3)	(4)	(5)	(6)
profit	0.002**	0.000**	0.001**	0.002**	0.000**	0.001**
	(0.001)	(0.000)	(0.000)	(0.001)	(0.000)	(0.000)
常数项	5.802***	-1.636***	7.438***	5.853***	-1.632***	7.457***
	(0.136)	(0.000)	(0.104)	(0.136)	(0.079)	(0.104)
R^2	0.1470	0.0891	0.0897	0.1469	0.0891	0.0897
N	422455	422455	422455	422455	422455	422455

注：括号内为标准误，*、**、***分别表示在10%、5%和1%的水平上显著，各模型均采用聚类到企业层面的标准误进行回归；回归模型控制了企业的固定效应、年份的固定效应和行业的固定效应。

3.1.4 异质性分析

(1) 基于企业所处地区的异质性检验

中国的改革开放是渐进的过程，中国不仅经济发展水平存在地区差异，而且贸易便利化水平也存在明显的地区差异，如东部地区贸易便利化水平明显高于中部、西部地区。贸易便利化对不同地区企业出口的影响是否存在差异？本节将企业所处地区不同分为东部、中西部地区，考察不同地区贸易便利化建设与企业出口关系，回归结果如表3-4所示。

表3-4 基于企业所处地区的异质性检验结果

变量	东部地区			中西部地区		
	出口规模	扩展边际	集约边际	出口规模	扩展边际	集约边际
	(1)	(2)	(3)	(4)	(5)	(6)
TFI	0.825***	0.257***	0.568***	1.604***	1.200***	0.404
	(0.113)	(0.070)	(0.089)	(0.139)	(0.276)	(0.392)

续表

变量	东部地区			中西部地区		
	出口规模	扩展边际	集约边际	出口规模	扩展边际	集约边际
	(1)	(2)	(3)	(4)	(5)	(6)
lntfp	0.413***	0.142***	0.271***	0.298***	0.105***	0.193***
	(0.006)	(0.003)	(0.005)	(0.019)	(0.010)	(0.015)
lnsize	0.758***	0.349***	0.408***	0.611***	0.298***	0.313***
	(0.008)	(0.005)	(0.006)	(0.027)	(0.015)	(0.020)
lnage	0.083***	0.083***	0.000	0.041	0.069***	-0.027
	(0.010)	(0.006)	(0.008)	(0.028)	(0.015)	(0.021)
lkl	0.221***	0.117***	0.103***	0.240***	0.125***	0.114***
	(0.007)	(0.004)	(0.005)	(0.024)	(0.013)	(0.018)
profit	0.002**	0.000***	0.001**	0.051	0.023**	0.028
	(0.001)	(0.000)	(0.000)	(0.040)	(0.013)	(0.029)
常数项	5.753***	-1.608***	7.362***	6.148***	-1.797***	7.945***
	(0.153)	(0.090)	(0.118)	(0.344)	(0.189)	(0.257)
R^2	0.1522	0.0921	0.0898	0.1159	0.0607	0.1159
N	382740	382740	382740	39715	39715	39715

注：括号内为标准误，*、**、***分别表示在10%、5%和1%的水平上显著，各模型均采用聚类到企业层面的标准误进行回归；回归模型控制了企业的固定效应、年份的固定效应和行业的固定效应。

从表3-4可以发现，贸易便利化与东部地区、中西部地区企业的出口额均存在显著的正相关关系，从弹性系数的大小来看，贸易便利化对中西部地区企业出口规模的作用大于对东部地区企业出口规模的作用。贸易便利化对东部地区、中西部地区企业出口扩展边际的影响均显著为正，从弹性系数大小来看，贸易便利化对中西部地区企业出口扩展边际的作用要大于对东部地区企业出口扩展边际的作用。贸易便利化对东部地区企业出口集约边际也有显著的促进作用，贸易便利化对中西部地区企业出口集约边际的影响虽然为正,但并未通过显著性检验。总体来说,贸易便利化对中西部地区企业出口行为的影响更大;这可能是因为中西部地区深居内陆,企业面临较高的出口成本,导致企业出口规模相对较小,而贸易便利化建设可以有效地降低企业出口成本,中西部企业由此获得的边际收益更大;另外,东部地区贸易便利化已相对较高,早已从贸易便利化进程中获益,贸易便利化推进带来的边际效益有限。因此,国家应加大中部和西部地区贸易便利化建设力度,进而促进中西部地区出口贸易发展。

(2) 基于企业所有制的异质性检验

在样本期内,外资企业在中国享有各类经济功能区的诸如土地、税收等优惠政策和审批程序简化的平台,同时还有专门机构提供配套的政策咨询和劳动咨询服务,其在中国享有一个更加自由、便利的营商制度环境,与内资企业在贸易便利化软件方面展现出一定的差别。考虑到贸易便利化对外资企业与内资企业出口的影响会因该企业所面临的政策环境不同而存在差异;按照企业所有制的不同,将出口企业划分为外资企业和内资企业进行异质性分析,回归结果如表3-5所示。

表3-5 基于企业所有制的异质性检验结果

变量	外资企业			内资企业		
	出口规模	扩展边际	集约边际	出口规模	扩展边际	集约边际
	(1)	(2)	(3)	(4)	(5)	(6)
TFI	−0.356	−0.139	−0.216	0.652***	0.393***	0.259*
	(0.179)	(0.086)	(0.134)	(0.191)	(0.119)	(0.140)
lntfp	0.389***	0.118***	0.271***	0.379***	0.147***	0.232***
	(0.008)	(0.004)	(0.006)	(0.009)	(0.005)	(0.006)
lnsize	0.718***	0.309***	0.409***	0.693***	0.357***	0.335***
	(0.010)	(0.006)	(0.008)	(0.013)	(0.008)	(0.009)

续表

变量	外资企业			内资企业		
	出口规模	扩展边际	集约边际	出口规模	扩展边际	集约边际
	(1)	(2)	(3)	(4)	(5)	(6)
lnage	0.175***	0.117***	0.058***	0.077***	0.074***	0.003
	(0.015)	(0.012)	(0.012)	(0.013)	(0.007)	(0.009)
lkl	0.193***	0.097***	0.095***	0.205***	0.128***	0.077***
	(0.009)	(0.005)	(0.007)	(0.011)	(0.006)	(0.008)
profit	0.008	0.002	0.005	0.002**	0.000	0.001**
	(0.009)	(0.002)	(0.007)	(0.000)	(0.001)	(0.000)
常数项	6.915***	-1.045***	7.960***	5.696***	-1.906***	7.602***
	(0.184)	(0.104)	(0.157)	(0.222)	(0.129)	(0.155)
R^2	0.1319	0.0870	0.0727	0.1646	0.0918	0.1161
N	222959	222959	222959	199496	199496	199496

注：括号内为标准误，*、**、***分别表示在10%、5%和1%的水平上显著，各模型均采用聚类到企业层面的标准误进行回归；回归模型控制了企业的固定效应、年份的固定效应和行业的固定效应。

从表3-5可以发现，外资企业出口规模、扩展边际、集约边际贸易便利化的系数均为负，但未通过显著性检验；内资企业出口规模、扩展边际、集约边际的贸易便利化系数均为正，且通过了显著性检验。这表明贸易便利化对内资企业的出口规模、出口扩展边际和集约边际均有积极的促进作用，而对外资企业的出口并没有影响。这可能是因为，一方面，外资企业的超国民待遇使其能够获得相对较多的便利，受贸易便利化水平的约束较弱（杨继军等，2020）；另一方面，在我国经营的外资企业许多都属于跨国公司，进出口贸易一般发生在企业内部，即在华的外资企业往往是与其母国公司和在其他国家的分公司（或子公司）进行贸易往来，这种公司内部的贸易可以降低出口的一次性沉没成本，而且贸易双方具有一定的隶属关系、长期合作关系或者历史渊源（魏浩等，2019），双方相互信任。因此，外资企业对贸易便利化并不敏感，而内资企业的出口属于正常的市场化行为，贸易成本对其约束更大，所以贸易便利化的提升对内资企业出口影响更大。

（3）基于企业要素密集度的异质性检验

对企业而言，不同要素密集度企业出口产品存在明显差异，相对而言，劳动密集型企业出口产品附加值偏低，对贸易成本更敏感，而资本密集型企业对贸易成本的敏感性相对较低，因此，贸易便利化对不同要素密集型企业的出口影响可能会存在较大的差异。为此，将企业分为资本密集型企业和劳动密集型企业，考察贸易便利化对企业出口的影响是否随着企业要素密集度不同而存在显著差异。借鉴黄先海等（2018）的方法，把资本要素密集度位于前50%的企业定义为资本密集型企业，将位于后50%的企业定义为劳动密集型企业，表3-6是基于企业要素密集度的检验结果。

表3-6 基于企业要素密集度的异质性检验结果

变量	资本密集型			劳动密集型		
	出口规模	扩展边际	集约边际	出口规模	扩展边际	集约边际
	(1)	(2)	(3)	(4)	(5)	(6)
TFI	0.234***	-0.020	0.255*	1.601***	0.698***	0.912***
	(0.117)	(0.100)	(0.140)	(0.139)	(0.096)	(0.111)
lntfp	0.459***	0.153***	0.305***	0.362***	0.123***	0.238***
	(0.007)	(0.005)	(0.008)	(0.008)	(0.005)	(0.006)
lnsize	0.800***	0.377***	0.422***	0.759***	0.347***	0.412***
	(0.009)	(0.008)	(0.010)	(0.011)	(0.007)	(0.008)
lnage	0.112***	0.109***	0.003	0.044***	0.060***	-0.015
	(0.011)	(0.009)	(0.012)	(0.012)	(0.008)	(0.009)

续表

变量	资本密集型			劳动密集型		
	出口规模	扩展边际	集约边际	出口规模	扩展边际	集约边际
	(1)	(2)	(3)	(4)	(5)	(6)
lkl	0.270***	0.138***	0.132***	0.216***	0.124***	0.092***
	(0.010)	(0.007)	(0.010)	(0.009)	(0.006)	(0.007)
profit	0.002**	0.000***	0.001**	0.015**	0.004**	0.010*
	(0.000)	(0.000)	(0.000)	(0.004)	(0.001)	(0.005)
常数项	4.791***	-2.091***	6.883***	5.984***	-1.562***	7.457***
	(0.149)	(0.116)	(0.163)	(0.178)	(0.118)	(0.104)
R^2	0.1518	0.1051	0.0898	0.1455	0.0769	0.0910
N	211317	211317	211317	211138	211138	211138

注：括号内为标准误，*、**、*** 分别表示在10%、5%和1%的水平上显著，各模型均采用聚类到企业层面的标准误进行回归；回归模型控制了企业的固定效应、年份的固定效应和行业的固定效应。

从要素密集度的异质性回归结果看，贸易便利化对不同要素密集度的企业出口规模的影响存在一定的差异：一是贸易便利化对劳动密集型和资本密集型企业出口规模都存在显著的促进效应，但是从弹性系数的大小来看，贸易便利化对劳动密集型企业出口规模的影响更大；二是贸易便利化只对劳动密集型企业出口扩展边际有显著的影响，但对资本密集型企业的影响不显著；三是贸易便利化对劳动密集型企业和资本密集型企业出口集约边际都存在显著的促进效应，从弹性系数来看，贸易便利化对劳动密集型企业出口扩展边际影响更大。总体来看，贸易便利化对劳动密集型企业出口的影响更大，可能的解释是由于劳动密集型企业生产率相对较低，因此当贸易便利化水平提高导致贸易成本下降时，更多的劳动密集型企业可以跨过出口市场的准入门槛，从而出口更多；而资本密集型企业生产率相对较高，高于国外市场准入门槛值较多，因此贸易便利化水平的提高对其出口的影响较小。

3.1.5 机制分析

前文的理论分析表明，贸易便利化可以降低企业出口固定成本和可变成本进而影响企业出口二元边际，那么贸易便利化是否真的降低了企业出口固定成本和可变成本？

企业出口固定成本（fc）和出口可变成本（vc）的计算借鉴刘斌和王乃嘉（2016）的方法，利用出口比率分别乘以固定成本和可变成本计算得到，出口比率用出口规模除以工业总产值表示。参照 Feng（2016）、张体俊等（2022）的做法，选取固定资产与销售收入的比值作为企业固定成本的代理变量；利用主营业务成本与销售收入的比重来代理企业可变成本，回归结果如表 3-7 所示。

表 3-7 的列（1）和列（2）是贸易便利化对企业出口固定成本的回归结果。从回归结果来看，无论是否加入企业层面的控制变量，贸易便利化的系数均显著为负，表明贸易便利化水平的提升能有效较低企业出口固定成本。表 3-7 的列（3）和列（4）是贸易便利化对企业出口可变成本的回归结果，同样贸易便利化的系数显著为负，说明贸易便利化水平的提升能降低企业出口可变成本。

表 3-7　贸易便利化对企业出口固定成本和可变成本的影响

变量	出口固定成本		出口可变成本	
	（1）	（2）	（3）	（4）
TFI	−8.531***	−7.911***	−11.605***	−10.733***
	(0.285)	(0.270)	(0.322)	(0.302)
lntfp		−1.339***		−1.511***
		(0.024)		(0.027)

续表

变量	出口固定成本 (1)	出口固定成本 (2)	出口可变成本 (3)	出口可变成本 (4)
lnsize		-0.247***		-0.460***
		(0.024)		(0.026)
lnage		0.482***		0.0640***
		(0.023)		(0.024)
lkl		1.751***		1.884***
		(0.025)		(0.028)
profit		-0.007		-0.005
		(0.004)		(0.004)
常数项	8.182***	6.849***	9.713***	9.349***
	(0.244)	(0.321)	(0.262)	(0.351)
R^2	0.0269	0.0884	0.0216	0.0353
N	414798	413202	414845	413249

注：括号内为标准误，*、**、***分别表示在10%、5%和1%的水平上显著，各模型均采用聚类到企业层面的标准误进行回归；回归模型控制了企业的固定效应、年份的固定效应和行业的固定效应。

3.1.6 贸易便利化与企业出口扩展边际分解

在前文的分析中，将企业出口边际定义为企业出口关系中"产品—目的地"的数量，研究发现，贸易便利化通过促进扩展边际增加进而促进了企业出口增长。但"产品—目的地"数量的增长，是来源于产品种类增长还是出口目的地数量增长还是产品种类和出口目的地数量均呈现增长，尚不清晰。基于此，借鉴Bernard等（2014）、连慧君和魏浩（2023）的做法将企业扩展边际进行进一步分解，分解公式如下。

$$\text{exportnum}_{it} = C_{it} P_{it} D_{it} \quad (3-4)$$

其中，C_{it}为企业出口目的地数量；P_{it}为企业出口产品种类；D_{it}为企业出口覆盖率，测算公式为：$D_{it} = \dfrac{exportnum_{it}}{C_{it}P_{it}}$。

对式（3-4）两端取对数可得

$$\ln exportnum_{it} = \ln C_{it} + \ln P_{it} + \ln D_{it} \qquad (3-5)$$

表3-8展示了贸易便利化对企业出口扩展边际影响的计量估计结果。其中，列（1）的估计结果表明，贸易便利化显著地促进了企业出口目的地数量的增加。列（2）的估计结果表明，贸易便利化对企业出口产品种类无显著影响。列（3）的估计结果表明，贸易便利化显著地促进了企业出口覆盖率的提高。由此可以看出，贸易便利化主要通过促进企业出口目的地的增加，进而促进企业出口覆盖率增长。其主要原因可能是在已有市场上出口新的产品会造成"蚕食效应"，即在特定出口目的地市场需求给定的条件下，新产品会侵蚀原有产品的部分利润，企业为了避免"蚕食效应"，会积极地开拓新国际市场，即企业并不会在原有市场上通过出口新产品来促进企业的出口额，说明企业在国外市场上也存在逃离竞争效应。

表3-8 贸易便利化对企业出口扩展边际影响的估计结果

变量	目的地数量 (1)	产品种类 (2)	出口覆盖率 (3)
lnTFI	0.109***	-0.032	0.230***
	(0.036)	(0.035)	(0.024)
lntfp	0.108***	0.073***	-0.047***
	(0.002)	(0.002)	(0.001)
lnsize	0.275***	0.191***	-0.124***
	(0.002)	(0.002)	(0.001)
lnage	0.062***	0.057***	-0.038***
	(0.003)	(0.003)	(0.002)

续表

变量	目的地数量 (1)	产品种类 (2)	出口覆盖率 (3)
lkl	0.100***	0.064***	-0.045***
	(0.002)	(0.002)	(0.001)
profit	0.000	0.000	-0.000
	(0.000)	(0.000)	(0.000)
常数项	-1.471***	-0.734***	0.602***
	(0.046)	(0.045)	(0.031)
R^2	0.0884	0.0353	0.0353
N	422455	422455	422455

注：括号内为标准误，*、**、***分别表示在10%、5%和1%的水平上显著，各模型均采用聚类到企业层面的标准误进行回归；回归模型控制了企业的固定效应、年份的固定效应和行业的固定效应。

3.2 出口目的地贸易便利化对企业出口二元边际的影响

对出口企业而言，更多的贸易成本发生在出口目的地。自2017年《贸易便利化协定》生效以来，全球许多经济体在贸易便利化方面取得了进展。出口目的地贸易便利化的建设必然会对中国出口企业产生影响。本节主要分析出口目的地贸易便利化对我国企业出口产品种类（扩展边际）和产品出口额（集约边际）的影响。

3.2.1 数据与典型事实

本节主要采用2015年OECD的TFIs指数来衡量出口目的地贸易便利

化水平。2015 年 OECD 的 TFIs 数据库记录了全球 160 多个经济体的贸易便利化水平，但由于部分经济体关税数据不可获得，本节的样本最终包含了 144 个国家。这 144 个经济体的收入水平、地理位置和所处的经济发展阶段不尽相同，因此，各经济体贸易便利化水平差异较大，这也为本书的研究提供了便利。图 3-1 展示了一个国家 GDP 与 TFI 的关系。可以看出，一个国家的 GDP 越高，贸易便利化水平也就越高。

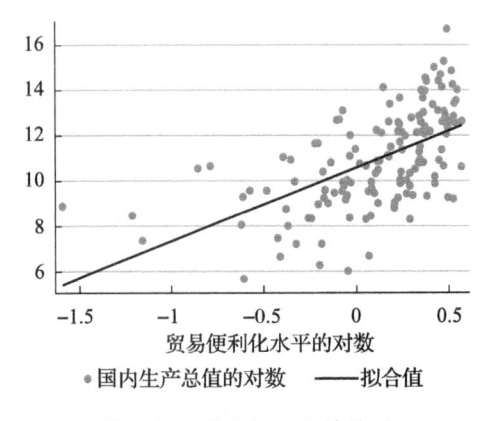

图 3-1　GDP 与 TFI 的关系

出口企业的信息来自中国海关数据库，该数据库详细记录了进出口企业的信息，如企业出口产品的 hs 编码、出口额、出口目的地等。人均 GDP（pcgdp）数据来自国际货币基金组织的世界经济展望数据库（WEO），中国与出口目的地地理距离（dist）、与出口目的地是否相邻（contig）、与出口目的地是否使用相同语言（comlang）均来自 CEPII 的引力模型数据库。出口目的地对中国征收的进口关税（tariff）的原始数据来源于世界银行的 WITS（World Integrated Trade Solution，世界综合贸易解决方案）数据库和 WTO 的 Tariffs（关税）数据库。

在进行实证分析之前，对出口目的地综合贸易便利化水平（TFI）与中国企业出口二元边际的关系进行了初步判断。图 3-2 是我国企业出口至高、低两种不同贸易便利化水平国家出口额的核密度图，TFI 大于均值表示贸易便利化水平高，TFI 小于均值表示贸易便利化水平低。由图 3-2 可知，平均而言，我国企业向贸易便利化水平高的经济体的出口额明显高于向低贸易便利化水平的经济体的出口额，说明我国企业更愿意选择向贸易便利化水平高的经济体出口。

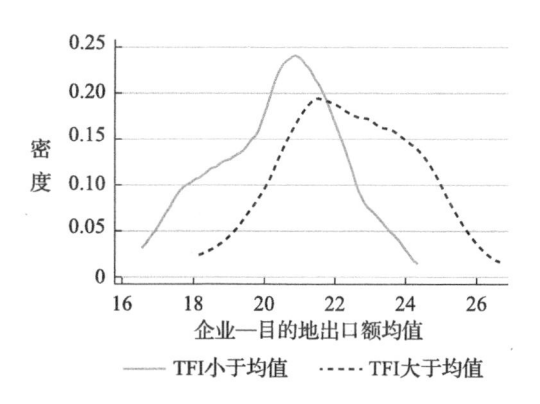

图 3-2 出口额与出口目的地 TFI 核密度

出口目的地贸易便利化水平的提高导致贸易成本的降低，一方面，出口企业可能会选择出口更多的产品种类，出口产品范围会增加；另一方面，贸易成本的降低意味着出口门槛的降低，原来的一些非出口企业可能选择出口，出口企业面临的竞争加剧，激烈的竞争可能导致企业减少出口产品种类；因此，贸易便利化水平对企业扩展边际的影响是不确定的，取决于选择效应和竞争效应的大小。图 3-3 展示了出口目的地贸易便利化水平与我国企业出口至目的地产品种类之间的相关性；图 3-4 展示了出口目的地贸易便利化水平与我国企业出口至目的地产品平均出口额之间的相关性。从图 3-3 和图 3-4 可以看出，出口目的地贸易便利化水平与我国企业出口扩展边际之间存在负相关关系，而与企业出口集约边际之间存在正相关关系；但是，贸易便利化与我国企业二元边际的关系还需进一步通过实证进行分析与判断。

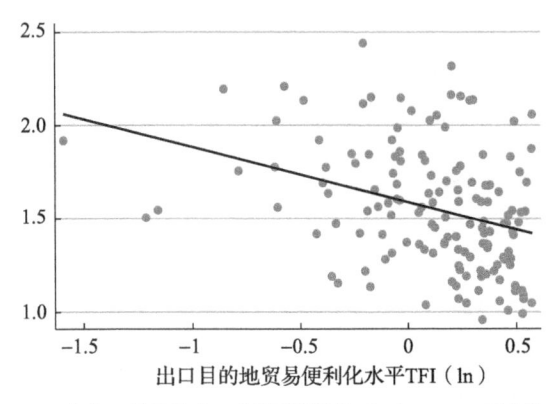

图 3-3　出口产品种类与出口目的地 TFI 的关系

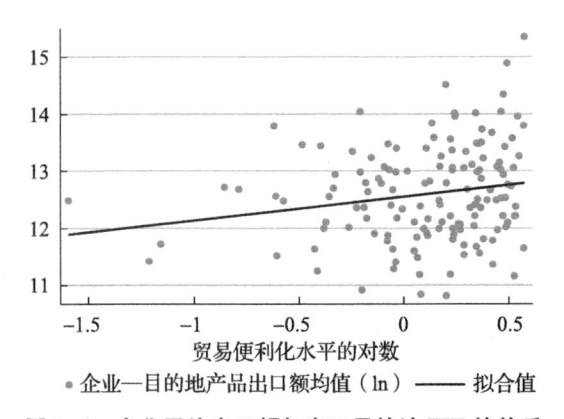

图 3-4　企业平均出口额与出口目的地 TFI 的关系

3.2.2　实证分析

本节采用扩展的引力模型来分析贸易便利化对企业出口产品种类和产品出口额的影响。

（1）基本回归

企业 i 出口至目的地 j 的出口总额 X_{ij} 可以分解为企业 i 出口至目的地

j 的产品种类数 N_{ij}（扩展边际）和企业 i 出口至目的地 j 的产品平均出口额 $\bar{x}_{ij}$（集约边际），即

$$X_{ij} = N_{ij}\bar{x}_{ij} \tag{3-6}$$

其中，企业出口产品种类数以 HS6 位数来衡量。

实证分析的模型方程为

$$y_{ij} = \Phi_i + \beta_1 Ln(TFI_j) + \beta_2 Z_j + \varepsilon_{ij} \tag{3-7}$$

其中，因变量 y_{ij} 分别为企业出口总额 X_{ij}、企业出口产品种类数 N_{ij}（扩展边际）和产品平均出口额 $\bar{x}_{ij}$（集约边际）。TFI_j 为出口目的地 j 的综合贸易便利化水平；Z_j 为出口目的地 j 的一系列控制变量，旨在区分贸易便利化措施与其他因素的影响。控制变量包括：①引力模型中的常规变量包括距离（dist）、共同边界（contig）、共同语言（comlang）；②人均 GDP（pcgdp），用以控制出口目的地 j 的收入水平；③价格水平（TUV_{ij}），用以控制出口目的地 j 的竞争强度，由出口目的地 j 的行业（企业 i 所属的行业，HS2 位数代表一个行业）进口单价来表示；数据来源于 CEPII；④进口份额（imshare），用来衡量出口目的地 j 的需求，由企业 i 所属的行业进口量在出口目的地 j 总进口中的占比来表示；⑤进口关税（$tariff_{ij}$），即出口目的地 j 对企业 i 所征收的关税，计算公式为 $tariff_{ij} = \sum_p \omega_{ip} tariff_{jp}$，其中 p 为 HS6 位数，$\omega_{ip} = x_{ip} \div \sum_p x_{ip} x_{ip}$ 为企业 i 出口 p 产品的规模。

企业出口产品种类数是非负离散变量，因此，应采用计数模型。本节采用泊松模型（Poisson）和采用最小二乘法（OLS）进行了稳健性检验。企业出口总额、企业—目的地产品平均出口额作为因变量的模型则直接采用 OLS 进行了回归。基准回归结果如表 3-9 所示。

表 3-9　基准回归结果

变量	企业—目的地出口总额（X_{ij}）	企业—目的地出口种类数（N_{ij}）Ols	Poisson	企业—目的地产品平均出口额（$\bar{x}_{ij}$）
$\ln(\text{TFI})$	0.119***	−0.430***	−0.096***	0.153***
	(0.007)	(0.066)	(0.012)	(0.007)
$\ln(\text{dist})$	−0.091***	0.000	0.007***	−0.078***
	(0.002)	(0.019)	(0.003)	(0.002)
$\ln(\text{pcgdp})$	−0.003***	0.241***	0.003***	−0.012***
	(0.001)	(0.013)	(0.000)	(0.001)
$\ln(1+\text{tariff}_{ij})$	1.057***	9.681***	1.471***	0.780***
	(0.024)	(0.197)	(0.041)	(0.022)
imshare	6.803***	9.562***	1.794***	5.732***
	(0.029)	(0.261)	(0.042)	(0.025)
$\ln(\text{TUV}_{ij})$	−0.007***	−0.050***	−0.005***	0.002*
	(0.001)	(0.015)	(0.002)	(0.001)
contig	0.121***	0.767***	0.138***	0.100***
	(0.005)	(0.054)	(0.009)	(0.004)
comlang	−0.092***	1.44***	0.248***	−0.136***
	(0.006)	(0.007)	(0.010)	(0.005)
Observations	2349355	2349355	2349355	2349355
R^2/Pseudo R^2	0.1012	0.1015	0.2911	0.0701
Number of i	315466	315466	315466	315466
行业固定效应	是	是	是	是

注：①截距项未报告；②括号内的数值是企业—目的地层面聚类标准误差；③ *、**、*** 分别表示在 10%、5% 和 1% 的水平上显著。

由表 3-9 可以看出，出口目的地贸易便利化与我国企业出口总额之间存在显著的正相关关系，且通过了 1% 的显著性检验；目的地贸易便利化与企业出口产品种类之间存在显著的负相关关系，而与企业产品平均出口额之间存在显著的正相关关系，且均通过了1%的显著性检验；这和本节前面的初步判断基本一致。这主要是因为贸易便利化水平的提高导致贸易成本的下降，更多的企业进入了出口行列，出口竞争加剧，企业通过减少出口产品种类，增加产品的平均出口额，以期获得专业化分工和规模经济的优势，应对激烈的竞争环境，最终企业出口总额也提升了。综上所述，出口目的地贸易便利化的提升对我国企业出口集约边际有积极的促进作用，而与企业出口扩展边际却存在显著的负相关关系；总体而言，出口目的地贸易便利化水平的提高促进了我国企业出口额的增长。

值得一提的是，现有文献表明，出口目的地贸易便利化水平的提高促进了我国总体出口产品种类的增加（朱晶和毕颖，2018；宋伟良和贾秀录，2018）；但本节的研究显示，对单个企业而言，出口目的地贸易便利化水平的提高导致我国企业通过选择减少出口产品种类，增加产品平均出口额（提高出口目的地市场占有率）来应对贸易成本下降带来的激烈竞争。本节的结论与Fontagné等（2016）的研究结论也不尽相同；Fontagné等（2016）认为，出口目的地贸易便利化水平的提高对法国企业出口集约边际和扩展边际都有积极的促进作用。这或许是因为我国虽然是制造业大国，但产品出口附加值并不高，产品可替代性强；当贸易便利化水平提高，贸易成本下降导致出口市场竞争加剧时，企业会更多地集中资源生产更具有竞争力的产品，减少产品种类。但本节的结论与Bernard等（2011）类似，他们的研究表明，出口目的地关税水平下降导致市场竞争加剧，美国企业出口产品种类也相应地减少了。

在控制变量中，距离（dist）与扩展边际的关系显著为正，距出口目的地越远，企业出口贸易成本就越高，出口竞争减少，企业出口产品种类（扩展边际）会增加，但企业的产品平均出口额（集约边际）降低了，企业总出口额也就减少了。出口目的地关税（tariff）对企业出口扩展边际也有促进作用，出口目的地关税越高，市场竞争将减弱，企业出口产品种类就增加了。可见，出口目的地的市场竞争越激烈，企业出口产品种类就越少。出口目的地人均 GDP（pcgdp）和进口市场份额（imshare）对企业出口扩展边际均有促进作用，说明市场规模越大，产品需求就越大，企业出口产品种类就越多。

（2）稳健性回归

出口目的地贸易便利化（TFI）也可能并不构成理想的随机选择，一些国家可能设置贸易便利化措施以方便（或阻碍）我国的出口商，样本可能存在潜在的选择性误差。为了避免选择性误差，本节采用倾向得分匹配法（PSM）进行稳健性检验。首先，进行倾向得分匹配，计算倾向得分的变量包括 TFI 的虚拟变量（出口目的地 TFI 值大于均值取值为 1，反之取值为零）、距离、人均 GDP、进口关税；其次，根据倾向得分，将处理组（TFI 高于均值）与控制组（TFI 低于均值）进行匹配；最后，得到了匹配成功的子样本。匹配后的处理组和对照组的人均 GDP 相近，与我国企业的距离大体相当、与我国企业征收的关税相近，但 TFI 值不同，这避免了样本的选择性误差。将匹配成功后的子样本再次运行式（3-7），实证结果如表 3-10 所示。

表 3-10 稳健性检验回归结果

变量	企业—目的地出口总额（X_{ij}）	企业—目的地出口种类数（N_{ij}）	企业—目的地产品平均出口额（$\bar{x}_{ij}$）
ln(TFI)	0.182***	−0.046**	0.199***
	(0.013)	(0.002)	(0.011)
ln(dist)	−0.112***	−0.143***	−0.068***
	(0.006)	(0.008)	(0.005)
ln(pcgdp)	−0.005***	0.029***	−0.014***
	(0.003)	(0.005)	(0.002)

续表

变量	企业—目的地出口总额（X_{ij}）	企业—目的地出口种类数（N_{ij}）	企业—目的地产品平均出口额（$\bar{x}_{ij}$）
$\ln(1+tariff_{ij})$	1.218***	2.020***	0.739***
	(0.044)	(0.072)	(0.022)
imshare	9.081***	−1.903***	8.690***
	(0.150)	(0.239)	(0.022)
$\ln(TUV)$	−0.019***	0.003	−0.014***
	(0.002)	(0.005)	(0.002)
contig	0.001	0.072***	0.008
	(0.010)	(0.017)	(0.009)
Observations	647236	647236	647236
R^2	0.0851	0.2940	0.0642
Number of i	180006	180006	180006
行业固定效应	是	是	是

注：①截距项未报告；②括号内的数值是企业—目的地层面聚类标准误差；③*、**、***分别表示在10%、5%和1%的水平上显著。

倾向得分匹配后的回归结果与基准回归结果保持一致，出口目的地贸易便利化水平提高导致企业出口产品种类减少，以及产品平均出口额和出口总额的增加，且至少在5%的统计水平上显著，证实了回归结果的稳健性。各控制变量的符号与基准回归方程基本保持一致。

3.2.3 异质性分析

在基准估计后，本节还进行了一系列异质性分析。

（1）区分企业规模

当出口市场环境发生变化时，不同规模的企业在出口行为方面的决策可能具有差异性，那么贸易便利化对我国企业出口二元边际的影响是否会受到企业规模的影响？由于中国海关数据库并没有提供企业营业额、职工人数和资本的相关信息，本节依据企业出口额的大小，对企业进行分类。企业出口额在某种程度上是企业规模和生产率的理想代理变量（Melitz 和 Redding，2014）。根据企业出口规模的大小，本节将企业划分为大、中、小三类；出口规模位于 25 分位数以下的为小企业，出口规模位于 75 分位数以上的为大企业，其余的则为中型企业；设置小企业（small）和大企业（big）两个虚拟变量，在基准模型中加入企业规模的虚拟变量与贸易便利化变量的交互项再次进行回归，回归结果如表 3-11 所示。回归结果表明：相对大企业而言，出口目的地贸易便利化水平的提升会导致小企业出口产品种类下降更多，小企业产品的平均出口额和出口总额上升的较少，即贸易便利化水平的提高对中国大企业的出口更有利。这主要是因为小企业生产率较低，当出口市场竞争加剧时，小企业会更多地减少出口产品种类，只有集中生产有竞争优势的产品才能在激烈的竞争中继续生存；大企业生产率更高，更具有竞争优势，能更好地应对市场竞争。

表 3-11　区分企业规模的回归结果

变量	企业—目的地出口总额（X_{ij}）	企业—目的地出口种类数（N_{ij}）	企业—目的地产品平均出口额（$\bar{x}_{ij}$）
$\ln(\text{TFI})$	0.443***	-0.670***	0.615***
	(0.010)	(0.011)	(0.008)
$\ln(\text{TFI})\times\text{small}$	-5.981***	-0.846***	-5.265***
	(0.006)	(0.009)	(0.006)
$\ln(\text{TFI})\times\text{big}$	5.809***	2.386***	4.267***
	(0.005)	(0.009)	(0.005)

续表

变量	企业—目的地出口总额（X_{ij}）	企业—目的地出口种类数（N_{ij}）	企业—目的地产品平均出口额（$\bar{x}_{ij}$）
ln(dist)	-0.029***	-0.034***	-0.031***
	(0.001)	(0.003)	(0.001)
ln(pcgdp)	-0.021***	0.001	-0.024***
	(0.001)	(0.002)	(0.001)
ln(1+tariff$_{ij}$)	0.446***	1.340***	0.280***
	(0.017)	(0.039)	(0.016)
imshare	1.741***	0.009	1.760***
	(0.159)	(0.041)	(0.016)
ln(TUV)	0.001**	-0.006**	0.005***
	(0.000)	(0.002)	(0.000)
contig	0.116***	0.131***	0.097***
	(0.003)	(0.001)	(0.003)
comlang	-0.068***	0.186***	-0.111***
	(0.003)	(0.009)	(0.003)
Observations	2349355	2349355	2349355
R^2	0.6310	0.3779	0.5231
行业固定效应	是	是	是

注：①截距项未报告；②括号内的数值是企业—目的地层面聚类标准误差；③*、**、***分别表示在10%、5%和1%的水平上显著。

(2) 区分贸易方式

加工贸易是中国出口的一个显著特征。与一般贸易相比，加工贸易具有"两头在外"的特点，那么贸易便利化对不同贸易方式的企业出口二元边际的影响是否存在异质性？本节删除了中国海关数据库中的混合型贸易企业，设置贸易方式虚拟变量general，一般贸易企业赋值为1，加工贸易企业赋值为零，在基准回归模型中加入贸易便利化与贸易方式的交互项再次进行回归，回归结果如表 3-12 所示。回归结果表明，出口目的地贸易便利化水平的提高对一般贸易企业出口产品种类的消极影响小于加工贸易企业，对一般贸易企业产品出口平均额和出口总额的积极影响也小于加工贸易企业。这或许是因为相对于一般贸易企业而言，加工贸易企业的生产率较低，贸易便利化提升引致的竞争效应会促使加工贸易企业更多地缩小出口产品种类，但由此带来的规模经济和专业化分工，反而促使加工贸易企业产品出口平均额和出口总额的增长比一般贸易企业多。

表 3-12　区分企业贸易方式的回归结果

变量	企业—目的地出口总额（X_{ij}）	企业—目的地出口种类数（N_{ij}）	企业—目的地产品平均出口额（$\bar{x}_{ij}$）
$\ln(\text{TFI})$	1.817***	−0.450***	1.858***
	(0.015)	(0.003)	(0.013)
$\ln(\text{TFI}) \times \text{general}$	−1.722***	0.498***	−1.784***
	(0.017)	(0.003)	(0.012)
$\ln(\text{dist})$	−0.087***	−0.014***	−0.071***
	(0.002)	(0.019)	(0.002)
$\ln(\text{pcgdp})$	−0.009***	0.038***	−0.017***
	(0.001)	(0.013)	(0.001)
$\ln(1+\text{tariff}_{ij})$	0.059***	0.031***	0.051***
	(0.001)	(0.197)	(0.022)
imshare	6.785***	2.007***	5.684***
	(0.025)	(0.261)	(0.025)
$\ln(\text{TUV})$	−0.006***	−0.010***	−0.001
	(0.001)	(0.015)	(0.001)

续表

变量	企业—目的地出口总额（X_{ij}）	企业—目的地出口种类数（N_{ij}）	企业—目的地产品平均出口额（$\bar{x}_{ij}$）
contig	0.077***	0.110***	0.062***
	(0.005)	(0.001)	(0.004)
comlang	-0.108***	0.217***	-0.143***
	(0.006)	(0.001)	(0.005)
Observations	2283212	2283212	2283212
R^2	0.1035	0.2280	0.0785
行业固定效应	是	是	是

注：①截距项未报告；②括号内的数值是企业—目的地层面聚类标准误差；③*、**、***分别表示在10%、5%和1%的水平上显著。

(3) 区分不同收入水平

样本中144个经济体的贸易便利化水平相差较大，因此，本节进一步分析了不同收入水平的出口目的地贸易便利化对中国企业出口二元边际的影响。参照世界银行的分类，将样本中的经济体分为高、中、低三种类型，设置低收入（low）和高收入（high）两个虚拟变量，在基准模型中加入出口目的地收入的虚拟变量与贸易便利化变量的交互项再次进行回归，回归结果如表3-13所示。回归结果表明，贸易便利化水平提高会减少企业的出口产品种类，但低收入国家贸易便利化对我国企业出口产品种类（扩展边际）的消极影响大于高收入国家；这或许是因为相对而言，低收入国家的贸易便利化水平较低，出口贸易成本较高，因此出口门槛较高；贸易便利化水平提高后，出口门槛的降低会引致更多的企业进入，竞争更加激烈；而高收入国家贸易便利化水平相对较高，贸易便利化进一步提高带来的边际竞争效应并不如低收入国家。但高收入国家贸易便利化对企业出口产品平均额（集约边际）和出口总额的积极影响要大于低收入国家。

表 3-13　区分不同收入水平的回归结果

变量	企业—目的地出口总额（X_{ij}）	企业—目的地出口种类数（N_{ij}）	企业—目的地产品平均出口额（$\bar{x}_{ij}$）
ln(TFI)	0.325***	-0.256***	0.399***
	(0.010)	(0.015)	(0.009)
ln(TFI)×low	-0.468***	0.215***	-0.489***
	(0.014)	(0.023)	(0.013)
ln(TFI)×high	-0.092***	0.355***	-0.233***
	(0.011)	(0.019)	(0.010)
ln(dist)	-0.104***	0.024***	-0.096***
	(0.002)	(0.003)	(0.002)
ln(pcgdp)	-0.019***	0.001	-0.011***
	(0.002)	(0.003)	(0.001)
ln(1+tariff$_{ij}$)	1.067***	1.517***	0.752***
	(0.025)	(0.043)	(0.022)
imshare	6.808***	1.718***	5.768***
	(0.029)	(0.042)	(0.025)
ln(TUV)	-0.006***	-0.006***	-0.000
	(0.001)	(0.002)	(0.001)
contig	0.151***	0.116***	0.134***
	(0.005)	(0.009)	(0.004)
comlang	-0.133***	0.279***	-0.185***
	(0.006)	(0.010)	(0.005)
Observations	2349355	2349355	2349355
R^2	0.1016	0.2916	0.0706
行业固定效应	是	是	是

注：①截距项未报告；②括号内的数值是企业—目的地层面聚类标准误差；③*、**、***分别表示在10%、5%和1%的水平上显著。

3.2.4 拓展分析

现有文献表明，出口目的地贸易便利化水平的提高促进了我国总体出口产品种类的增加（朱晶和毕颖，2018；宋伟良和贾秀录，2018）；而从企业微观层面来看，出口目的地贸易便利化水平的提高对企业出口产品种类存在抑制作用。由此可以推出，出口目的地贸易便利化水平的提高会导致更多的企业进入出口市场且企业会更专注于生产具有核心竞争力的产品，进而推动国家层面出口产品种类的多样化，事实是否如此？本节进一步进行了实证分析。实证模型如下。

$$n_j = \beta_1 \ln(TFI_j) + \beta_{24saiety} \ln(dist_j) + \beta_3 \ln(pcgdp_e) + \beta_4 RTA_j + \beta_5 contig_j +$$
$$\beta_6 comlang_j + \beta_7 landlock_j + \beta_{81098erofi(2)} \ln(1+tariff_j) + \varepsilon_j \quad (3-8)$$

其中，j 为出口目的地，n 为中国出口至 j 国的企业数量，RTA_j 为 j 国是否与我国签订了自由贸易协定；$landlock_j$ 为 j 国是否为内陆国；其他变量的定义与前文的定义一致；实证分析的结果如表 3-14 所示。

表 3-14 拓展分析回归结果

变量	泊松回归	负二项回归	最小二乘法（OLS）
lnTFI	2.423***	1.714***	1.955***
	(0.004)	(0.226)	(0.294)
lnpcgdp	0.266***	0.274***	0.213***
	(0.000)	(0.083)	(0.095)
lndist	−0.299***	−0.359***	−0.256***
	(0.001)	(0.164)	(0.209)
ln(1+tariff)	0.353***	0.208	0.149
	(0.001)	(0.178)	(0.211)

续表

变量	泊松回归	负二项回归	最小二乘法（OLS）
lang	−0.109***	−0.162***	0.135
	(0.003)	(0.551)	(0.671)
contig	0.495***	0.265***	0.204
	(0.002)	(0.308)	(0.396)
locked	−0.656***	−0.763***	−0.764***
	(0.002)	(0.198)	(0.236)
Rta	0.434***	0.555***	0.671*
	(0.001)	(0.258)	(0.306)
样本数	144	144	144
Adj-R^2	0.5672	0.0407	0.5213

注：在最小二乘法中，企业数量（n）取了自然对数。

由表 3-14 可以看出，无论采用哪种回归模型，贸易便利化的系数总是为正且通过了 1% 的显著性检验，这表明贸易便利化水平的提高对企业出口数量有促进作用。这主要是因为贸易便利化水平的提高降低了贸易成本，原来的非出口企业变成了出口企业，更多的企业加入出口行列。由于不同的企业出口产品存在差异，这就造成出口目的地贸易便利化建设促进了中国总体出口产品种类的增加，但单个企业却因为竞争效应，会减少出口产品种类。

3.3 双向贸易便利化与多产品企业出口产品调整

在后关税时代，不仅中国在进行贸易便利化改革，其他国家也在大力推进贸易便利化改革。本节将国内贸易便利化和出口目的地贸易便利化改革放入同一框架内,研究双向贸易便利化对中国多产品企业出口产品范围的影响。

多产品企业出口在各国普遍存在,并在国际贸易中占据主导地位(Mayer 等,2014)。与单产品企业相比,当外部市场环境发生变化时,多产品出口企业不再局限于进入、退出市场,还可以通过调整出口产品种类和出口产品分布来应对外部冲击。可见,多产品企业出口决策与单产品企业存在显著差异。多产品企业出口决策具有丰富的内涵,不仅关系到企业生产率和盈利能力,而且对一国贸易增长、贸易利得有重要影响。近年来,越来越多的学者开始突破以 Melitz(2003)为代表的异质性企业贸易理论中单一产品假设的局限性,转向研究多产品企业的出口行为(易靖韬和蒙双,2017)。

多产品企业出口在我国对外贸易中也扮演着非常重要的角色(樊海潮和张丽娜,2019)。2000—2005 年,我国 75% 的出口企业为多产品企业,且多产品企业出口额占我国总出口额的 90% 以上(钱学锋等,2013)。研究我国多产品出口企业在贸易便利化进程中的表现具有十分重要的现实意义。本节主要在 Mayer 等(2014)的框架基础上,构建模型阐明贸易便利化对多产品企业出口产品范围的影响。

3.3.1 理论模型

参考 Mayer 等(2014)的研究,通过构建理论模型分析贸易便利化对多产品企业出口产品范围的影响。

(1)封闭经济体

假设代表性消费者效用函数为

$$U = q_0^r + \alpha \int_{i \in \Omega} q_i^r di - \frac{1}{2}\gamma \int_{i \in \Omega} (q_i^r)^2 di - \frac{1}{2}\eta \left(\int_{i \in \Omega} q_i^r di \right)^2 \quad (3-9)$$

其中，r 为代表性消费者；q_o^r、q_i^r 分别为基准产品（同质品）o 和异质性产品 i 的消费量；异质性产品 i 的集合为 Ω；α、γ、η 均大于零，其中 α、η 为异质性产品与基准产品之间的替代程度，而 γ 为异质性产品种类之间的替代弹性。假设基准产品的价格单位化为 1，p_i 为异质性产品 i 的价格；在预算约束下，消费者最大化其效用，可以得到异质性产品 i 的需求函数，即

$$q_i^r = \frac{\alpha}{\gamma} - \frac{1}{\gamma} p_i - \frac{\eta}{\gamma} Q^r \qquad (3-10)$$

其中，$Q^r = \int_{i \in \Omega} q_i^r di$，表示消费者对异质性产品的消费总量。

假设 $q_o^r > 0$，即消费者对基准产品的需求均为正，$\Omega^* \in \Omega$ 表示满足 $q_i^r > 0$ 的所有产品的集合，因此有：$N\bar{p} = \alpha N - (\eta N + \gamma) Q^r$；其中，N 代表消费的种类数量。令 L 为劳动力总数（消费者规模），$\bar{p}$ 为异质性产品的平均价格且 $\bar{p} = (1/N) \int_{i \in \Omega^*} p_i di$；由此，可以得到异质性产品的总需求，即

$$q_i = L q_i^r = \frac{\alpha L}{\gamma + \eta N} - \frac{L}{\gamma} p_i + \frac{\eta N}{\gamma + \eta N} \frac{L}{\gamma} \bar{p}, \forall i \in \Omega^* \qquad (3-11)$$

企业在市场中生存的条件为 $q_i^r \geq 0$，所以，价格必须满足 $p_i \leq \frac{1}{\gamma + \eta N}(\alpha \lambda + \eta N \bar{p}) = p^{max}$。价格一旦高于 p^{max}，企业就不能在市场中生存。

假设企业生产多种产品且同一企业在生产不同产品时边际成本不同，但每家企业只具备一种核心竞争力的产品，即边际成本最低的产品。根据距离核心技术的远近，对企业内产品进行排序，用 n 来表示，其取值为零，即 n=0 代表企业的核心产品，n 越大表示距离核心产品越远，企业生产这类产品的边际成本就越高。令 c 为企业生产核心产品的边际成本；v(n,c) 表示企业生产第 n 种产品的边际成本，$v(n,c) = \omega^{-n} c, (0 < \omega < 1)$。显然 n 越

大，排序越靠后，企业生产这种产品的边际成本就越高。

根据利润最大化条件，得到企业的生产函数 $q(v) = \frac{L}{\gamma}[p(v)-v]$。企业零利润条件为：$p(v_D) = v_D = p^{max}$，其中，$v_D$ 表示企业临界成本。企业的收益和利润函数分别为

$$r(v) = \frac{L}{4\gamma}[(v_D)^2 - v^2] \tag{3-12}$$

$$\pi(v) = \frac{L}{4\gamma}(v_D - v)^2 \tag{3-13}$$

由于边际成本一旦高于临界成本，企业将停止生产该产品，因此，$v(c,n) \leq v_D$，即 $c \leq \omega^n c_D$，$c_D = v_D$ 表示核心产品的临界成本。因此，可以得到企业生产的产品种类总数为

$$N(c) = \begin{cases} 0, & c > c_D \\ \max\{n \mid c \leq \omega^n c_D\} + 1, & c \leq c_D \end{cases} \tag{3-14}$$

假设企业的进入成本为 g_E，企业的边际成本服从帕累托分布：$F(c) = (c/c_n)^k$，$c \in [0, c_n]$，$k \geq 1$。在进入市场前，企业预期利润为：$\int_0^{c_D} \Pi(c) dF(c) - g_E$，其中 $\Pi(c) \equiv \sum_{n=0}^{N(c)-1} \pi[v(n,c)]$。根据企业的自由进出条件：$\int_{D0}^c \Pi(c) dF(c) = g_E$，可以得到在封闭经济下，企业核心产品边际成本的临界值，即

$$c_D = \left[\frac{\gamma \psi}{L\Omega}\right]^{\frac{1}{k+2}} \tag{3-15}$$

其中，$\psi \equiv 2(k+1)(k+2)(c_N)^k g_E$，表示生产率指标，结合考虑了边际成本 c_N 和进入成本 g_E；$\Omega = \sum_{n=0}^{\infty} F(\omega^n c)/F(c)$ 为产品集合。

(2) 开放经济体

假设企业可以同时在国内市场 l 和国外市场 h 销售产品，海外销售的冰川成本为 $\tau_{lh}(\tau_{lh}>1)$；l 国企业在国内（l 国）生产销售和出口至 h 国，临界成本分别必须满足以下条件。

$$v_{ll} = \sup\{c:\pi_{ll}(v)>0\} = p_l^{max}$$
$$v_{lh} = \sup\{c:\pi_{lh}(v)>0\} = \frac{p_h^{max}}{\tau_{lh}} \tag{3-16}$$

可见，$v_{lh} = v_{hh}/\tau_{lh}$（$v_{hh}$ 为 h 国企业在 h 国销售的临界成本）。因此，企业在国内和海外市场销售的利润为

$$\pi_{ll}(v) = \frac{L_l}{4\gamma}(v_{ll}-v)^2$$
$$\pi_{lh}(v) = \frac{L_h}{4\gamma}\tau_{lh}^2(v_{lh}-v)^2 = \frac{L_h}{4\gamma}(v_{hh}-\tau_{lh}v)^2 \tag{3-17}$$

企业的预期利润 $\prod_l$ 为

$$\prod_l = \int_0^{v_{ll}} \prod_{ll}(v)\,dF(v) + \sum_{h\neq l}\int_0^{v_{lh}}\prod_{lh}(v)\,dF(v)$$
$$= \sum_{n=0}^{n(c)-1}\left[\int_0^{\omega^{-n}c_{ll}}\pi_{ll}(\omega^{-n}c)\,dF(c)\right] + \sum_{l\neq h}\sum_{n=0}^{n(c)-1}\left[\int_0^{\omega^{-n}c_{lh}}\pi_{lh}(\omega^{-n}c)\,dF(c)\right]$$
$$= \frac{\Omega}{2\gamma(k+1)(k+2)(C_N)^k}\left[L_l c_{ll}^{k+2} + \sum_{l\neq h} L_h \tau_{lh}^{-k} c_{lh}^{k+2}\right] \tag{3-18}$$

根据预期利润等于进入成本，得到企业自由进出条件：$\sum_{h=1}^{J}\rho_{lh}L_h c_{hh}^{k+2} = \frac{\gamma\psi}{\Omega}$，其中 $\rho_{lh} \equiv \tau_{lh}^{-k}<1$ 用来衡量出口目的地 h 的贸易便利化水平。因此，l 国企业核心产品出口至目的地 h 的临界成本为

$$c_{hh} = \left(\frac{1-\rho_{hl}}{1-\rho_{lh}\rho_{hl}}\frac{\gamma\psi}{\Omega L_h}\right)^{\frac{1}{k+2}}, l\neq h \tag{3-19}$$

由式（3-19）可以看出，$dc_{hh}/d\rho_{lh}>0$，$dc_{hh}/d\rho_{hl}>0$。根据式（3-19），

多产品企业生产的边际成本必须小于临界成本，即 $v(c,n) \leq v_D$。在约束条件下企业最大化其产品种类，可以得到如下公式。

$$c = \omega^n c_{hh} \tag{3-20}$$

式（3-20）两边取自然对数后，可得：$n = (\ln c - \ln c_{hh})/\ln \omega$；可见，$dn/dc_{hh} < 0$。

$$\frac{dn}{d\rho_{lh}} = \frac{dn}{dc_{hh}} \frac{dc_{hh}}{d\rho_{lh}} < 0 \tag{3-21}$$

$$\frac{dn}{d\rho_{hl}} = \frac{dn}{dc_{hh}} \frac{dc_{hh}}{d\rho_{lh}} < 0 \tag{3-22}$$

据此得到假设 1。

假设 1：本国和出口目的地贸易便利化水平提高将使企业—目的地层面出口产品种类减少。

分别令 n=0，n=m，结合式（3-12）可以得到企业出口产品分布偏度，即核心产品与外围产品 m 收入的比值如下。

$$\text{Skew} = \frac{r_{lh}[v(c,0)]}{r_{lh}[v(c,m)]} = \frac{c_{hh}^2 - (\tau_{lh}c)^2}{c_{hh}^2 - (\tau_{lh}\omega^{-m}c)^2} \tag{3-23}$$

式（3-23）对 τ_{lh} 求导，可以得到：$\dfrac{d\text{Skew}}{d\tau_{lh}} < 0$，$\dfrac{d\text{Skew}}{d\tau_{hl}} < 0$。

由于 $d\tau_{lh}/d\rho_{lh} < 0$，$d\tau_{lh}/d\rho_{hl} < 0$；因此，$d\text{Skew}/d\rho_{lh} > 0$；$d\text{Skew}/d\rho_{hl} > 0$。据此得到假设 2。

假设 2：本国和出口目的地贸易便利化水平提高将提升出口产品分布偏度，增加企业的"倾斜效应"，即企业—目的地层面核心产品相对非核心产品的出口额会增加。

3.3.2 数据来源与模型设定

理论分析发现，国内贸易便利化水平和出口目的地贸易便利化水平都会影响多产品企业出口产品范围的调整，为了检验贸易便利化对多产品企业出口的影响，构建如下回归模型。

$$Y_{ijt} = a + \beta_1 TFI_{it}^H + \beta Z_{it} + \gamma X_{jt} + \varepsilon_{ijt} \qquad (3\text{-}24a)$$

$$Y_{ijt} = a + \beta_2 TFI_{jt}^F + \beta Z_{it} + \gamma X_{jt} + \varepsilon_{ijt} \qquad (3\text{-}24b)$$

$$Y_{ijt} = a + \beta_1 TFI_{it}^H + \beta_2 TFI_{jt}^F + \beta Z_{it} + \gamma X_{jt} + \varepsilon_{ijt} \qquad (3\text{-}24c)$$

其中，Y_{ijt} 分别为 t 年企业 i 出口至目的地 j 的产品种类数（扩展边际）及出口产品分布偏度。TFI_{it}^H 为企业所在地的贸易便利化水平，TFI_{jt}^F 为 t 年出口目的地 j 贸易便利化水平；Z_{it} 为企业层面的控制变量；X_{jt} 为出口目的地层面控制变量；ε_{ijt} 为误差项。

被解释变量出口产品种类数（number）被定义为 t 年企业—目的地层面的 HS6 位码产品种类数。借鉴汪亚楠和周梦天（2017）的做法，出口产品分布偏度（skew）被定义为 t 年企业—目的地层面核心产品出口额与非核心产品出口额的比值，出口产品偏度的上升意味着企业出口向核心产品的偏移。参照 Chatterjee 等（2013）的定义，核心产品是指 t 年企业—目的地层面出口额最多的产品。

核心解释变量为企业所在地贸易便利化（TFI_{it}^H）和出口目的地贸易便利化水平（TFI_{jt}^F）。TFI_{it}^H 由企业所在省份的贸易便利化水平来衡量，具体构建方法见第 2 章。出口目的地贸易便利化水平（TFI_{jt}^F）借鉴 Felipe 和 Kumar（2012）的做法，采用出口目的地国际物流绩效指数作为贸易便利化的代理指标。国际物流绩效指数由世界银行编制，从海关效率、基础设施质量、运输的及时性、物流服务质量、国际运输的便利性和货物可追溯性 6 个维度对各国的物流绩效进行评价。由于世界银行每两年公布一次各国国际物流绩效指数，中间年份本节采用了中间值进行了替代。

企业层面的控制变量包括生产率、企业规模和盈利能力等。Bernard 等

(2011)认为,高生产率企业可以通过更大的产品范围来获得更多的收益;而 Qiu 和 Zhou(2013)认为,在全球化过程中,高生产率企业会缩小产品范围来获得更大利润。虽然研究结论不一致,但相关文献均表明企业生产率是影响企业出口产品范围的主要因素之一。企业生产率(lntfp)采用人均产出,即劳动生产率来衡量企业生产率的高低。Kugler 和 Verhoogen(2012)指出,企业规模越大调整出口产品的能力也越大,企业规模(lnsize)的代理变量由企业的雇用人数来表示。本节还增加了企业年龄(lnage)、资本密集度(lnkl)和企业盈利能力(profit)。衡量方法与本章第1节保持一致。

出口目的地层面的控制变量为出口目的地人均收入(pcgdp),用以控制出口目的地需求对多产品企业出口行为的冲击;数据来自国际货币基金组织(IMF)的 WEO 数据库。

鉴于数据的可获得性,本部分样本期为 2009—2012 年。

3.3.3 实证结果分析

(1)基准回归结果

表 3-15 是贸易便利化与企业出口产品种类的基准回归结果,其中列(1)和列(2)主要关注国内贸易便利化对企业出口产品种类的影响;列(3)和列(4)主要关注出口目的地(国外)贸易便利化对企业出口产品种类的影响;列(5)和列(6)同时考察国内贸易便利化和出口目的地贸易便利化对企业出口产品种类的影响。

表 3-15 贸易便利化与企业出口产品种类

变量	(1)	(2)	(3)	(4)	(5)	(6)
TFI^H	−1.027***	−1.235***			−0.857**	−1.229***
	(0.420)	(0.444)			(0.449)	(0.444)

续表

变量	(1)	(2)	(3)	(4)	(5)	(6)
TFI^F			-0.379***	-0.519***	-0.379***	-0.518***
			(0.097)	(0.099)	(0.097)	(0.099)
lntfp		0.160***		0.157***		0.159**
		(0.017)		(0.017)		(0.017)
lnsize		0.200***		0.202***		0.200***
		(0.022)		(0.024)		(0.022)
lnage		0.062***		0.072***		0.062***
		(0.028)		(0.027)		(0.028)
lnkl		0.165***		0.172***		0.166***
		(0.020)		(0.019)		(0.020)
profit		-0.233		-0.235		-0.231
		(0.137)		(0.137)		(0.137)
lnpcgdp		5.180***		5.254***		5.297***
		(0.141)		(0.142)		(0.142)
常数项	6.104***	-49.22***	6.254***	-48.86***	6.684***	-48.61***
	(0.478)	(1.479)	(0.541)	(1.481)	(0.586)	(1.484)
企业固定效应	Yes	Yes	Yes	Yes	Yes	Yes
年份固定效应	Yes	Yes	Yes	Yes	Yes	Yes
行业固定效应	Yes	Yes	Yes	Yes	Yes	Yes
R^2	0.0212	0.0228	0.0213	0.0229	0.0213	0.0149
N	588728	576053	588668	576053	588668	576053

注：括号内为标准误，*、**、***分别表示在10%、5%和1%的水平上显著，各模型均采用聚类到企业层面的标准误进行回归。

从表3-15的回归结果来看，无论是否加入企业层面的控制变量，是单独考察还是同时考察两种贸易便利化水平，贸易便利化的系数都显著为负；这说明国内贸易便利化水平和国外贸易便利化水平的提高都会导致多产品企业减少出口产品种类数,验证了假设 1。这主要是因为贸易便利化水平的提升会导致企业出口贸易成本的下降,以前不出口的产品可能变成出口产品,但贸易成本的下降也导致更多的企业进入出口行列,出口竞争加剧,多产品企业通过减少出口产品种类,集中生产最具有比较优势的核心产品,以期获得专业化分工和规模经济的优势,应对激烈的市场竞争。

控制变量中,企业的生产率对出口产品种类数具有促进作用,与 Bernard 等(2011)的研究结论相似。与生产率低的企业相比,高生产率企业可以通过更大的产品范围来获得更多的收益。企业规模、企业年龄、企业的资本密集度与企业出口产品种类数也存在显著的正相关关系,但企业盈利能力与企业出口产品种类数之间并没有明显的关系。出口目的地人均 GDP 对企业出口产品种类数均有促进作用,这可能是因为人均 GDP 越高意味着需求越多,对产品需求也多样化,从而对企业出口产品种类产生了积极的作用。

表 3-16 是贸易便利化与企业出口分布偏度(倾斜效应)的基准回归结果,其中列(1)和列(2)主要关注国内贸易便利化对企业出口产品分布偏度的影响;列(3)和列(4)主要关注出口目的地(国外)贸易便利化对企业出口产品分布偏度的影响;列(5)和列(6)同时考察国内贸易便利化和出口目的地贸易便利化对企业出口产品分布偏度的影响。

表 3-16 贸易便利化与企业出口"倾斜效应"

变量	(1)	(2)	(3)	(4)	(5)	(6)
TFI^H	0.982***	0.259**			0.996***	0.257**
	(0.169)	(0.138)			(0.169)	(0.138)
TFI^F			0.067*	0.103***	0.163***	0.103***
			(0.038)	(0.040)	(0.039)	(0.040)

续表

变量	(1)	(2)	(3)	(4)	(5)	(6)
lntfp		-0.009*		-0.009		-0.009
		(0.005)		(0.006)		(0.006)
lnsize		-0.069***		-0.070***		-0.070***
		(0.009)		(0.009)		(0.009)
lnage		-0.164***		-0.166***		-0.166***
		(0.011)		(0.011)		(0.011)
lnkl		-0.082***		-0.083***		-0.083***
		(0.020)		(0.008)		(0.008)
profit		0.179**		0.179**		0.179**
		(0.051)		(0.051)		(0.051)
lnpcgdp		-1.976***		-1.991***		-1.991***
		(0.056)		(0.057)		(0.057)
常数项	0.246	21.89***	6.254***	21.83***	-0.801***	21.83***
	(0.192)	(0.595)	(0.541)	(0.596)	(0.235)	(0.596)
R^2	0.0038	0.0151	0.0213	0.0151	0.0213	0.0149
N	588726	576051	588666	576051	588666	576051

注：括号内为标准误，*、**、*** 分别表示在10%、5%和1%的水平上显著，各模型均采用聚类到企业层面的标准误进行回归；回归模型控制了企业的固定效应、年份的固定效应和行业的固定效应。

从表3-15的回归结果来看，无论是否加入企业层面的控制变量，以及是单独考察还是同时考察两种贸易便利化的建设，贸易便利化的系数都显著为正。这说明国内贸易便利化和国外贸易便利化的提升都会导致多产品企业出口产品分布偏度增加，加剧企业的"倾斜效应"，出口产品向核心产品偏移，验证了假设2。

（2）稳健性检验

为了保证回归结果的可靠性，本节进行了稳健性分析。HS编码分位数不同会造成产品种类之间的替代弹性不同，如HS4位码产品之间的替代弹性可能小于同一类目下 HS6 位码产品间的替代弹性，而产品替代弹性不同形成的产品范围测量噪声可能对研究结论产生影响，本节采用 HS4 位码为标准重新统计了企业出口产品种类数，基于新测度的产品种类数重新计算了企业出口产品分布偏度并以此进行稳健性检验。检验结果如表 3-17 所示。其中，列（1）~列（3）主要关注贸易便利化对企业出口产品种类的影响；列（4）~列（6）主要关注贸易便利化对企业出口产品分布偏度的影响。从回归结果可以看出，贸易便利化与出口产品种类数呈负相关关系，而与产品分布偏度正相关，且通过了显著性检验，与基准检验结果保持一致；其余控制变量的系数符号与基准回归基本保持一致，这表明了基准回归结果的稳健性。

表 3-17 稳健性检验

变量	出口产品种类			出口产品分布偏度		
	(1)	(2)	(3)	(4)	(5)	(6)
TFI^H	-1.813***		-1.815***	0.140**		0.135*
	(0.615)		(0.615)	(0.069)		(0.069)
TFI^F		-2.263***	-2.264***		0.030**	0.030**
		(0.443)	(0.443)		(0.014)	(0.014)
lntfp	0.198***	0.195***	0.197***	-0.036***	-0.035***	-0.036***
	(0.023)	(0.023)	(0.023)	(0.007)	(0.007)	(0.007)
lnsize	0.236***	0.240***	0.237***	-0.023***	-0.023***	-0.023***
	(0.031)	(0.031)	(0.031)	(0.010)	(0.010)	(0.010)
lnage	0.116***	0.131***	0.115***	0.044***	0.042***	0.044***
	(0.039)	(0.039)	(0.039)	(0.011)	(0.012)	(0.012)
lnkl	0.185***	0.196***	0.186***	-0.018***	-0.019***	-0.018***
	(0.020)	(0.027)	(0.028)	(0.009)	(0.009)	(0.009)
profit	-0.247	-0.253	-0.246	0.072	0.072	0.072
	(0.182)	(0.182)	(0.182)	(0.059)	(0.059)	(0.059)
lnpcgdp	6.855***	6.959***	7.022***	0.122*	0.124*	0.119*
	(0.200)	(0.201)	(0.202)	(0.064)	(0.065)	(0.065)

续表

变量	出口产品种类			出口产品分布偏度		
	(1)	(2)	(3)	(4)	(5)	(6)
常数项	65.49***	21.89***	6.254***	1.405***	-0.801***	1.390***
	(2.109)	(0.595)	(0.541)	(0.684)	(0.235)	(0.688)
R^2	0.0186	0.0187	0.0213	0.0151	0.0058	0.0149
N	402930	402930	402930	402921	402921	402921

注：括号内为标准误，*、**、***分别表示在10%、5%和1%的水平上显著，各模型均采用聚类到企业层面的标准误进行回归；回归模型控制了企业的固定效应、年份的固定效应和行业的固定效应。

(3) 内生性检验

由于贸易便利化与企业出口二元边际之间可能互为因果关系，进而影响结论的可靠性。为此，采用贸易便利化的滞后一期进行再次回归，回归结果见表3-18。其中，列（1）~列（3）主要关注贸易便利化对企业出口产品种类的影响；列（4）~列（6）主要关注贸易便利化对企业出口产品分布偏度的影响。从回归结果可以看出，贸易便利化与出口产品种类数呈负相关关系，而与产品分布偏度正相关，且通过了显著性检验，与基准检验结果保持一致；其余控制变量的系数符号与基准回归基本保持一致，这再次表明了基准回归结果的稳健性。

表3-18 内生性检验

变量	出口产品种类			出口产品分布偏度		
	(1)	(2)	(3)	(4)	(5)	(6)
TFI^H	-14.814**		-14.829**	1.458**		1.459***
	(1.441)		(1.441)	(0.063)		(0.063)
TFI^F		-1.581***	-1.631*		0.053***	0.060*
		(0.303)	(0.955)		(0.014)	(0.032)

续表

变量	出口产品种类			出口产品分布偏度		
	(1)	(2)	(3)	(4)	(5)	(6)
lntfp	-0.015	0.157***	0.015	0.010***	-0.001***	0.010***
	(0.039)	(0.017)	(0.039)	(0.007)	(0.000)	(0.001)
lnsize	0.078*	0.202***	0.078	-0.002	-0.010***	-0.002
	(0.050)	(0.022)	(0.052)	(0.002)	(0.010)	(0.002)
lnage	-0.116***	0.072***	-0.249***	-0.012***	-0.024***	-0.012***
	(0.039)	(0.027)	(0.063)	(0.002)	(0.001)	(0.002)
lnkl	0.185***	0.172***	0.157***	-0.016***	-0.012***	-0.016***
	(0.020)	(0.019)	(0.048)	(0.002)	(0.000)	(0.002)
profit	-0.247	-0.236*	1.040***	-0.015	0.024***	-0.015
	(0.182)	(0.127)	(0.322)	(0.014)	(0.006)	(0.014)
lnpcgdp	6.855***	6.959***	7.653***	-0.479***	-0.324*	-0.484*
	(0.200)	(0.201)	(0.497)	(0.021)	(0.006)	(0.021)
常数项	65.49***	-48.73***	4.848***	1.405***	4.021***	4.848***
	(2.109)	(1.483)	(0.225)	(0.684)	(0.235)	(0.225)
R^2	0.0186	0.019	0.0131	0.0151	0.0246	0.0427
N	169134	402930	169134	169134	402921	169134

注：括号内为标准误，*、**、*** 分别表示在10%、5%和1%的水平上显著，各模型均采用聚类到企业层面的标准误进行回归；回归模型控制了企业的固定效应、年份的固定效应和行业的固定效应。

3.3.4 异质性分析

既然两种贸易便利化都会促使多产品企业缩小出口产品种类，导致出口产品分布偏度增加，加剧企业的"倾斜效应"，那么不同类型的多产品企业对双向贸易便利化会有怎样的异质性反应？

(1) 分不同所有制企业的检验

根据企业所有制不同,将企业分为内资企业和外资企业,回归结果见表 3-19。从回归结果来看,双向贸易便利化对不同所有制多产品企业的出口产品种类和出口产品分布偏度的影响存在一定的差异。国内贸易便利化对内资企业出口并没有显著影响,但显著减少了外资企业出口产品种类,并显著增加了其出口产品的分布偏度,导致企业出口"倾斜效应"增加。出口目的地贸易便利化对内资企业和外资企业出口均有显著的影响,具体而言,出口目的地贸易便利化水平的提高会导致内资企业和外资企业显著减少出口产品种类,同时会显著增加其出口产品分布偏度,加剧企业的"倾斜效应"。从回归系数的大小来看,贸易便利化水平对外资企业的出口产品种类和出口产品分布偏度的影响更大。

表 3-19 分所有制的检验结果

变量	内资企业		外资企业	
	出口产品种类	产品分布偏度	出口产品种类	产品分布偏度
TFI^H	0.286	-0.171	-6.411***	2.603***
	(0.646)	(0.239)	(1.705)	(0.322)
TFI^F	-0.428***	0.097**	-0.685***	0.123***
	(0.096)	(0.044)	(0.230)	(0.059)
lntfp	0.174***	-0.013*	0.067*	-0.006
	(0.022)	(0.008)	(0.037)	(0.012)
lnsize	0.160***	-0.082***	0.317***	-0.047***
	(0.025)	(0.010)	(0.050)	(0.018)
lnage	0.137***	-0.162***	-0.260***	0.134***
	(0.025)	(0.012)	(0.061)	(0.024)
lnkl	0.149***	-0.091***	0.241***	-0.067***
	(0.020)	(0.009)	(0.047)	(0.018)

续表

变量	内资企业		外资企业	
	出口产品种类	产品分布偏度	出口产品种类	产品分布偏度
profit	-0.168	0.238***	-0.422**	0.075
	(0.151)	(0.075)	(0.193)	(0.079)
lnpcgdp	4.980***	-1.894***	5.993***	-2.165***
	(0.188)	(0.072)	(0.331)	(0.107)
常数项	-46.32***	20.91***	-52.78***	1.405***
	(1.859)	(0.723)	(3.606)	(0.684)
R^2	0.0164	0.0147	0.0142	0.0151
N	439260	439260	136793	136791

注：括号内为标准误，*、**、***分别表示在10%、5%和1%的水平上显著，各模型均采用聚类到企业层面的标准误进行回归；回归模型控制了企业的固定效应、年份的固定效应和行业的固定效应。

(2) 分不同贸易方式的检验

我国的贸易企业中存在大量加工贸易企业，这已经成为我国出口企业的重要特征，加工贸易企业一个重要特征是市场全部在国外。根据贸易方式的不同将企业分为加工贸易企业和一般贸易企业，回归结果如表3-20所示。从回归结果来看，国内贸易便利化对加工贸易企业出口并没有显著影响，但显著减少了一般贸易企业出口产品种类数，并增加了其出口产品的分布偏度，导致企业出口"倾斜效应"增加。出口目的地贸易便利化对加工贸易企业和一般贸易企业出口均有显著的影响，从回归系数来看，出口目的地贸易便利化对加工贸易企业的出口产品种类和出口产品分布偏度的影响更大。这或许是因为相对于一般贸易企业而言，加工贸易企业出口产品附加值低，产品更多地具有同质性，产品的可替代性强，出口市场的竞争效应会促使加工贸易企业更多地减少出口产品种类，放弃外围产品生产，集中生产具有竞争优势的核心产品。

表 3-20 分贸易方式的检验结果

变量	加工贸易 出口产品种类	加工贸易 产品分布偏度	一般贸易 出口产品种类	一般贸易 产品分布偏度
TFI^H	-0.767	-0.085	-1.411**	2.603***
	(1.126)	(0.052)	(0.696)	(0.322)
TFI^F	-0.616***	0.031**	-0.549***	0.010*
	(0.244)	(0.011)	(0.152)	(0.005)
lntfp	0.157***	-0.002	0.140***	-0.000
	(0.042)	(0.001)	(0.026)	(0.001)
lnsize	0.185***	-0.005**	0.239***	-0.004**
	(0.060)	(0.002)	(0.037)	(0.001)
lnage	-0.045	-0.009***	-0.111***	0.002
	(0.085)	(0.003)	(0.052)	(0.002)
lnkl	0.146***	-0.005**	0.208***	-0.007***
	(0.057)	(0.002)	(0.035)	(0.001)
profit	-0.053*	0.002	0.294	-0.011
	(0.315)	(0.014)	(0.204)	(0.009)
lnpcgdp	1.995***	-0.005	2.333***	0.003
	(0.541)	(0.025)	(0.338)	(0.015)
常数项	-14.559***	0.680***	-18.74***	0.683***
	(5.551)	(0.259)	(3.460)	(0.161)
R^2	0.0280	0.0703	0.0225	0.0151
N	214303	214303	361750	361750

注：括号内为标准误，*、**、*** 分别表示在 10%、5% 和 1% 的水平上显著，各模型均采用聚类到企业层面的标准误进行回归；回归模型控制了企业的固定效应、年份的固定效应和行业的固定效应。

3.4 本章小结

本章主要考察了贸易便利化水平对企业出口边际的影响。首先，分析了企业所在地（国内）贸易便利化水平对企业出口边际的影响；其次，从出口目的地角度来看，考察了出口目的地（国外）贸易便利化水平对中国企业出口边际的影响；最后，以 Mayer 等（2014）的理论模型为基础，将贸易便利化影响中国多产品企业的因子加入模型，分析了双向贸易便利化对中国多产品出口企业产品组合的影响。主要有以下结论：

第一，企业所在地（国内）贸易便利化的提升有利于通过扩展边际（"产品—目的地"数量）和集约边际（"产品—目的地"平均出口额）促进企业出口额增长。这一结果在重新测度核心解释变量和考虑内生性的情景下依然成立。异质性分析发现，贸易便利化对中西部地区企业、内资企业、劳动密集型企业的影响作用更大。机制检验发现，贸易便利化通过降低出口固定成本和可变成本进而促进了企业出口的增长。进一步分析发现，贸易便利化的扩展边际作用主要通过促进企业出口目的地数量增加，进而促进企业出口增长，对企业出口产品种类数并没有显著的影响。

第二，出口目的地贸易便利化水平的提高对中国企业出口额有积极的促进作用，但企业的出口增长主要通过减少出口产品种类（扩展边际）、提高产品平均出口额（集约边际）实现，且贸易便利化水平对异质性企业有不同的影响。出口目的地贸易便利化水平的提高导致小企业更多地减少出口产品种类，但小企业产品出口平均额和出口额的增长率均小于大企业，说明贸易便利化水平的提高更有利于大企业；出口目的地贸易便利化水平的提高导致中国加工贸易企业会更多地减少出口产品种类，但同时导致加工贸易企业产品出口强度增长高于一般贸易企业；低收入水平国家贸易便利化水平的提高对中国企业出口扩展边际的消极作用更大，但高收入国家贸易便利化水平对中国企业出口集约边际的促进作用更大。

第三，具体到"企业—目的地"层面，国内贸易便利化水平和国外（出口目的地）贸易便利化水平的提高均会导致中国多产品企业出口产品种类的减少和出口产品分布偏度的提升，加剧了企业产品组合的"倾斜效应"，使多产品企业更多地出口更具有比较优势的核心产品，以应对贸易便利化带来的竞争效应。面对贸易便利化水平的提高，多产品企业出口调整呈现出一定的异质性。国内贸易便利化水平对内资多产品企业出口产品组合的影响不显著，但内资和外资多产品企业对国外贸易便利化水平的提高，都会减少出口产品种类，集中资源出口核心产品。加工贸易企业由于市场主要在国外，因此国内贸易便利化水平对加工贸易多产品企业出口产品组合并没有显著的影响，但国内贸易便利化对一般贸易多产品企业有显著的影响，加工贸易和一般贸易多产品企业面对国外贸易便利化水平的提高，都会减少出口产品种类，集中资源出口核心产品，且加工贸易调整幅度更大。

第 4 章
CHAPTER 4

贸易便利化对企业出口技术复杂度的影响

改革开放以来，我国对外贸易飞速发展，已经成为贸易大国，但是我国对外贸易大而不强，企业出口技术含量仍有待提高。目前，我国正大力推进贸易便利化建设，那么贸易便利化是否有利于企业提高出口技术复杂度？这是值得研究的问题。第一，借鉴 Melitz（2003）和 Yeaple（2005）的模型，理论分析了贸易便利化对企业出口技术复杂度的影响。第二，借鉴 Xu（2010）的方法，测度了我国企业出口技术复杂度。第三，通过构建包含贸易便利化和企业出口技术复杂度的计量经济模型，检验了贸易便利化对企业出口技术复杂度的影响，并考察了贸易便利化影响企业出口技术复杂度的异质性。第四，通过中介效应模型检验贸易便利化影响企业出口技术复杂度的途径。

4.1 贸易便利化对企业出口技术复杂度影响的理论分析

本节主要从理论上阐述贸易便利化影响企业出口技术复杂度的微观机制。不少文献指出贸易成本的变化会对企业技术选择产生影响,而贸易便利化建设可以降低企业贸易成本,进而促使企业技术选择。在 Melitz (2003) 模型的基础上,引入 Yeaple (2005) 的内生技术选择来研究贸易成本的变化对异质性企业技术选择的影响,从而揭示了贸易便利化对企业出口技术复杂度的微观机理。

4.1.1 基本假设

假设世界由两个同质的(对称的)经济体组成,每个经济体由单一的生产部门使用单一生产要素(劳动)向市场提供差异化产品,代表性消费者具有不变替代弹性(CES)的效用函数,对产品 q 的效用函数,即

$$U = \left[\int_0^N q(i)^\rho di\right]^{\frac{1}{\rho}} \tag{4-1}$$

代表性消费者在预算约束式(4-1)下实现效用最大化,即

$$\int_0^N p(i)q(i)di = E \tag{4-2}$$

由此,推导出对差异化产品 i 的需求函数为

$$q(i) = \frac{E}{P}\left[\frac{p(i)}{P}\right]^{-\sigma} \tag{4-3}$$

其中,$\sigma = \frac{1}{(1-\rho)} > 1$,表示两种产品间的替代弹性;$P = \left[\int_0^N p(i)^{1-\sigma} di\right]^{\frac{1}{1-\sigma}}$,表示购买单位产品组合的最小成本。

生产方面假设产品的市场结构为垄断竞争，每个企业只向市场提供一种差异化产品 i，企业可以自由进入行业。借鉴 Yeaple（2005）模型，假设企业可以选择不同的技术向市场提供产品，技术分为两种：高技术 H 和低技术 L。这两种不同的技术反映了不同的边际成本 C 和固定成本 f。具体而言，采用高技术 H 的企业对应的固定成本和边际生产成本分别为 f_H、C_H；而采用低技术 L 的企业对应的固定成本和边际生产成本分别为 f_L、C_L。高技术 H 意味着新技术的资本投入和新技术的一次性付款高，所以固定成本大（$f_H > f_L$），但是高技术 H 可以降低企业的边际生产成本，于是有 $C_H < C_L$。由此可见，企业可以通过选择不同的技术来改变产品的出口技术水平。

与 Melitz（2003）模型类似，企业的异质性体现为生产率的不同，企业的劳动生产率用 φ 来表示。在技术条件不变并且向市场提供相同数量的产品的情况下，生产率更高的企业雇用的劳动力更少，生产率为 φ 的企业采用技术 T(T=H, L) 向市场提供 q 单位的产品的总成本为

$$TC_T(\varphi) = f_T + C_T \left(\frac{q}{\varphi}\right) \tag{4-4}$$

4.1.2 企业利润最大化决策

在不变替代弹性（CES）效用假设下，企业利润最大化时的定价是在边际成本基础上的一个固定加成 $\left(\frac{p}{MC} = \frac{\sigma}{\sigma-1} = \frac{1}{\rho}\right)$；所以，生产率为 φ 的企业若选择技术 T，其向国内市场提供产品的价格为

$$p_d^T(\varphi) = \frac{1}{\rho} \frac{C_T}{\varphi}, T = H, L \tag{4-5}$$

结合式（4-2），企业的销售量、销售收入和利润分别为

$$q_d^T(\varphi) = EP^{\sigma-1}\left(\rho\frac{C_T}{\varphi}\right) \tag{4-6}$$

$$r_d^T(\varphi) = p_d^T(\varphi)q_d^T(\varphi) = E\left(P\rho\frac{\varphi}{C_T}\right)^{\sigma-1} \tag{4-7}$$

$$\pi_d^T(\varphi) = \frac{1}{\sigma}r_d^T(\varphi) - f_T \tag{4-8}$$

假设企业进入国外市场需要承担额外的固定成本 F_X 和"冰山型"贸易成本 $\tau(\tau>1)$，那么企业进入国外市场实现的利润为

$$\pi_X^T(\varphi) = \tau^{1-\sigma}E^*(P^*\rho)^{\sigma-1}\frac{1}{\sigma}C_T^{1-\sigma}(\varphi)^{\sigma-1} - f_T - f_X \tag{4-9}$$

其中，E^* 和 P^* 分别代表国外消费者在差异化产品 q 上的支出总额和总价格指数，根据经济体同质性（或对称性）的假设，可以得到：$E=E^*$ 和 $P=P^*$。

面对两个市场（国内市场和国外市场）和两种技术（高技术 H 与低技术 L），企业有四种选择：第一，采用低技术 L 并且只向国内市场提供产品；第二，采用低技术 L 并且同时向国内和国外两个市场提供产品；第三，采用高技术 H 并且只向国内市场提供产品；第四，采用高技术 H 并且同时向国内和国外两个市场提供产品。参照 Bustos（2005）的做法，上述选项下企业的利润分别为

$$\pi_d^L(\varphi) = \frac{1}{\sigma}E(P\rho)^{\sigma-1}C_L^{1-\sigma}\varphi^{\sigma-1} - f_L \tag{4-10}$$

$$\pi_X^L(\varphi) = \frac{1}{\sigma}[E(P\rho)^{\sigma-1} + \tau^{1-\sigma}E^*(P^*\rho)^{\sigma-1}]C_L^{1-\sigma}\varphi^{\sigma-1} - f_L - f_X \tag{4-11}$$

$$\pi_d^H(\varphi) = \frac{1}{\sigma}E(P\rho)^{\sigma-1}C_H^{1-\sigma}\varphi^{\sigma-1} - f_H \tag{4-12}$$

$$\pi_X^H(\varphi) = \frac{1}{\sigma}[E(P\rho)^{\sigma-1} + \tau^{1-\sigma}E^*(P^*\rho)^{\sigma-1}]C_H^{1-\sigma}\varphi^{\sigma-1} - f_H - f_X \tag{4-13}$$

为了分析利润最大化目标下，企业在每个生产率水平下技术选择决策问题，可以将企业利润函数分解为以下4个部分：

①采用低技术L且只向国内市场提供产品的利润 $\pi_d^L(\varphi)$。

②采用低技术L通过向国外市场提供产品（出口）带来的收入增加额为

$$dr_{dX}^L(\varphi) = \frac{1}{\sigma}\tau^{1-\sigma}E^*(P^*\rho)^{\sigma-1}C_L^{1-\sigma}(\varphi)^{\sigma-1}$$

③企业从低技术L转向高技术H，向国内市场提供产品带来的收入增加额为

$$dr_d^{LH}(\varphi) = \frac{1}{\sigma}E(P\rho)^{\sigma-1}\varphi^{\sigma-1}(C_H^{1-\sigma}-C_L^{1-\sigma})$$

④企业从低技术L转向高技术H，通过向国外市场提供产品（出口）带来的收入增加额为

$$dr_X^{LH}(\varphi) = \frac{1}{\sigma}\tau^{1-\sigma}E^*(P^*\rho)^{\sigma-1}\varphi^{\sigma-1}(C_H^{1-\sigma}-C_L^{1-\sigma})$$

所以，企业的利润函数可以改写为

$$\pi_d^L(\varphi) = \pi_d^L(\varphi)$$

$$\pi_X^L(\varphi) = \pi_d^L(\varphi) + dr_{dX}^L(\varphi) - f_X$$

$$\pi_d^H(\varphi) = \pi_d^L(\varphi) + dr_d^{LH}(\varphi) - (f_H - f_L)$$

$$\pi_X^H(\varphi) = \pi_d^L(\varphi) + dr_{dX}^L(\varphi) + dr_d^{LH}(\varphi) + dr_X^{LH}(\varphi) - f_X - (f_H - f_L)$$

通过上述分析，可以提出以下两个命题。

命题1：如果企业采用低技术L向国外提供产品能够比仅向国内市场提供产品获得更高的利润，那么该企业采用高技术H向国外提供产品也能够比仅向国内市场提供产品获得更高的利润。换句话说，如果企业采用低技术L通过出口能够获得盈利，那么它采用高技术H时也能够获得盈利，即

$$\pi_X^L(\varphi) > \pi_d^L(\varphi) \Rightarrow \pi_X^H(\varphi) > \pi_d^H(\varphi)$$

这是因为：$\pi_X^L(\varphi) > \pi_d^L(\varphi) \Rightarrow dr_{dX}^L(\varphi) - f_X > 0 \Rightarrow$

$$\pi_X^H(\varphi) - \pi_d^H(\varphi) = dr_{dX}^L(\varphi) + dr_d^{LH}(\varphi) - f_X > dr_{dX}^L(\varphi) - f_X > 0$$

因此，$\pi_X^H(\varphi) > \pi_d^H(\varphi)$。

主要原因是采用高技术 H 的企业相对于采用低技术 L 的企业，生产的产品具有更高附加值，在价格方面具有更多的控制权，它可以通过适当地降低价格，向国外市场提供更多产品而获得更多的销售收入。

由于企业向国外市场提供产品需要支付"冰山型"贸易成本 τ 和固定进入成本 f_X，因此只有生产率较高的企业才能承担额外的出口成本，进而从出口销售中获得正利润。对比利润函数 $\pi_X^L(\varphi)$（采用低技术 L 同时向国内和国外两个市场提供产品所获取的利润）和利润函数 $\pi_d^L(\varphi)$（采用低技术 L 仅向国内市场提供产品所获取的利润），便可以得出企业采用低技术 L 通过出口可获得利润的生产率临界值（φ_{dX}^L），即

$$\pi_X^L(\varphi) > \pi_d^L(\varphi) \Rightarrow \varphi > \varphi_{dX}^L = \left[\tau^{1-\sigma} \frac{1}{E^*} (P^* \rho)^{\sigma-1} \sigma C_L^{\sigma-1} f_X \right]^{\frac{1}{\sigma-1}} \quad (4-14)$$

其中，φ_{dX}^L 为采用低技术 L 的企业能够进行出口的最低生产率。采用技术 L 的企业中只有生产率高于 φ_{dX}^L 的企业才能从事出口，而生产率低于 φ_{dX}^L 的企业则只能向国内市场提供其生产的产品。式（4-14）结合命题 1，可知，当生产率（φ）大于 φ_{dX}^L 时，无论采用何种技术，企业都可以通过出口获利。

命题 2：如果企业在出口中采用高技术 H 获取的利润小于其采用低技术 L 获取的利润，那么对该企业仅在国内市场提供产品时同样成立。换句话说，如果企业采用高技术 H 在出口中不能获利，那么该企业采用高技术 H 只在国内市场提供产品也不能获利，即

$$\pi_X^L(\varphi) > \pi_X^H(\varphi) \Rightarrow \pi_d^L(\varphi) > \pi_d^H(\varphi)$$

这是因为：$\pi_X^L(\varphi) > \pi_X^H(\varphi) \Rightarrow dr_d^{LH}(\varphi) + dr_X^{LH}(\varphi) - (f_H - f_L) < 0 \Rightarrow dr_d^{LH}(\varphi) - (f_H - f_L) < 0$，所以，$\pi_d^H(\varphi) - \pi_d^L(\varphi) = dr_d^{LH}(\varphi) - (f_H - f_L) < 0$。

主要原因是企业采用高技术 H 后可以降低其边际成本，如果其仅向国内市场提供产品，那么采用高技术 H 后，只能增加其在国内市场的销售收入，但如果该企业也向国际市场提供产品，那么其在国内和国外市场的销售收入都会增加。所以，如果企业采用高技术 H 后无法保证其从两个市场获取更多的利润，那么更无法保证企业仅通过向国内市场提供产品来获取更多的利润。

采用高技术 H 企业相比采用低技术 L 企业需要支付更高的固定成本（$f_H > f_L$），所以在出口企业中只有生产率较高的企业才能支付额外的技术引入成本，比较企业的利润函数 $\pi_X^H(\varphi)$（采用高技术 H 既在国内市场又在国外市场提供产品所获取的利润）和利润函数 $\pi_X^L(\varphi)$（采用低技术 L 既在国内市场又在国外市场提供产品所获取的利润），便可以求解出采用两种技术对外出口的生产率临界值 $\varphi = \varphi_X^{LH}$，即当 $\varphi = \varphi_X^{LH}$ 时，无论采用何种技术（高技术 H 或低技术 L）对出口企业来说没有差别，因此：

$$\pi_X^H(\varphi) - \pi_X^L(\varphi) = 0 \Rightarrow \varphi_X^{LH} = \left\{ \frac{\sigma(f_H - f_L)}{\left[\tau^{1-\sigma} E^* (P^* \rho)^{\sigma-1} + E(P\rho)^{\sigma-1} \right] (C_H^{1-\sigma} - C_L^{1-\sigma})} \right\}^{\frac{1}{\sigma-1}}$$

(4-15)

φ_X^{LH} 为采用高技术 H 的企业出口的最低生产率，生产率高于 φ_X^{LH} 的出口企业采用技术 H 向市场提供产品，而生产率低于 φ_X^{LH} 的出口企业则只能采用技术 L 向市场提供产品。命题 2 还意味着无论是否出口，生产率低于 φ_X^{LH} 的企业都将采用低技术 L 向市场提供产品，以实现利润最大化，这是因为采用高技术 H 并不能给这种较低生产率水平的企业带来更多的利润。

最后还需求出企业能够生存的临界生产率，即无论采用何种技术，生产率水平较低的企业都不能实现正利润，因而退出该市场。令 φ_d^L 为企业生存和退出的临界生产率，即当 $\varphi = \varphi_d^L$ 时，是否继续向市场提供产品对企业来说是无差异的，因此：

$$\pi_d^L(\varphi) > 0 \Leftrightarrow \varphi > \varphi_d^L = \left[\frac{1}{E}(P\rho)^{\sigma-1}\sigma C_L^{\sigma-1} f_L\right]^{\frac{1}{\sigma-1}} \quad (4-16)$$

当 $\varphi > \varphi_d^L$ 时，企业将继续向市场提供产品，而当 $\varphi < \varphi_d^L$ 时，企业将退出市场。

在利润最大化条件下，异质性企业的出口决策和技术选择需根据自身的生产率来确定。企业出口决策和技术选择的生产率临界值可分两种情形进行讨论：第一种情况，$\varphi_{dx}^L < \varphi_X^{LH}$；第二种情况，$\varphi_{dx}^L > \varphi_X^{LH}$。由于我国属于发展中国家，大多数出口企业的技术水平都不高，主要采用低技术水平 L 向市场提供产品，因此，$\varphi_{dx}^L < \varphi_X^{LH}$ 更符合我国现阶段的国情①。因此，本书只对 $\varphi_{dx}^L < \varphi_X^{LH}$ 的情形进行分析。

当 $\varphi_{dx}^L < \varphi_X^{LH}$ 时，如果 $\varphi_d^L < \varphi < \varphi_{dx}^L$，企业将选择低技术 L 并且仅向国内市场提供产品；如果 $\varphi_{dx}^L < \varphi < \varphi_X^{LH}$，企业将选择低技术 L 并且同时向国内和国外两个市场提供产品；如果 $\varphi_X^{LH} < \varphi < +\infty$，企业将选择高技术 H 并且同时向国内和国外两个市场提供产品。

显然，当 $\varphi_{dx}^L < \varphi_X^{LH}$ 时，并不存在采用高技术 H 并仅向国内市场提供产品的企业，换句话说，选择高技术 H 的企业会同时向国内和国外市场提供产品。

---

① $\varphi_{dx}^L > \varphi_X^{LH}$ 意味着所有的企业均采用高技术 H 进行生产。

4.1.3 贸易便利化的企业技术选择效应

前文的分析表明企业从低技术 L 转向高技术 H（技术选择）可以提高企业生产率（企业出口技术复杂度），那么，贸易便利化对企业技术选择有何影响呢？前文的分析同时表明贸易成本的下降有两种类型：一是"冰山型"贸易成本 τ 的变化；二是采用高技术 H 的引入成本 f_H 的下降。根据式（4-15）对 φ_X^{LH} 分别求关于 τ 和 f_H 的偏导数，可以得到：

$$\frac{\partial \varphi_X^{LH}}{\partial \tau} = \left[\frac{\sigma(f_H-f_L)}{C_H^{1-\sigma}-C_L^{1-\sigma}}\right]^{\frac{1}{\sigma-1}} \left\{\left[\tau^{1-\sigma}E^*(P^*\rho)^{\sigma-1}+E(P\rho)^{\sigma-1}\right]^{\frac{\sigma}{\sigma-1}}\tau^{-\sigma}E^*(P^*\rho)^{\sigma-1}\right\}$$

(4-17)

$$\frac{\partial \varphi_X^{LH}}{\partial F_H} = \frac{[\sigma/(1-\sigma)][\sigma(f_H-f_L)]^{\frac{\sigma}{(1-\sigma)}}}{\{(C_H^{1-\sigma}-C_L^{1-\sigma})[\tau^{1-\sigma}E^*(P^*\rho)^{\sigma-1}+E(P\rho)^{\sigma-1}]\}^{\frac{\sigma}{(1-\sigma)}}}$$ (4-18)

由于采用高技术 H 比采用低技术 L 的固定成本高，即 $f_H>f_L$，此外 $C_H<C_L$（采用高技术 H 比采用低技术 L 的边际成本低），且由于 $\sigma=\frac{1}{(1-\rho)}$ 可以得到：$1-\sigma>0$，因此，$C_H^{1-\sigma}-C_L^{1-\sigma}>0$。所以，在其他变量取值都大于零时，$\frac{\partial \varphi_X^{LH}}{\partial \tau}>0$，$\frac{\partial \varphi_X^{LH}}{\partial F_H}>0$。

由此可见，"冰山型"贸易成本 τ 的下降或高技术 H 的引入成本 f_H 的下降，都将降低出口企业采用高技术 H 向市场提供产品的生产率临界值 φ_X^{LH}，也就是说，τ 的下降或高技术 H 的引入成本下降，会导致更多的出口企业选择高技术 H 进而促进企业的技术进步，因而可以提高企业出口技术复杂度。而贸易便利化不仅能够降低"冰山型"贸易成本（盛丹等，2011；Hummels，2007），而且能够导致高技术 H 的引入成本 f_H 降低，这是因为先进技术一般由发达国家首先研发出来，贸易便利化可以促使发展中国家的企业通过进口溢出效应和出口学习效应提高其技术（李波和杨先明，2018），从而导致引入高技术 H 企业的成本降低。

此外，根据式（4-16）对 φ_{dX}^L 求关于 τ 的偏导数，可以得到：

$$\frac{\partial \varphi_{dX}^L}{\partial \tau} = \left[\frac{1}{E^*}(P^*\rho)^{\sigma-1}\sigma C_L^{\sigma-1}f_x\right]^{\frac{1}{\sigma-1}} > 0 \qquad (4-19)$$

由于各变量取值都大于零，因此有 $\frac{\partial \varphi_{dX}^L}{\partial \tau} > 0$，这表明"冰山型"贸易成本 τ 的下降将降低企业向国外市场提供产品的生产率临界值 φ_{dX}^L，也就是说，随着贸易便利化水平的提高，"冰山型"贸易成本 τ 的下降将导致更多的企业进入国际市场。

一方面，由企业的利润函数 $\pi_X^T(\varphi) = \frac{1}{\sigma}[E(P\rho)^{\sigma-1} + \tau^{1-\sigma}E^*(P^*\rho)^{\sigma-1}]C_H^{1-\sigma}(\varphi)^{\sigma-1} - f_T - f_X(T=H,L)$ 可知，"冰山型"贸易成本 τ 的降低，将提高企业向国外提供产品的销售收入，将有更多的企业通过出口实现更多的利润，更多的企业可以支付采用高技术 H 的固定成本而获取利润，而利润的增加也会促进企业进一步研发，从而进一步提高企业出口技术复杂度。另一方面，随着进入出口市场企业数量的增加，企业在国际市场上的竞争程度更激烈，提高出口技术复杂度成为企业继续生存的理性选择之一。

通过以上分析可以发现：一方面，贸易便利化的提升将导致贸易成本的下降，会有更多的企业选择高技术 H 进行生产（技术选择效应），从而提升企业出口技术复杂度；另一方面，贸易成本的降低会提高企业出口利润，激励企业加大研发投入力度，从而进一步促进企业出口技术复杂度的提升。由此可见，贸易成本节约效应和研发投入提升效应是贸易便利化提升企业出口技术复杂度的主要路径。

4.2 企业出口技术复杂度的测算及特征事实

4.2.1 企业出口技术复杂度测算方法

出口技术复杂度最早由 Michaely（1984）提出。它不仅反映了一国商品出口的结构，也反映了一国国际分工的地位，因此逐渐成为国际经贸领域研究的热点之一。目前，国内外学者在计算出口技术复杂度时大多数采用了 Hausmann 等（2007）的做法。

首先，计算某产品 k 的技术复杂度，记为 $PRODY_k$。

$$PRODY_k = \sum_c \frac{(x_{ck} \div X_c)}{\sum_c (x_{ck} \div X_c)} \times pcgdp_c \qquad (4-20)$$

其中，k 为一种 HS6 位码产品，c 为一个国家，x_{ck} 为 c 国产品 k 的出口额，X_c 为 c 国的出口总额。x_{ck}/X_c 为 c 国产品 k 的出口额占该国出口总额的比重，$pcgdp_c$ 为 c 国的人均 GDP。实际上，权重 $\frac{(x_{ck} \div X_c)}{\sum_c (x_{ck} \div X_c)}$ 代表 c 国在产品 k 出口方面的显示性比较优势。

在式（4-20）的基础上，可进一步测算企业层面的出口技术复杂度。具体的计算公式为

$$ESI_i^{non} = \sum_k \left(\frac{x_{ik}}{X_i}\right) \times PRODY_k \qquad (4-21)$$

其中，x_{ik} 为企业 i 在产品 k 上的出口额，X_i 为企业 i 的总出口额，相应地 $\frac{x_{ik}}{X_i}$ 为企业 i 产品 k 的出口占企业 i 总出口的比重。

尽管 Hausmann 等（2007）的方法得到了广泛应用，但是该方法没

有考虑出口产品在质量方面可能存在的差异性（Xu，2010）。即使在较为细化的 HS6 位码产品分类内，出口产品的质量仍有可能存在较大的差异，如果一国所出口的商品是 HS6 位码中质量相对较低的产品，Hausmann 等（2007）的方法可能会高估一国整体出口技术复杂度的水平。因此，本书借鉴 Xu（2010）的方法，在计算产品技术复杂度时根据质量不同进行了相应的调整。首先，采用产品的单位价值来衡量该产品的质量水平：

$$q_{ck} = \frac{price_{ck}}{\sum_{c}(u_{ck} \times price_{ck})} \quad (4-22)$$

其中，$price_{ck}$ 为 c 国产品 k 的出口价格，u_{ck} 为 c 国产品 k 的出口占世界上产品 k 总出口的比重，即 $u_{ck} = \frac{x_{ck}}{\sum_{c} x_{ck}}$。

因此，q_{ck} 衡量了 c 国产品 k 出口的相对价格，若该指数（q_{ck}）越大，则表明出口产品的质量越高。利用相对价格指数对产品技术复杂度水平进行调整，得到经质量调整的产品技术复杂度：$Adj\_PRODY_k = (q_{ck})^{\lambda} PRODY_k$，沿袭 Xu（2010）、盛斌和毛其淋（2017）的做法，将 λ 设定为 0.2。在此基础上可进一步测算经质量调整后的企业层面出口技术复杂度：

$$Adj\_ESI_i = \sum_{k}\left(\frac{x_{ik}}{X_i}\right) \times Adj\_PRODY_k \quad (4-23)$$

在企业出口技术复杂度的测算过程中，主要涉及两组高等细分的产品层面贸易数据。一组是 2001—2012 年世界 HS6 位码产品的出口数据，来自 CEPII 的 BACI 数据库；另一组来自中国海关贸易数据库。此外，国家（或地区）的人均实际 GDP 数据来自世界银行 WDI 数据库。

4.2.2 企业出口技术复杂度特征事实

根据式（4-23），对 2001—2012 年企业出口技术复杂度进行了测算，测算结果如图 4-1 所示。

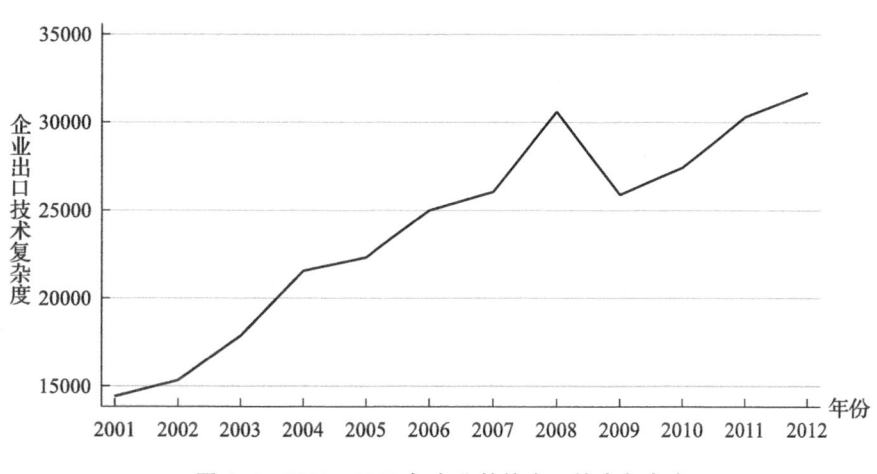

图 4-1　2001—2012 年企业整体出口技术复杂度

由图 4-1 可以看出：2001—2012 年我国企业出口技术复杂度总体呈现不断增长的趋势，由 2001 年 14405.79 上升为 2012 为 31680.27，增长了约 1.199 倍，年均增速为 7.427%，增长速度比较快。虽然整体呈现上升趋势，但企业出口技术复杂度在 2008 年前后呈现一定的差别。2001—2008 年，企业出口技术复杂度一直都保持增长态势，而且增长速度相对较快。2008—2009 年企业出口技术复杂度出现了明显的下降。这是由于 2008 年金融危机影响对全球经济造成了严重的影响，经济下行压力大，世界市场需求减弱，导致我国企业整体出口减缓，部分企业资金流动性紧张，在产品技术升级方面投入的资金有所减少。一方面，2009 年后经济逐步复苏，我国加快推进经济发展转型，更加重视自主创新的重要性，鼓励从根本上提高产品出口竞争力；另一方面，我国不断推进贸易便利化建设，不断优化营商环境。在这一背景下，企业会投入更多的资金用于产品升级，有助于提高出口技术复杂度，但增速有所下降。

借鉴黄先海等（2018）的方法，按照企业资本密集度的不同，将企业分为资本密集型企业和劳动密集型企业。图 4-2 显示了 2001—2012 年不同行业的企业出口技术复杂度。尽管样本期内资本密集型企业和劳动密集型企业出口技术复杂度都呈现出不断上升的趋势，变化的节奏也近乎同步，但资本密集型企业的出口技术复杂度明显高于劳动密集型企业。

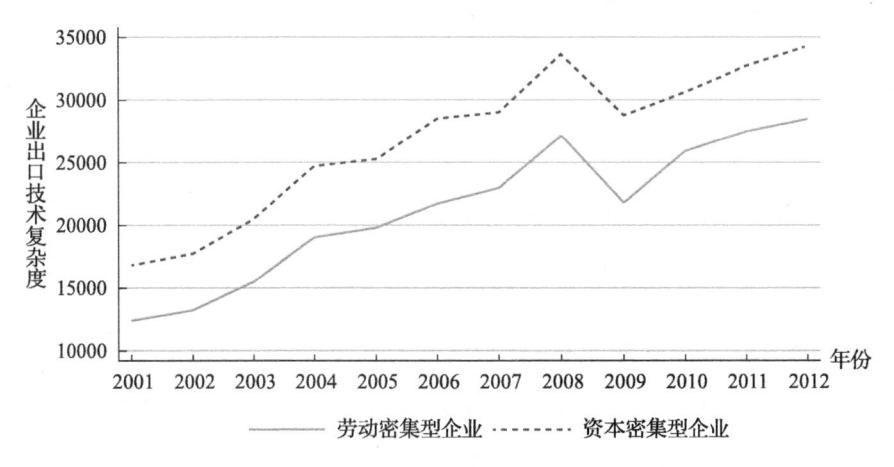

图 4-2　2001—2012 年不同行业的企业出口技术复杂度

按照企业所在地，将企业划分为东部、中部和西部地区企业，图 4-3 展示了 2001—2012 年不同地区的企业出口技术复杂度。总体来看，西部地区的企业出口技术复杂度最高，其次是中部地区，东部地区的企业出口技术复杂度反而最低。这或许是因为 2001—2012 年，我国对外贸易主要以加工贸易为主，而且主要集中在东部沿海地区，以 2012 年为例，中西部地区加工贸易进出口仅占全国加工贸易进出口的 8.6%[①]。西部地区主要以一般贸易为主，出口资源密集型产品，因此西部地区的企业出口技术复杂度反而更高。

---

① 根据《中国统计年鉴》计算得出。

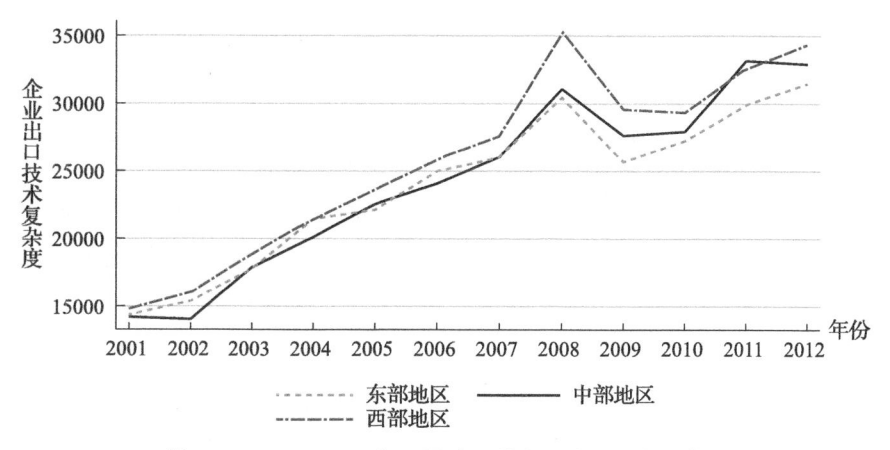

图 4-3　2001—2012 年不同地区的企业出口技术复杂度

按照企业所有制不同,将企业分为内资企业和外资企业,图 4-4 展示了 2001—2012 年内资企业和外资企业的出口技术复杂度。总体来看,内资企业的出口技术复杂度要高于外资企业出口技术复杂度。这仍然与加工贸易有关。样本期内,外资企业在我国投资设厂,也主要是利用我国的劳动力优势进行加工贸易。由图 4-4 可以看出,2008 年国际经济危机对外资企业的冲击更大,这从某种程度上也反映出外资企业主要以加工贸易为主,产品的技术水平并不高。

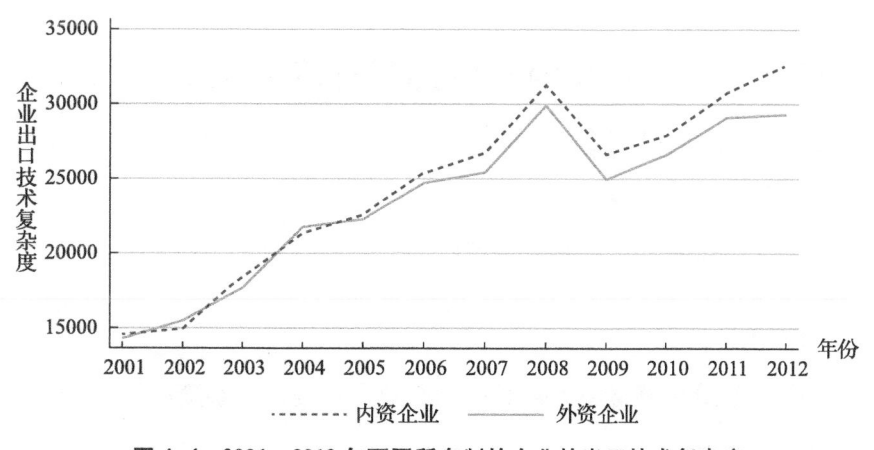

图 4-4　2001—2012 年不同所有制的企业的出口技术复杂度

按照企业规模，将企业分为大企业和小企业，图4-5展示了2001—2012年不同规模企业的出口技术复杂度。总体来看，小企业的出口技术复杂度明显高于大企业的出口技术复杂度，并且2008年后，两者之间的差距似乎更大。这或许是因为小企业管理效率更高，企业将会投入更多资金用于产品升级，有助于提升出口技术复杂度；而且企业规模越大在转型方面可能存在一定困难（余娟娟和余东升，2018）。

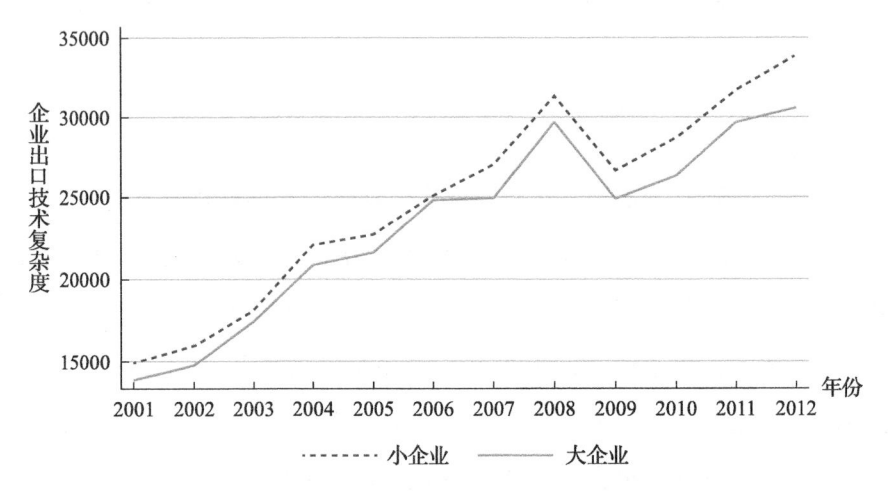

图4-5 2001—2012年不同规模企业的出口技术复杂度

4.3 贸易便利化对企业出口技术复杂度影响的实证分析

4.3.1 模型设定与数据说明

（1）模型设定

为了实证分析贸易便利化对中国企业出口技术复杂度的影响，构建了以下计量模型：

$$Y_{it}=\alpha_0+\alpha_1\ln TFI_{it}+\beta X_{it}+\gamma_i+\gamma_t+\varepsilon_{it} \qquad (4-24)$$

其中，i 为企业，t 为年份，Y_{it} 为被解释变量（企业出口技术复杂度），TFI_{it} 为企业所在省份的贸易便利化，X_{it} 为企业层面的控制变量，γ_i 为企业效应，γ_t 为时间效应，ε_{it} 为误差项。各变量的具体说明如下。

第一，被解释变量。本章的被解释变量（Y_{it}）为企业出口技术复杂度（Adj_ESI_{it}），借鉴盛斌和毛其淋（2017）的做法，采用经过质量调整的产品技术复杂度来计算企业层面的出口技术复杂度，具体计算方法见4.2 节，在实证过程中进行了对数处理。

第二，核心解释变量。模型中的核心解释变量是贸易便利化（lnTFI）。借鉴 Wilson（2003，2005）的做法，从海关效率、法制环境、电子商务应用和交通基础设施 4 个方面来构建贸易便利化指标体系；测算出各个省在贸易便利化相关领域的得分，在此基础上将所有变量标准化再取简单平均值得到各省贸易便利化综合得分。具体计算方法见第 2 章。

第三，控制变量。本章选取的控制变量包括：企业生产率（lntfp），采用企业工业总产值与企业雇用职工总人数的比值来衡量，在回归模型中进行取对数处理。企业规模（lnscale），采用企业雇用职工总数的对数来表示用以控制规模效应；企业年龄（lnage），采用当年年份减去企业成立年份衡量，在回归模型中进行加 1 并取对数处理，企业资本密集度（lncapital），采用企业年固定资产与职工总数的比值来衡量，在回归模型中进行取对数处理，在回归模型中进行取对数处理。企业融资约束（finance），借鉴李小平等（2021）的做法，使用利息支出与资产总额之比来度量；利息支出占资产总额之比越高，说明企业获得外部资金的能力越强，意味着企业融资约束越小，企业获得资金的能力越强，有助于投入研发创新等活动，优化产品技术含量；反之，则说明企业融资约束越大。行业集中度（HHI），参考盛斌和毛其淋（2017）的做法，使用赫芬达尔指数来度量行业集中度。该指数越大,说明市场集中程度越高,越趋于垄断。如果行业集中度很高,可能会导致行业内部出现过度拥挤,从而产生生产要素价格上升等一系列问题,增加企业研发创新成本。赫芬达尔指标计算公式为 $HHI_{ijt} = \sum_i \left(\frac{sale_{it}}{sale_{jt}}\right)^2 = \sum_i S_{it}^2$;其中,$sale_{it}$ 为企业 i 在 t 年的销售额,$sale_{jt}$ 为企业 i 所在的行业 j 在 t 年的总销售额,S_{it} 为企业 i 在 t 年的市场占有率。

(2) 数据说明

本章使用的数据主要来源于中国工业企业数据库、中国海关贸易数据库,样本期限为 2001—2012 年。具体说明如下:①企业层面的出口技术复杂度计算数据主要来源于 CEPII 的 BACI 数据库、世界银行 WDI 数据库、中国海关贸易数据库和中国工业企业数据库;②省级贸易便利化计算的原始数据主要来自《中国统计年鉴》《中国口岸年鉴》等;③企业层面的控制变量数据来源于中国工业企业数据库。借鉴 Feenstra 等(2014)的方法,对中国工业企业数据进行了清洗,剔除了企业名称缺失、从业人数小于 8 人、成立时间无效、固定资产合计大于资产总计、本年折旧大于累计折旧及关键变量存在缺失的企业样本。中国海关数据库和中国工业企业数据库合并匹配时采取了以下做法:第一,将企业名称和年份相同的企业进行合并;第二,将邮政编码相同且电话号码后 7 位相同的企业进行合并。

4.3.2 基准回归结果分析

表 4-1 显示了基准回归的结果,列(1)中未加入其他控制变量,仅控制了企业的固定效应、年份的固定效应和行业的固定效应,贸易便利化系数为 1.952 且通过了显著性检验,这表明贸易便利化水平每上升 1 个

单位，出口技术复杂度将增加 1.952 个单位。列（2）和列（3）是在列（1）的基础上逐步加入企业层面和行业层面的控制变量，回归结果显示显著性水平和回归系数均未出现较大异动，估计结果较为稳健。也就是说，无论是否加入了其他控制变量，贸易便利化与企业出口技术复杂度之间的估计系数均在 1% 的水平上显著为正，这初步说明贸易便利化水平的提高会提升企业出口技术复杂度，与理论分析保持一致。

表 4-1 基准回归结果

变量	出口技术复杂度		
	（1）	（2）	（3）
lnTFI	1.952***	1.300**	1.291***
	(0.026)	(0.025)	(0.052)
lntfp		0.050***	0.050***
		(0.001)	(0.001)
lnsize		−0.036***	−0.036***
		(0.002)	(0.002)
lnage		0.212***	0.211***
		(0.002)	(0.002)
lncapital		0.015**	0.014**
		(0.001)	(0.001)
finance		0.000***	0.000***
		(0.000)	(0.000)
HHI			−0.501***
			(0.054)
常数项	8.603***	7.919***	7.931***
	(0.040)	(0.041)	(0.041)
企业固定效应	Yes	Yes	Yes
年份固定效应	Yes	Yes	Yes

续表

变量	出口技术复杂度		
	(1)	(2)	(3)
行业固定效应	Yes	Yes	Yes
R^2	0.0413	0.0372	0.1291
N	415355	407545	407545

注：括号内为标准误，*、**、***分别表示在10%、5%和1%的水平上显著，各模型均采用聚类到企业层面的标准误进行回归。

从控制变量的结果来看，企业生产率（lntfp）与企业出口技术复杂度呈正相关关系，这表明企业的劳动生产率越高，在提高产品技术含量方面的能力就越大。企业规模（lnsize）对企业出口技术复杂度产生了显著的负向影响，这可能是因为随着生产规模的日益扩张，企业面临的生产设备更新及转型升级等问题相对小企业来说更加棘手而造成的。企业年龄（lnage）的回归系数显著为正，说明企业的年龄越长，在提高产品技术含量方面的能力也就越强，这或许是因为企业生存年数越长，在改进产品上更有经验。企业资本密集度（lncapital）的回归系数也显著为正，表明企业资本密集度越高，企业出口技术复杂度越高。企业的融资约束（finance）的回归系数为正，企业融资约束越小，获取资金的能力也就越强，有利于增加更多研发投入以促进企业创新，提升产品出口技术复杂度。行业集中度（HHI）的回归系数为负，说明行业集中程度越高，在一定程度上会抑制企业提升出口技术含量，这与盛斌和毛其淋（2017）的研究一致，集中程度越高意味着行业内垄断程度高，企业面对的竞争压力小，产品升级的动力不足，不利于产品升级。

4.3.3 内生性与稳健性检验

(1) 内生性检验

前文虽然得出贸易便利化会对企业出口技术复杂度产生积极的影响，但并不能排除企业出口技术复杂度也会对贸易便利化产生一定的影响，即出现由反向因果关系导致的内生性问题。这种反向因果关系主要体现在：随着企业出口技术复杂度的提高，企业在出口过程中有机会获得更多的贸易利得，对当地经济发展的贡献度就越大，政府可能会为了促进企业出口而更加重视在交通基础设施、通关效率等方面的建设，积极推进贸易便利化建设。另外，可能出现的遗漏变量也会导致内生性问题。

为了有效地处理内生性问题，本章采用工具变量法进行回归分析。一方面，借鉴杨逢珉和程凯（2019）的研究，分别采用了贸易便利化滞后一期和滞后二期作为工具变量进行二阶段最小二乘法回归；另一方面，参考崔鑫生等（2019）的做法选取各省开埠通商历史作为工具变量进行回归。开埠通商历史满足了成为有效工具变量的两个条件：第一是外生性，即开埠通商历史与残差项无关，各省的开埠时间均发生在1949年以前，属于历史数据，不受其他因素的影响；第二是与解释变量高度相关，即与贸易便利化水平高度相关，开埠通商时间越早，与外国接触的时间就越久，地区贸易便利化水平也就越高。内生性回归结果如表4-2所示，工具变量的F值都大于10，排除了弱工具变量问题，说明工具变量选择是有效的；贸易便利化的回归系数均为正且通过了1%的显著性检验，这一结果表明，在有效控制可能存在的内生性情况下，贸易便利化水平的提高显著地提高了中国企业出口技术复杂度，这与前文的基准回归结果保持一致，研究结论可靠性进一步得到了证明。

表 4-2　工具变量法的回归结果

变量	(1) 滞后一期	(2) 滞后二期	(3) 开埠通商历史
lnTFI	1.780***	2.817**	9.421***
	(0.034)	(0.044)	(0.062)
lntfp	0.046***	0.032***	0.000
	(0.001)	(0.001)	(0.000)
lnsize	-0.018***	-0.001	-0.030***
	(0.001)	(0.002)	(0.002)
lnage	0.209***	0.174***	0.118***
	(0.002)	(0.002)	(0.002)
lncapital	0.004**	0.000	0.008**
	(0.001)	(0.002)	(0.001)
finance	0.000***	0.000***	0.000
	(0.000)	(0.000)	(0.000)
HHI	-0.287***	-0.174***	0.033
	(0.044)	(0.047)	(0.044)
企业固定效应	Yes	Yes	Yes
年份固定效应	Yes	Yes	Yes
行业固定效应	Yes	Yes	Yes
R^2	0.0942	0.0372	0.1291
工具变量 F 值	140000	89000	49000
N	253568	191003	382231

注：括号内为标准误，*、**、***分别表示在 10%、5% 和 1% 的水平上显著，各模型均采用聚类到企业层面的标准误进行回归。

(2) 稳健性检验

考虑到基准回归结果可能存在指标选取等问题造成回归结果不稳定，因此，有必要对回归结果的稳健性进行分析。

第一，改变企业出口技术复杂度的测度方法。

一方面，采用了传统的未经质量调整的产品技术复杂度测算方法［具体方法见式（4-21）］重新测度了企业层面的出口技术复杂度（ESI_{it}），并进行稳健性检验，回归结果如表4-3列（1）所示。由表4-3的列（1）可知，贸易便利化对企业出口技术复杂度起到了积极的促进作用。

另一方面，借鉴周茂等（2018）的方法，将产品层面的出口技术复杂度固定在样本期的前一年，具体公式为 $ESI2_{it} = \sum_{k}\left(\dfrac{x_{ikt}}{X_{it}}\right) \times PRODY_{k,2000}$，其中 $PRODY_{k,2000}$ 表示2000年产品k的出口技术复杂度。将产品出口技术复杂度固定在2000年，主要有两点原因：一是从理论上看，企业出口技术复杂度变化可能是由出口产品本身的技术复杂度自然变化和企业出口产品结构调整共同导致的，假定前者是由产品的全球化生产结构的外生性决定的，那么后者企业出口产业结构调整则会受到贸易便利化的内生性影响，将产品本身的出口技术复杂度固定在2000年，就可以识别出企业内出口产品结构的调整，这样才能进一步识别出贸易便利化的效应；二是由于本节考察的样本期是2001—2012年，将产品的出口技术复杂度固定在样本期的前一年可以尽可能避免与样本期出口产品结构变化产生干扰。回归结果见表4-3的列（2）。由表4-3的列（2）可知，贸易便利化对企业出口技术复杂度起到了积极的促进作用。由此可见，本章的研究结论较为稳健，并未因企业出口技术复杂度的测度方法不同而发生较大的改变。

第二，改变贸易便利化的测度方法。

为避免贸易便利化测算方法不同而产生的干扰，本节还采用主成分分析法和加权法重新对贸易便利化进行了测度并再次进行回归，回归结果如表4-3的列（3）和列（4）所示。列（3）是主成分分析法的回归结果，结果显示贸易便利化对企业出口技术复杂度有显著的正向作用。列（4）是加权法的回归结果,结果也显示贸易便利化对企业出口技术复杂度仍然有显著的正向作用。由此可见,两者之间的正向显著关系并不随解释变量(贸易便利化)测算方法的改变而变化,这证明了基准结果的稳健性。

表4-3 稳健性检验——替换变量

变量	改变企业出口技术复杂度的测度方法		改变贸易便利化的测度方法	
	(1)	(2)	(3)	(4)
lnTFI	1.343***	0.096***	1.274***	1.511***
	(0.042)	(0.039)	(0.027)	(0.028)
lntfp	0.025***	-0.020***	0.052***	0.050***
	(0.002)	(0.002)	(0.001)	(0.001)
lnsize	-0.012***	-0.019***	-0.037***	-0.036***
	(0.003)	(0.003)	(0.002)	(0.002)
lnage	0.136***	-0.069***	0.217***	0.212***
	(0.003)	(0.003)	(0.002)	(0.002)
lncapital	0.010**	-0.002	0.016**	0.016**
	(0.003)	(0.002)	(0.001)	(0.001)
finance	0.000***	0.000***	0.000***	0.000***
	(0.000)	(0.000)	(0.000)	(0.000)
HHI	-0.104***	-0.521***	-0.514***	-0.518***
	(0.101)	(0.089)	(0.054)	(0.054)
常数项	8.709***	1.360***	7.942***	7.877***
	(0.076)	(0.070)	(0.041)	(0.041)
企业固定效应	Yes	Yes	Yes	Yes
年份固定效应	Yes	Yes	Yes	Yes
行业固定效应	Yes	Yes	Yes	Yes
R^2	0.0241	0.0173	0.1271	0.1305
N	407545	407545	407545	407545

注:括号内为标准误,*、**、***分别表示在10%、5%和1%的水平上显著,各模型均采用聚类到企业层面的标准误进行回归。

第三，贸易便利化的分项指标。

采用贸易便利化的4个分项指标：海关效率、法制环境、电子商务应用、交通基础设施分别进行了回归，回归结果如表4-4列（1）至列（4）所示，除电子商务应用估计系数为负并未通过显著性检验外，其他均显著为正，这再次证明本书估计结果具有一定的稳健性。从分项指标的影响来看，海关效率对企业出口技术复杂度影响最大，估计系数为1.409，交通基础设施的估计系数为0.539，法制环境的估计系数为0.338，电子商务应用的估计系数未能通过显著性估计，这可能是因为在样本期（2001—2012年），电子商务应用的发展还并不十分成熟，电子报关也刚刚起步，因此电子商务应用对企业出口技术复杂度并没有显著的影响。

表4-4 稳健性检验——贸易便利化分项指标

变量	（1）海关效率	（2）法制环境	（3）电子商务应用	（4）交通基础设施
lnTFI	1.409***	0.338**	-0.446	0.539***
	(0.034)	(0.008)	(0.037)	(0.011)
lntfp	0.055***	0.052***	0.051***	0.048***
	(0.001)	(0.001)	(0.001)	(0.001)
lnsize	-0.044***	-0.039***	-0.045***	-0.040***
	(0.002)	(0.002)	(0.002)	(0.002)
lnage	0.216***	0.217***	0.211***	0.201***
	(0.002)	(0.002)	(0.002)	(0.002)
lncapital	0.014**	0.018**	0.018**	0.013**
	(0.001)	(0.001)	(0.001)	(0.001)
finance	0.000***	0.000***	0.000***	0.000***
	(0.000)	(0.000)	(0.000)	(0.000)

续表

变量	(1) 海关效率	(2) 法制环境	(3) 电子商务应用	(4) 交通基础设施
HHI	−0.581***	−0.565***	−0.656***	−0.565***
	(0.055)	(0.055)	(0.055)	(0.054)
常数项	8.002***	8.300***	8.716***	8.716***
	(0.041)	(0.040)	(0.041)	(0.041)
企业固定效应	Yes	Yes	Yes	Yes
年份固定效应	Yes	Yes	Yes	Yes
行业固定效应	Yes	Yes	Yes	Yes
R^2	0.1243	0.1226	0.1179	0.1263
样本量	407545	407545	407545	407545

注：括号内为标准误，*、**、***分别表示在10%、5%和1%的水平上显著，各模型均采用聚类到企业层面的标准误进行回归。

4.3.4 异质性分析

考虑到贸易便利化对不同企业出口技术复杂度的影响可能存在一定的异质性，本章进一步进行了异质性分析。

(1) 基于贸易方式的异质性检验

将样本按照贸易方式的不同划分为加工贸易企业和一般贸易企业，进行分组回归，估计结果列于表4-5的列（1）和列（2）。从估计结果来看，贸易便利化系数都显著为正，表明无论是加工贸易企业还是一般贸易企业，贸易便利化的建设都促进了企业出口技术复杂度的提升。从贸易便利化的系数来看，一般贸易企业为1.532，加工贸易企业为1.022，这说明相对于加工贸易企业，贸易便利化水平对一般贸易企业出口技术复杂度的提升作用更强。可能的原因在于：第一，加工贸易具有"两头在外"的特点,我国从事加工贸易的企业最早在选址时会更倾向于选择交通基础设施完善、通关便捷、享有国家优惠政策的沿海地区,而这些地区的便利化水平本身已经较高,企业面临的出口成本相对较小,贸易便利化对其出口成本的削减程度也有限,因此贸易便利化水平对其影响相对较小;第二,与加工贸易企业相比,一般贸易企业往往获得的利润较高,当贸易便利化水平提高时,一般贸易企业的出口负担得到减轻,出口效率得到提升,这更有利于企业获得更多资金投入产品优化升级。

(2) 基于企业所处地区的异质性检验

我国区域经济发展不平衡,不同区域的贸易便利化水平也存在差异,为了考察不同区域的贸易便利化水平对企业出口技术复杂度的影响,本章将东部和中西部地区的贸易便利化水平对企业出口技术复杂度的影响进行了对比分析,估计结果列于表4-5的列(3)和列(4)。从估计结果来看,贸易便利化的系数都显著为正,表明无论是东部地区企业还是中西部地区企业,贸易便利化的建设都促进了企业出口技术复杂度的提升。从贸易便利化的系数来看,东部地区为1.248,中西部地区为1.752,反映出相对于东部地区企业,贸易便利化水平对中西部地区企业出口技术复杂度的促进效果更强。究其原因,可能是由于东部地区本身拥有便捷的交通网络、开放的市场,贸易便利化建设对其出口贸易成本的影响相对有限;而中西部地区受地理位置和交通等因素影响,出口贸易成本相对较高,而贸易便利化建设在一定程度上能够缓解其地理位置的先天不足,使得企业出口负担得到减轻,出口效率得到提升,因此更有利于中西部企业获得更多资金以投入产品优化升级中。

表 4-5　区分贸易方式和企业所处区域的异质性检验结果

变量	贸易方式 一般贸易企业 (1)	贸易方式 加工贸易企业 (2)	企业所在区域 东部地区 (3)	企业所在区域 中西部地区 (4)
lnTFI	1.532***	1.022**	1.248***	1.752***
	(0.029)	(0.057)	(0.026)	(0.099)
lntfp	0.053***	0.030***	0.048***	0.070***
	(0.001)	(0.003)	(0.001)	(0.005)
lnsize	-0.051***	-0.008*	-0.035***	0.037***
	(0.002)	(0.004)	(0.002)	(0.007)
lnage	0.179***	0.217***	0.223***	0.112***
	(0.003)	(0.002)	(0.002)	(0.008)
lncapital	0.024**	-0.004	0.013**	0.017**
	(0.002)	(0.003)	(0.001)	(0.006)
finance	0.000***	-0.000	0.000	0.000***
	(0.000)	(0.000)	(0.000)	(0.000)
HHI	-0.468***	-0.632***	-0.504***	-0.438***
	(0.063)	(0.118)	(0.058)	(0.137)
常数项	7.765***	8.160***	7.914***	8.281***
	(0.047)	(0.086)	(0.045)	(0.095)
企业固定效应	Yes	Yes	Yes	Yes
年份固定效应	Yes	Yes	Yes	Yes
行业固定效应	Yes	Yes	Yes	Yes
R^2	0.1271	0.1441	0.1179	0.0861
样本量	298314	109131	370050	37495

注：括号内为标准误，*、**、***分别表示在10%、5%和1%的水平上显著，各模型均采用聚类到企业层面的标准误进行回归。

(3) 基于企业所有制的异质性检验

企业所有制不同受到贸易便利化的影响也可能产生不同。按照企业所有制属性，将企业分为内资企业和外资企业进行分组回归，回归结果见表4-6的列（1）和列（2）。回归结果显示，贸易便利化的系数显著为正，表明贸易便利化对企业出口技术复杂度的影响并未因所有制的变化而变化。从贸易便利化的系数来看，内资企业为1.953，外资企业为0.713，表明贸易便利化对内资企业出口技术复杂度的提升大于外资企业。在样本期内（2001—2012年），外资企业在中国进行投资主要是利用中国的劳动力成本；另外，外资企业在东道国能够享受税收、土地等政策优惠待遇，本身已获得较多的便利，因此受到贸易便利化水平的影响相对较弱；然而，内资企业，特别是民营企业资金自筹、自负盈亏、风险自担，面临着较为严峻的融资问题，制约了企业获得资金进行自主研发和创新活动，而出口对缓解企业尤其是民营企业融资约束具有重要作用，贸易便利化水平提高减少了出口成本，在一定程度上推动了企业出口，有助于提高出口技术复杂度。

(4) 基于企业要素密集度的异质性检验

根据企业要素密集度的差异，将企业分为资本密集型和劳动密集型探讨企业密集度差异性是否会影响贸易便利化与企业出口技术复杂度的关系，回归结果如表4-6的列（3）和列（4）所示。从估计结果来看，贸易便利化系数都显著为正，表明无论是资本密集型企业还是劳动密集型企业，贸易便利化的建设都促进了企业出口技术复杂度的提升。从贸易便利化系数的大小来看，资本密集型企业为1.089，劳动密集型企业为1.405，反映出相对于资本密集型企业，贸易便利化水平对劳动密集型企业出口技术复杂度的促进效果更强。这或许是因为资本密集型企业技术水平相对较高，企业利润相对也较高，因此对贸易便利化的敏感性相对较低；而劳动密集型企业往往是薄利多销，企业利润相对较低，贸易便利化带来的贸易成本的下降会更多地促进劳动密集型企业选择高技术或者进行研究与开发，从而提升产品技术复杂度。

表4-6 企业所有制、要素密集度的异质性回归结果

变量	所有制 内资企业 (1)	所有制 外资企业 (2)	要素密集度 资本密集型 (3)	要素密集度 劳动密集型 (4)
lnTFI	1.953***	0.713**	1.089***	1.405***
	(0.039)	(0.033)	(0.038)	(0.036)
lntfp	0.052***	0.032***	0.045***	0.058***
	(0.002)	(0.002)	(0.002)	(0.002)
lnsize	-0.051***	-0.016*	-0.050***	0.033***
	(0.003)	(0.002)	(0.003)	(0.003)
lnage	0.079***	0.342***	0.205***	0.221***
	(0.003)	(0.003)	(0.004)	(0.003)
lncapital	0.034***	0.001	0.026***	0.005**
	(0.002)	(0.002)	(0.003)	(0.002)
finance	0.000***	0.003	0.000***	0.007***
	(0.000)	(0.004)	(0.000)	(0.002)
HHI	-0.253***	-0.589***	-0.284***	-0.904***
	(0.072)	(0.077)	(0.065)	(0.093)
常数项	7.779***	8.178***	8.000***	7.812***
	(0.065)	(0.052)	(0.058)	(0.065)
企业固定效应	Yes	Yes	Yes	Yes
年份固定效应	Yes	Yes	Yes	Yes
行业固定效应	Yes	Yes	Yes	Yes
R^2	0.0930	0.1938	0.1179	0.0861
样本量	191829	215716	199101	208444

注：括号内为标准误，*、**、***分别表示在10%、5%和1%的水平上显著，各模型均采用聚类到企业层面的标准误进行回归。

4.3.5 机制分析

基准回归和稳健性检验均证实贸易便利化可以显著提升企业出口技术复杂度,但贸易便利化通过何种渠道影响企业出口技术复杂度需进一步的研究。本部分借鉴魏浩等(2019)的做法,采用中介效应两步法来检验贸易便利化对企业出口技术复杂度的作用机制。根据前文的理论机制分析,选取贸易成本节约效应和研发投入提升效应检验。

(1) 贸易成本节约效应

首先检验贸易成本节约效应是否成立。第一步,检验贸易便利化对出口成本的影响;第二步,检验出口贸易成本的降低能否提升企业出口技术复杂度。构建如下中介效应模型:

$$\ln TC_{it} = \alpha_0 + \alpha_1 \ln tfi_{it} + \beta X_{it} + \mu_i + \mu_t + \varepsilon_{it} \quad (4-25)$$

$$\ln(Adj\_ESI_{it}) = \alpha_0 + \alpha_1 \ln tfi_{it} + \alpha_2 \ln TC_{it} + \beta X_{it} + \mu_i + \mu_t + \varepsilon_{it} \quad (4-26)$$

其中,TC 为企业的出口贸易成本。企业出口贸易成本(TC)借鉴刘斌和王乃嘉(2016)的做法,采用出口比率乘以企业成本得到,出口比率为企业出口规模与工业总产值的比值。借鉴许和连等(2017)、胡昭玲等(2021)的做法,企业成本由管理费用、财务费用、主营业务成本、销售成本、应付工资总额和应付福利费总额构成。

贸易成本节约效应的回归结果如表 4-7 的列(1)和列(2)所示。表 4-7 的列(1)显示,贸易便利化的系数显著为负,表明贸易便利化能够显著降低企业的出口贸易成本;在列(2)的回归结果中,发现企业出口贸易成本对企业出口技术复杂度的影响显著为正,这说明出口贸易成本的下降能显著提升企业出口技术复杂度,贸易便利化的回归系数为 1.280,小于基准回归结果的 1.291。综合列(1)和列(2)的回归结果可以看出，贸易便利化通过贸易成本节约效应提升了企业出口技术复杂度，从而证实了贸易成本节约效应是贸易便利化提升企业出口技术复杂度的传导机制之一。

(2) 研发投入提升效应

同样采用两步法来检验贸易便利化的研发投入提升效应是否成立。第一步，检验贸易便利化对企业研发投入提升效应的影响；第二步，检验研发投入提升效应能否提升企业出口技术复杂度。基于研发投入提升效应，构建如下中介效应模型：

$$\ln RD_{it} = \alpha_0 + \alpha_1 \ln tfi_{it} + \beta X_{it} + \mu_i + \mu_t + \varepsilon_{it} \quad (4-27)$$

$$\ln(Adj\_ESI_{it}) = \alpha_0 + \alpha_1 \ln tfi_{it} + \alpha_2 \ln RD_{it} + \beta X_{it} + \mu_i + \mu_t + \varepsilon_{it} \quad (4-28)$$

借鉴毛其淋和方森辉（2018）的做法，使用研发投入提升效应作为企业研发的代理变量，在回归过程中对研发投入提升效应进行了对数化处理。回归结果见表 4-7 的列 (3) 和列 (4)。表 4-7 的列 (3) 显示，贸易便利化的系数显著为正，表明贸易便利化能够显著提升企业研发投入力度；在列 (4) 的回归结果中发现，企业研发投入提升效应对企业出口技术复杂度的影响显著为正，这说明研发投入提升效应能显著提升企业出口技术复杂度，而贸易便利化的回归系数并未通过显著性检验，这说明存在完全的中介效应。综合列 (3) 和列 (4) 的回归结果可以看出，贸易便利化通过研发投入提升效应提升了企业出口技术复杂度，从而证实了研发投入提升效应是贸易便利化提升企业出口技术复杂度的传导机制之一。

表 4-7 机制检验

变量	(1) lnTC	(2) ln(Adj_ESI_it)	(3) lnrd	(4) ln(Adj_ ESI_it)
TFI	-4.503***	1.280**	2.187***	-0.012
	(0.161)	(0.025)	(0.433)	(0.102)

续表

变量	(1) lnTC	(2) ln(Adj_ESI$_{it}$)	(3) lnrd	(4) ln(Adj_ESI$_{it}$)
lnTC		−0.011***		
		(0.000)		
lnrd				0.014***
				(0.002)
lntfp	−0.537***	0.050***	0.671***	0.106***
	(0.011)	(0.001)	(0.045)	(0.009)
lnsize	0.700***	−0.037***	0.384***	0.014
	(0.015)	(0.002)	(0.051)	(0.011)
lnage	0.472***	0.213***	0.321***	0.191***
	(0.014)	(0.002)	(0.067)	(0.020)
lncapital	1.215***	0.016***	0.059	0.004
	(0.013)	(0.001)	(0.043)	(0.010)
finance	0.026	0.001	0.383	0.229**
	(0.033)	(0.001)	(0.625)	(0.115)
HHI	−4.232***	−0.525***	3.346***	0.673***
	(0.315)	(0.056)	(0.852)	(0.184)
常数项	7.779***	7.913***	−3.226**	8.949***
	(0.065)	(0.041)	(1.304)	(0.516)
企业固定效应	Yes	Yes	Yes	Yes
年份固定效应	Yes	Yes	Yes	Yes
行业固定效应	Yes	Yes	Yes	Yes
R^2	0.0773	0.1307	0.2367	0.0498
样本量	401174	401174	27666	27666

注：括号内为标准误，*、**、***分别表示在10%、5%和1%的水平上显著，各模型均采用聚类到企业层面的标准误进行回归。

4.4 本章小结

本章采用中国工业企业数据库和中国海关数据库的匹配数据,基于企业层面的视角,理论和实证分析了贸易便利化对企业出口技术复杂度的影响和作用机制。在理论分析方面,在 Melitz(2003)模型的基础上,引入 Yeaple(2005)内生技术选择效应进行分析;在实证分析方面,主要采用固定效应模型对计量模型进行估计,并选择合适的工具变量解决了贸易便利化产生的内生性问题。本章得到以下主要研究结论:

第一,贸易便利化的提升将导致贸易成本的下降,会有更多的企业选择高技术进行生产(技术选择效应),从而提升企业出口技术复杂度;另外,贸易成本的降低会提高企业出口利润,激励企业加大研发投入力度,从而进一步促进企业出口技术复杂度的提升。

第二,2001—2012 年我国企业出口技术复杂度总体呈现不断增长的趋势,由 2001 年的 14405.79 上升为 2012 的 31680.27,增长了约 1.199 倍,年均增速为 7.427%,增长速度比较快。从企业资本密集度来看,资本密集型企业出口技术复杂度明显高于劳动密集型企业出口技术复杂度;从企业所在地来看,西部地区企业出口技术复杂度高于中部和东部地区企业出口技术复杂度;从企业所有制来看,内资企业出口技术复杂度高于外资企业出口技术复杂度;从企业规模来看,小型企业的出口技术复杂度明显高于大型企业的出口技术复杂度。

第三,基准回归模型表明贸易便利化水平对企业出口技术复杂度有显著的促进作用,这一结果在一系列的稳健性检验,如更换贸易便利化和企业出口技术复杂度测度方法,考虑模型内生性问题后依然成立。在贸易便利化的分项指标中，海关效率、法制环境和交通基础设施对企业出口技术复杂度均具有显著的促进作用，且作用大小为：海关效率>交通基础设施>法制环境，而电子商务应用在样本期内对企业出口技术复杂度并没有显著的作用。

第四，贸易便利化对企业出口技术复杂度的影响具有明显的异质性。具体表现为：贸易便利化对一般贸易企业出口技术复杂度的促进作用大于加工贸易企业；对中西部地区企业出口技术复杂度的促进作用大于东部地区；对内资企业出口技术复杂度的促进作用大于外资企业；对劳动密集型企业出口技术复杂度的促进作用大于资本密集型企业。

第五，采用中介效应两步法发现，贸易成本节约效应和研发投入提升效应是贸易便利化提升企业出口技术复杂度的主要机制，验证了提出的理论模型。

第 5 章
CHAPTER 5

贸易便利化对企业出口持续时间的影响

近年来，国际经济环境不确定性和复杂性日益增加，如何保持企业出口稳定增长成为日益重要的问题。提高企业在出口市场上的存活率是维持出口稳定增长、提升出口产品竞争力的重要手段。本章主要探讨贸易便利化与企业出口生存持续时间的关系，以期为我国对外贸易健康发展提出针对性的建议。首先，通过建立数理模型分析贸易便利化对企业出口持续时间的影响，提出理论假说；其次，采用出口生存函数估计我国企业出口持续时间，描述企业出口持续时间的分布特征；最后，采用离散时间 Cloglog 模型实证分析贸易便利化对我国企业出口持续时间的影响并进行机制检验。

5.1 贸易便利化对企业出口持续时间影响的理论分析

基于 Melitz（2003）模型，同时借鉴 Facundo 等（2016）、魏昀妍和程文先（2021）的研究思路，假定企业以追求利润最大化为生产经营的最终目标，盈利是企业存活于出口市场的前提条件。企业如果在出口市场能获得利润，就会持续出口。基于此，本节主要讨论贸易便利化通过降低出口贸易成本，提升企业出口利润，进而影响企业出口持续时间的机理。

（1）消费者

借鉴 Melitz（2003）模型，假设典型消费者对异质性产品的效用函数满足不变替代弹性效用函数（CES）形式：

$$U = \left[\int_{x \in \Omega} q(x)^{\rho} dx \right]^{\frac{1}{\rho}} \quad (5-1)$$

其中，Ω 为可获得的全部商品种类集合，x 为商品种类，$q(x)$ 为第 x 种商品的消费量；$\rho = \frac{(\sigma-1)}{\sigma}$，$\sigma$ 为产品间的替代弹性，且 $\sigma>1$，$0<\rho<1$。

对应的价格指数为

$$P \equiv \left[\int_{x \in \Omega} p(x)^{1-\sigma} dx \right]^{\frac{1}{1-\sigma}} \quad (5-2)$$

其中，$p(x)$ 为任意一种产品（x）的价格。消费者的总收入设定为

$$R \equiv \int_{x \in \Omega} r(x) dx \quad (5-3)$$

其中，$r(x)$ 为对某种产品（x）的支出。

（2）生产者

Melitz（2003）研究表明，企业的生产率越高，企业生产既定产品耗费的成本越低。假定劳动是唯一的生产要素，企业劳动使用量和产出存

在线性关系，即 $l = \frac{f_e + q}{\varphi}$。通过此式可以发现，所有企业都存在一个固定生产成本 f_e，劳动使用量 l 与 q 成正比，与企业生产率 φ 成反比，且 $\varphi > 0$。企业进入出口市场需要支付的出口固定成本为 f_v，这部分的成本主要包括在新开拓的海外市场的推广费用，市场营销的实施费以及建立合适营销网络的费用等。遵循惯例，采用"冰山型"（iceberg）来描述出口可变成本，即 $\tau(\tau>1)$。因此，出口 q_v 单位产品的总成本 TC 表示为

$$TC = (q_v \cdot \tau)/\varphi + f_e + f_v \qquad (5-4)$$

（3）利润最大化条件

企业出口利润函数 π_v 可以表示为

$$\pi_v = \frac{r_v(x)}{\sigma} - TC = \frac{r_v(x)}{\sigma} - \frac{q_v \cdot \tau}{\varphi} - f_e - f_v \qquad (5-5)$$

企业出口利润是衡量企业出口持续时间的重要指标。由式（5-5）可以看出，出口贸易成本（包括"冰山型"贸易成本 τ、出口固定成本 f_v）和企业生产率（φ）是决定企业利润的重要因素；而贸易便利化能够有效地降低出口成本和提高企业生产率。

首先，贸易便利化改革可以通过简化海关手续和程序、完善贸易法规等降低贸易成本，而这会使更多企业克服出口固定成本及融资约束带来的不确定性进入海外市场。例如，在通过海关检验过程中，会发生很多条目的服务费用和其他额外费用，且商品在经过不同部门不同项目的检查时会重复递交很多相同的单据，这样的重复会造成很多不必要的费用支出和时间消耗，无形中增加了出口企业的仓储成本，这对生命周期较短的产品影响较大。商品通过海关时所缴纳的费用会列入成本费用，而成本费用的提高会造成商品价格的升高，列入成本费用的主要费用有保险费用、物流费用、贮藏费用、过境服务费等，高成本会转嫁给消费

者承担，根据供求关系影响，随着商品价格的提高，消费者会减少对其产品的购买，造成企业利润减少，甚至退出市场。海关手续和程序的简化等，能够大大降低企业贸易成本和时间成本，从而提高企业利润，有利于企业出口生存。Dennis 和 Shepherd（2011）发现，基础设施的改善能够显著地降低一国出口成本；盛丹等（2011）以中国工业企业数据为样本，研究发现，我国基础设施水平的提高和海关通关手续的简化削减了企业出口的固定成本。

其次，贸易便利化改革会使企业进口中间品价格下降及从国外获得更多元化和优质的中间投入要素，进而带来企业生产成本的降低和生产率的提升。一方面，在中国大力推进贸易便利化的背景下，企业能够以更低的价格进口质量更优的中间投入品和生产设备，通过投入品的质量升级和生产设备的更新换代，提升企业的生产率和改善自身产品的竞争力（Bas 和 Strauss-Kahn，2015）。李波和杨先明（2018）发现，贸易便利化能显著地促进企业生产率的提高。当企业的生产率得到提升时，其产品的质量和价格也更高。高质量产品在国际市场更容易建立起品牌效应，在品牌效应下，国外购买者的认可度与信任度也更高，从而使出口关系可以持续下去。另一方面，贸易便利化的进口成本降低效应还体现在普通中间品进口方面。在国内生产要素成本逐步上升的不利条件下，通过进口低成本的中间品来降低生产成本，从而保持价格优势，也是维持和提升企业出口竞争力的一种方式。在成本优势下，出口产品更容易维持其出口状态，延长出口持续时间。

最后，贸易便利化还有助于降低政策不确定性，帮助企业建立信任关系，有效减少交易成本。当企业对所在的营商环境缺乏信任时，会将大量资源投入维护与当地政府的关系上，通过各种手段来避免自身利益的损失。当一个地区具有较完善的法制环境时，出口企业在生产产品及进行交易的过程中能大致预测交易对手的行为，下一次跟同一个企业进行交易的概率也将大大提升，出口的可持续性随之提高。辖区内的企业在面临欺诈或者"敲竹杠"能够及时向法制机构起诉，法制机构高效率地完成案件的审理和判罚将提升企业主对政府的信心，从而专注于经营，而非将大部分注意力用于寻租与寻求保护。企业主信心的提升与对业务的专注使企业更能利用贸易便利化政策所带来的优惠，从而改善出口关系的可持续性。

基于此，可以得出贸易便利化与企业出口成本呈反向变动的关系，贸易便利化水平越高，企业出口固定成本和可变成本就越低，即 $f_v = \dfrac{\eta}{\text{TFI}}$，$\tau = \dfrac{\beta}{\text{TFI}}$；$\beta > 1$，$\eta > 1$，$\beta$、$\eta$ 均为成本影响因子。贸易便利化与企业出口生产率呈正向变动关系，贸易便利化水平越高，企业生产率也越高，即 $\varphi = \gamma \cdot \text{TFI}$，$\gamma > 1$。则总成本函数为

$$\text{TC} = \frac{q_v}{\beta\gamma(\text{TFI})^2} + f_e + \frac{\eta}{\text{TFI}} \tag{5-6}$$

将式（5-6）代入式（5-5）中得到企业的出口利润函数为

$$\pi_v = \frac{r_v(x)}{\sigma} - \text{TC} = \frac{r_v(x)}{\sigma} - \frac{q_v}{\beta\gamma(\text{TFI})^2} - f_e - \frac{\eta}{\text{TFI}} \tag{5-7}$$

由此可以得到企业利润关于贸易便利化的一阶导数，即

$$\frac{d\pi}{d\text{TFI}} = \frac{q_v}{\beta\gamma(\text{TFI})^2} + \frac{\eta}{(\text{TFI})^2} > 0 \tag{5-8}$$

由式（5-8）可以看出，贸易便利化水平越高，企业出口利润越大，从而可以保持企业在海外市场上的出口状态。据此得出以下假设。

假设3：贸易便利化水平越高越能够延长企业出口持续时间。

假设4：贸易便利化水平通过降低企业出口成本，提升企业生产率从

而延长了企业出口持续时间。

5.2 企业出口持续时间的数据处理与特征

5.2.1 中国企业出口持续时间的数据处理

目前还没有完整的理论框架全面地阐述贸易关系的持续时间,现有文献主要是运用生存分析方法对其分布特征与影响因素进行分析。企业出口生存状况的识别依赖于出口持续时间的界定,本书主要借鉴陈勇兵等(2012)的做法,将企业出口持续时间定义为企业有出口活动到终止出口活动(中间没有间断)所经历的时间长度(用年表示),企业停止对某市场出口称为"失败"事件。例如,某个企业在第(i-1)年出口为零且第i年出口值大于零,则认为其在第i年进入出口市场;若出口在第j年大于零且在第(j+1)年为零,则该企业在第j年退出出口市场,持续时间为(j-i+1)年。

数据依然来源于2001—2012年的中国工业企业数据库和中国海关进出口数据经过匹配的非平衡面板数据。有关数据处理有两点说明。一是数据删失问题。数据的删失是在进行数据处理过程中必须先解决的问题,只有处理了数据的删失问题才能确定企业出口持续的时间段。本部分的样本数据是2001—2012年,如果企业在2001年有出口,那么没法确定企业具体的出口时间,如果不考虑该问题容易造成企业出口持续时间的低估,即左删失问题(Besede和Prusa,2006)。借鉴陈勇兵等(2012)的做法,只选取在2001年没有出口但在2002—2012有出口的企业作为分析样本。同样,如果企业在2012年出口,则没法确定企业停止出口的时间,即右删失问题;而生存分析模型可以有效地解决数据右删失问题(许家云和毛其淋，2016）。二是多个持续时间段的问题。企业在对某一市场持续出口一段时间后可能退出该市场，经历一段时间（至少一年）又再次进入，这就导致同一贸易关系存在多个持续时间段。Besedes 和 Prusa（2006）认为，对同一贸易关系的多个时间段，无论是将第一个时间段视为唯一持续时间段还是将多个持续时间段视为相互独立的时间段，贸易关系持续时间段的分布相同，因此，本书将同一贸易关系的多个时间段视为相互独立的持续时间段。

5.2.2 中国企业出口持续时间特征

在生存分析的相关研究中，学者们通常采用生存函数（生存率）或危险函数（危险率）对样本的生存时间所表现的典型特征进行描述性分析，以此刻画生存时间的分布特征。因此，本节主要采用生存分析法，通过设立企业出口的生存函数来估计中国企业出口持续时间的特征事实。

表 5-1 展示了 2002—2012 年中国企业出口持续时间的情况。由表 5-1 可以看出，随着出口持续时间的增长，企业出口观测值呈现不断减少的趋势，出口持续时间 1 年的有 83840 个观测值，占比为 37.169%，所占比例最高；出口持续时间 2 年的有 58436 个观测值，占比为 25.907%；出口持续时间 3 年的有 18838 个观测值，占比为 8.351%；出口持续时间 4 年的有 13251 个观测值，占比为 5.874%；出口持续时间 5 年的有 10073 个观测值，占比为 4.465%；出口持续时间 6 年的有 10659 个观测值，占比为 4.725%；出口持续时间 7 年的有 9978 个观测值，占比为 4.423%；而出口持续时间 11 年的仅有 6115 个观测值，占比为 2.711%。从上述数据可以看出，中国企业出口持续时间并不长，这与国内外现有关于贸易持续时间的研究结论基本一致。

表 5-1　中国企业出口持续时间的分布特征

出口持续时间/年	观测值/个	百分比/%	累计百分比/%
1	83840	37.169	37.169
2	58436	25.907	63.076
3	18838	8.351	71.427
4	13251	5.874	77.301
5	10073	4.465	81.767
6	10659	4.725	86.492
7	9978	4.423	90.915
8	4875	2.161	93.076
9	7414	3.286	96.362
10	2092	0.927	97.289
11	6115	2.711	100

资料来源：笔者根据中国工业企业数据库和中国海关进出口统计数据计算整理所得。

接着，使用生存分析中生存函数（生存率）研究企业参与和退出出口市场的行为，并在此基础上归纳企业出口持续时间的分布特征。生存函数（生存率）是指观测企业出口持续时间 T 超过 t 年的概率，即

$$S_i(t) = \Pr[T_i > t] \tag{5-9}$$

由 Kaplan-Meier 乘积限估计式给出生存函数的非参数估计表示为

$$\hat{S}(t) = \prod_{k=1}^{t} \frac{n_k - d_k}{n_k} \tag{5-10}$$

其中，n_k 为第 k 年面临危险的企业数量，d_k 为在第 k 年退出出口市场的企业数量。

危险函数（危险率）表示在企业 t-1 年有出口行为的条件下，在 t 年

退出出口的概率，记为 h(t)，可写为

$$h_i(t) = \Pr(t-1 < t_i \leq t \mid t_i > t-1) = \frac{\Pr(t-1 < t_i \leq t)}{\Pr(t_i > t-1)} \quad (5-11)$$

Kaplan-Meier 乘积限估计式给出危险函数的非参数估计表示为

$$\hat{h}(t) = \frac{d_k}{n_k} \quad (5-12)$$

基于 Kaplan-Meier 乘积限估计式，对出口企业生存函数做了总体估计、分企业所有权估计、分地区估计、分贸易方式估计和分要素密集度估计，如表 5-2 所示。

表 5-2 中国企业的出口持续时间

		生存时间/年		持续时间段的数量	失败次数
		均值	中位数		
总体估计	第一个贸易时间段	5.818	6	572240	130224
	只有一个贸易时间段	6.232	7	419292	81466
	全样本	5.354	5	688306	164912
分企业所有权估计	国有企业	6.484	7	12298	2292
	外资企业	6.428	7	171261	31949
	私营企业	4.962	6	504747	130671
分地区估计	东部地区	5.527	5	614384	137889
	中部地区	3.856	2	52426	20555
	西部地区	4.049	3	21496	6468
分贸易方式估计	一般贸易	5.222	5	602618	147816
	加工贸易	6.276	6	85688	17096
分要素密集度估计	资本密集型	5.468	5	345627	77279
	劳动密集型	5.238	5	342679	87633

资料来源：笔者根据中国工业企业数据库和中国海关进出口统计数据计算整理所得。

从表5-2可以看出，全样本的生存函数估计、第一个持续时间段和只有一个贸易时间段的生存函数估计的估计结果基本一致。全样本平均出口持续时间为5.354年；而只有一个贸易时间段的出口持续时间最长，为6.232年。

图5-1为Kaplan-Meier（KM）生存函数的曲线，由图5-1可以更直观地看出，生存曲线呈下降趋势，随着时间的推移，企业的生存率逐渐降低并趋于稳定。从生存函数曲线趋势可以观察到企业出口持续时间越长，退出的风险率越低，原因可能是企业前期积累的出口经验能够为企业维持和扩张出口贸易网络创造有利的条件。这也说明企业出口持续时间的风险函数具有负时间依赖性。这个结论与现有研究的结论（Besedes和Prusa，2006；孙楚仁等，2022）基本一致。

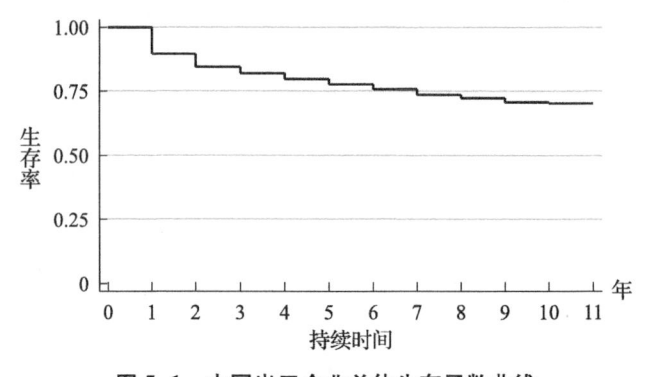

图5-1 中国出口企业总体生存函数曲线

图5-2为风险函数曲线，可以看出出口企业在刚开始出口的前几年所面临的风险率都比较高，随着时间的推移，企业出口失败的概率急剧下降随后渐趋稳定，对大多数企业来说，出口初期的风险率达到最高。Ilmakunnas和Nurmi（2010）研究表明，企业所有制的不同将会明显地影响企业出口持续时间，根据企业所有制不同，将企业分为国有企业、外资企业和私营企业。

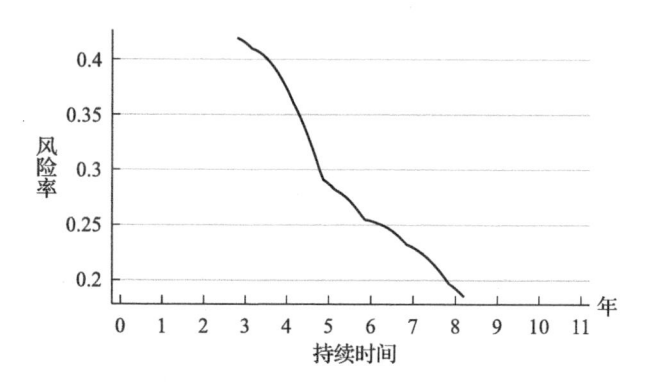

图 5-2 中国出口企业总体风险函数曲线

由表 5-2 可以看出，国有企业和外资企业出口持续时间大体相当，平均出口持续时间分别为 6.484 年和 6.428 年，而私营企业出口持续时间最短，为 4.962 年。图 5-3 的生存曲线更加直观地反映了不同所有制企业出口持续时间的变化趋势，在不同时间段外资企业和国有企业的生存率基本相同，而私营企业与外资企业和国有企业相比存在较大差异，其生存率一直处于较低的位置，说明不管在哪个持续时间段均有更多私营企业退出出口市场。这或许是因为盈利是企业存活于出口市场的前提条

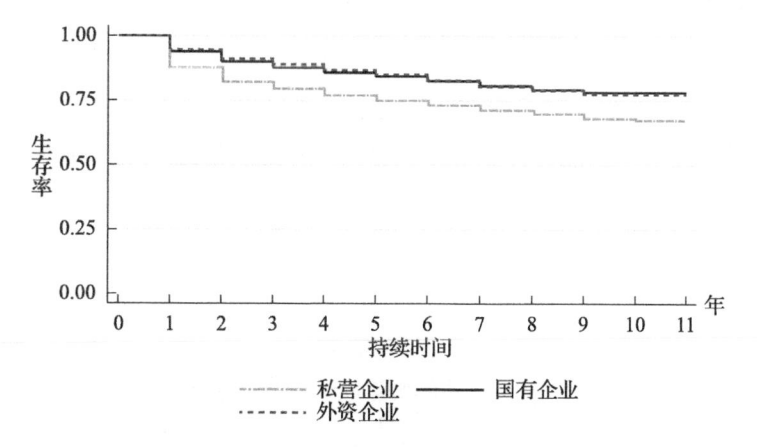

图 5-3 不同所有制企业出口生存率曲线

件，由于国有企业能够获得更多的政府补贴和政府扶持即使亏损也并不一定会退出出口市场，因此国有企业的出口持续时间比私营企业更长；而相对于私营企业而言，外资企业更熟悉出口市场并且经营经验更丰富，因而外资企业能保持较长的出口持续期。

根据企业所在地理位置不同，将企业按照东部地区、中部地区和西部地区比较不同地区企业出口持续时间的差异。由表5-2可以看出，东部地区、西部地区和中部地区企业出口持续时间依次递减，东部地区企业平均出口持续时间最长，为5.527年，中部地区企业平均出口持续时间最短，为3.856年。图5-4直观地展示了不同区域出口生存状况，东部地区企业明显高于中部和西部地区的企业。总之，不管是平均持续时间还是生存率，东部地区企业出口生存能力均比中部、西部地区的企业强，这与赵瑞丽等（2016）、陈勇兵等（2012）的研究结果一致。可能的原因是，东部地区多沿海，有利于海上贸易发展，同时东部地区也最先实施对外开放，相对而言，东部地区的贸易便利化水平也较高，所以对外贸易比中西部地区更有经验。

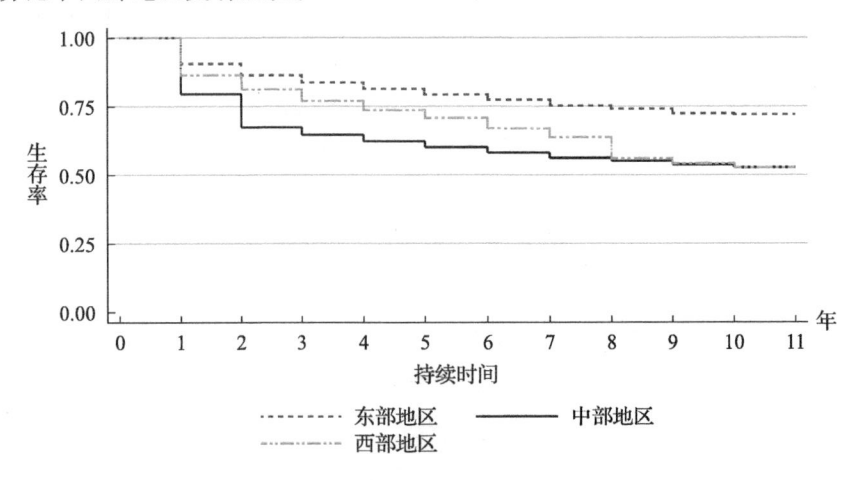

图5-4 不同地区出口企业生存率曲线

企业出口可以采取加工贸易和一般贸易的形式。由表 5-2 可以看出，加工贸易企业出口持续平均时间为 6.276 年，而一般贸易企业平均出口持续时间为 5.222 年，加工贸易企业出口持续时间比一般贸易企业长。图 5-5 的 Kaplan-Meier（KM）生存曲线直观地展示了不同贸易方式企业出口生存状况，相比一般贸易企业，加工贸易企业生存曲线在较高位置，说明加工贸易企业出口生存率更高。这或许是因为加工贸易主要是来料加工（或装配），双方的贸易关系比较紧密，因此出口持续时间相对较长。

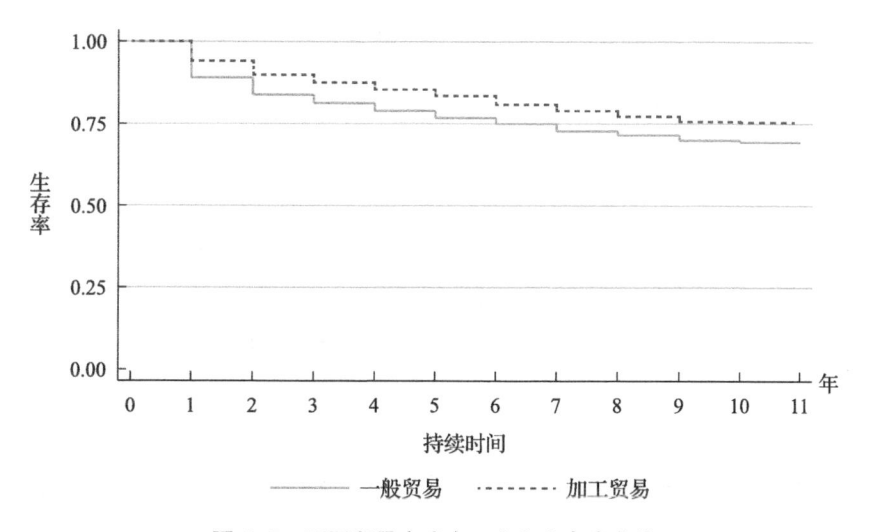

图 5-5　不同贸易方式出口企业生存率曲线

根据要素密集度不同，将企业分为资本密集型企业和劳动密集型企业。如果企业密集度高于样本中位数，则定义为资本密集型企业；如果企业密集度低于样本中位数，则定义为劳动密集型企业。由表 5-2 可以看出，资本密集型企业出口持续平均时间为 5.468 年，而劳动密集型企业平均出口持续时间为 5.238 年，资本密集型企业出口持续时间比劳动密集型企业要长。图 5-6 的 Kaplan-Meier（KM）生存曲线直观地展示了不同要素密集度企业出口生存状况，与劳动密集型企业相比，资本密集型企业出口生存曲线处于较高的位置，说明资本密集型企业出口生存率更高，这可能是因为资本密集型企业出口产品的附加值相对较高，企业出口竞争力更强，因此出口持续时间相对更长。

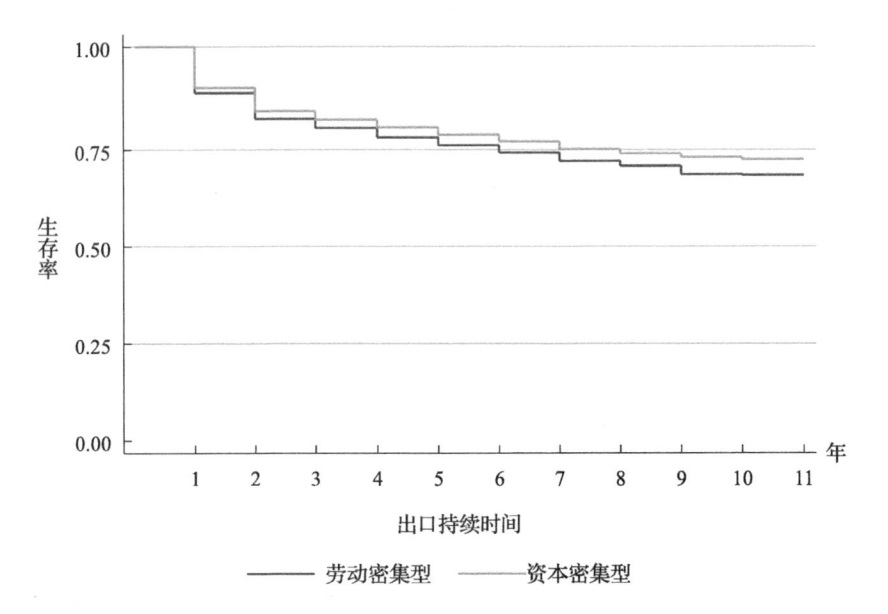

图 5-6　不同要素密集度企业出口生存率曲线

此外，根据贸易便利化水平的中位数，把小于中位数的样本视为低贸易便利化水平组，把高于中位数的样本视为高贸易便利化水平组。由图 5-7 可以看出，生存率曲线呈下降趋势，随着出口持续时间的延长，生存率趋于稳定，位于高贸易便利化水平组的企业生存率明显高于低贸易便利化水平组的企业，这初步表明贸易便利化延长了企业出口持续时间，但考虑到两者的关系还受企业规模和企业年龄等因素的影响，因此不能就此断定贸易便利化与企业出口持续时间的正向关系，还需实证回归模型进一步地证实。

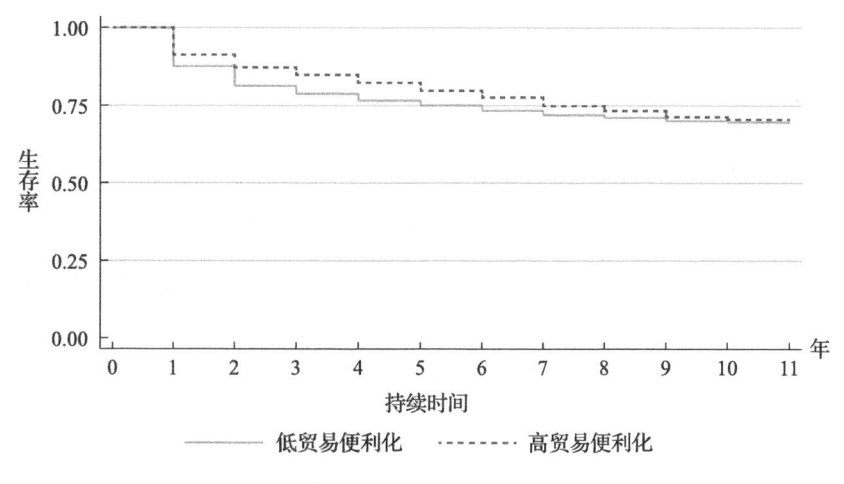

图 5-7　不同贸易便利化企业出口生存率曲线

5.3 贸易便利化对企业出口持续时间影响的实证分析

5.3.1 计量模型设定和指标选取

(1) 计量模型设定

在离散时间模型中，用 T_i 表示企业出口持续时间，T_i 是一个连续的非负随机变量。研究某个特定企业出口在设定的时间区间 $[t_k, t_{k+1})$ 内终止出口的概率是分析企业出口持续时间的核心问题。当 $k=1, 2, \cdots, k^{max}$ 且 $t_1=0$，这种概率称为离散时间危险率，基本形式可设定为

$$h_{ik} = \Pr(T_i < t_{k+1} \mid T_i \geq t_k, X_{ik}) = F(X'_{i+1}\beta + \gamma_k) \qquad (5\text{-}13)$$

其中，i 为某个特定企业出口持续时间 ($i=1,1,2,\cdots,n$)，X_{ik} 为影响出口危险率的所有可能因素集合，X_{ik} 为时间依存协变量，γ_k 为基准危险率。因此，危险率 h_{ik} 在不同的时间区间内是不同的，$F(\cdot)$ 为分布函数

并对所有的 i 和 k 都有 $0 \leq h_{ik} \leq 1$ 的结论。引入二元变量 y_{ik}，如果企业在时间段 i 的第 k 年停止出口，则取值为 1，否则就取零。根据 Jenkins（1995）的做法，将极大似然函数设定为

$$\ln L = \sum_{i=1}^{n} \sum_{k=1}^{k_{max}} [y_{ik} \ln(h_{ik}) + (1 - y_{ik}) \ln(1 - h_{ik})] \quad (5-14)$$

Jenkins（1995）认为，用二元因变量来估计离散时间危险模型是一种可行的方法。为了估计模型中解释变量的系数，需要对模型中的危险率 h_{ik} 设定相匹配的函数形式，通常设定危险率 h_{ik} 服从于正态分布、逻辑分布或者极值分布，分别对应 probit、logit 和 cloglog 模型，它们都具有 Cox 模型的优点，基准风险和右删失问题在很大程度上能够得到控制，减少对生存分析模型的影响。由于二元离散生存分析模型具有 Cox 比例风险模型的优点，又能够避免其比例风险假设不合理和难以控制、无法观测的异质性等缺陷（Hess 和 Persson，2012），因此借鉴陈勇兵等（2012）和 Esteve-Pérez 等（2013）的做法，采用 cloglog 离散时间生存分析模型进行研究，并采用 probit 模型和 logit 模型进行稳健性检验。cloglog 模型设立为

$$\text{cloglog}[h_v(t, X)] = \beta X + \gamma_t + \varepsilon \quad (5-15)$$

其中，协变量 X 为影响出口企业危险率因素集合，根据研究需要，除贸易便利化外，主要考虑企业层面的影响因素包括企业规模和企业年龄等；$h_v(t, X)$ 为影响出口企业个体危险率的因素 X 在时间 t 的大小；β 为待估计的解释变量回归系数；γ_t 为负向依存于时间的基准危险函数；v 为企业产品不可观测异质性，取对数后记为误差项 ε，用于控制出口产品的不可观测异质性。

（2）指标的选取

被解释变量（fail），是一个取零或取 1 的二元离散变量。如果某一指

定企业在观测期内结束出口，则将被解释变量 fail 最后一年赋值为1，即出口失败，该企业剩余年份 fail 赋值为零。如果在观测期内，贸易关系并没有结束，即2012年还存在于出口市场中，此时该个体 fail 全部赋值为零。

核心解释变量：贸易便利化（lnTFI）。借鉴 Wilson（2003，2005）的做法，从法制环境、海关效率、交通基础设施和电子商务应用4个方面构建贸易便利化指标体系，测算出各个省份在贸易便利化相关领域的得分，在此基础上，将所有变量标准化再取简单平均值得到各省贸易便利化综合得分。具体计算方法见第2章。

除了核心解释变量，还需要考虑企业层面的特征变量对企业出口生存风险的影响，结合已有出口企业生存分析文献，本章主要选取了如下企业特征作为控制变量：

企业年龄（age）：采用企业当前年份减去成立年份加1表示。一般来说，企业成立时间越长，相对拥有的资源和经验越多，更容易适应外部环境变化。然而，随着企业年龄的增加，企业的硬件设施等会出现老化，就中国企业而言，年龄大的企业还会面临一些历史遗留债务及人员等问题，在遇到不利冲击时很难进行迅速调整（毛其淋和方森辉，2018）。

企业规模（scale）：根据 Melitz（2003）的异质性贸易理论，出口企业需要跨越生产率门槛，才能顺利进入出口市场，因此提高生产率的前提是要扩大企业规模，规模越大的企业拥有越多的人力、物力，如在建设企业品牌、产品升级、定价、规定行业标准等方面具有突出的优势，同时规模效应可以降低出口企业的可变成本，使出口企业进入生产的第二阶段，达到出口企业自身的最优生产规模，有利于降低企业退出出口市场的危险率；企业规模如果较小，出口企业很有可能落入生产的第一阶段，出口企业盈利能力将受到很大的影响，会进一步降低出口企业生存率。

企业初始出口额（iexport）：采用企业首次出口年份的出口总额来表示，一般认为企业初始出口额越大，其与交易方之间的信任度越高，越倾向于长期贸易往来（Besedes 和 Prusa，2006；Esteve-Pérez 等，2013）。

资本密集度（kl）：采用固定资产除以雇用职工总人数来表示，主要反映要素投入组合对企业出口生存的影响。

融资约束（finance）：采用企业利息支出与固定资产的比值来衡量，数值越大表示企业融资约束越小；一般而言，融资约束越小，企业出口持续时间越长。

除此之外，还控制了企业未观测到的个体特征，如由于不同时间区间的基准风险率不同，所以在回归中控制了时间效应，引入了时间虚拟变量；而不同行业的企业出口持续时间有差异，所以在回归中也引入行业虚拟变量。表5-3是主要变量的描述性统计结果。

表5-3 主要变量的描述性统计

变量	变量中文含义	观测值	均值	标准差	最小值	最大值
fail	企业是否退出市场	688306	0.239	0.426	0	1
lnTFI	贸易便利化	688306	1.917	0.380	0.101	2.621
lntfp	企业生产率	685495	9.376	2.053	−1.856	18.155
lnsize	企业规模	685500	5.311	1.145	2.079	12.287
lnage	企业年龄	688304	2.608	0.485	0	7.606
lnkl	资本密集度	685359	5.059	1.193	−6.396	15.870
lniexport	企业初始出口额	688306	9.280	1.767	0	19.043
finance	融资约束	678417	0.010	0.184	−7.002	94.266

资料来源：笔者通过中国工业企业数据库、中国海关进出口统计数据、《中国统计年鉴》、《中国口岸年鉴》、《中国交通年鉴》等整理计算得来；变量前面加"ln"表示进行了对数处理。

5.3.2 基准回归结果分析

本章采用 cloglog 离散时间模型分析贸易便利化对企业出口持续时间的影响。在生存分析模型中解释变量系数可以有对数和指数两种形式，本章只展示了对数形式的回归结果。如果解释变量的系数小于零，说明该解释变量降低了企业退出出口活动的风险，有利于企业出口生存；反之，则增加了企业出口失败的风险。表 5-4 给出了基准回归结果，列（1）仅考虑了核心解释变量，贸易便利化（lnTFI）的估计系数为 1.698，且在 1% 的水平上显著为负，说明贸易便利化水平提升有助于降低企业出口失败的危险率，有利于延长企业出口持续时间。

表 5-4 的列（2）至列（6）是依次加入了企业层面控制变量的回归结果。企业规模（lnscale）估计系数一直为负，且通过了 1% 的显著性检验，表明企业规模越大，退出国际市场的概率越小，企业出口持续时间越长。企业年龄（lnage）的估计系数为正，且通过了 1% 的显著性检验，表明企业年龄越大，企业退出出口市场的风险越高，一方面，可能是由于企业年龄越大，设备会相对陈旧，出口竞争力反而不如新成立的企业；另一方面，由于年龄较大的企业比新进入市场的企业有更多的市场选择机会，可以在不同的市场之间转换，从而可能造成在特定市场上出口持续时间有所降低（Esteve-Pérez 等，2013）。资本密集度（lnkl）统计系数显著为负，说明资本密集度越高的企业在出口市场持续时间越长，资本密集度高的企业的产品往往是资本密集型的，产品差异度相对较高，竞争力相对更强，企业出口持续时间越长。企业初始出口额的系数显著为负，说明初始出口额越大的企业的出口持续时间越长，初始出口额越大说明与交易方之间的信任度越高，越倾向于长期贸易往来。融资约束

(finance)的系数显著为负,说明融资约束越小的企业退出国际市场的风险也越小,在出口市场持续的时间越长。

与表5-4中的列(1)相比,列(2)至列(6)中的核心解释变量(贸易便利化)系数的符号方向和显著性水平均未发生变化,这说明即使控制众多因素,研究结论依然保持较好的稳定性。由此验证了假设3,贸易便利化提升对企业出口持续时间有显著的促进作用。

表5-4 基准回归结果

变量	(1)	(2)	(3)	(4)	(5)	(6)
lnTFI	-1.698***	-1.838***	-1.859***	-1.763***	-1.473***	-1.447***
	(0.036)	(0.036)	(0.036)	(0.036)	(0.035)	(0.035)
lnscale		-0.296***	-0.305***	-0.336***	-0.218***	-0.218***
		(0.003)	(0.003)	(0.003)	(0.003)	(0.003)
lnage			0.060***	0.082***	0.059***	0.060***
			(0.005)	(0.005)	(0.005)	(0.005)
lncapital				-0.138***	-0.085***	-0.086***
				(0.003)	(0.003)	(0.003)
lniexport					-0.199***	-0.200***
					(0.002)	(0.002)
finace						-0.036***
						(0.011)
常数项	-0.384***	2.042***	1.967***	2.670***	2.703***	3.310***
	(0.011)	(0.074)	(0.068)	(0.070)	(0.078)	(0.077)
行业固定效应	Yes	Yes	Yes	Yes	Yes	Yes
年份固定效应	Yes	Yes	Yes	Yes	Yes	Yes
rho	0.370	0.349	0.354	0.350	0.331	0.331
rho值似然比检验	21000	17000	17000	17000	16000	15000
Likelihood	-333025.1	-323331.2	-322853.1	-373061.6	-317797.7	-314616.8
观测值	627644	624838	624180	624831	624040	617841

注:变量前面加"ln"表示进行了对数处理;括号内的值表示标准误差;*、**、***分别表示在10%、5%和1%的水平上显著;rho值似然比检验用来表示模型控制了企业不可观测异质性。

5.3.3 内生性与稳健性检验

(1) 内生性检验

尽管在实证模型中控制了多个变量,但还是可能存在内生性问题,即可能存在同时影响贸易便利化和企业出口持续时间的遗漏变量,从而导致估计结果有偏。另外,企业出口持续时间和贸易便利化之间也可能存在反向因果关系。本章采用工具变量法解决内生性问题。第一,借鉴杨逢珉和程凯(2019)的研究,分别采用了贸易便利化滞后一期和滞后二期作为工具变量进行二阶段最小二乘法回归;第二,参考崔鑫生等(2019)的做法,选取了各省开埠通商历史作为工具变量进行回归,开埠通商是历史事件独立于企业出口持续时间具有外生性,开埠通商越早的省份,工商业相对越发达,贸易便利化水平也相对较高。内生性检验的结果见表5-5。表5-5显示无论采用哪种方法,核心解释变量(贸易便利化)的估计系数均显著为负,即在考虑了内生性问题后,基准回归结果仍然成立。

表5-5 内生性检验

变量	(1) 滞后一期	(2) 滞后二期	(3) 开埠通商历史
lnTFI	-2.393***	-0.465***	-0.129***
	(0.061)	(0.068)	(0.029)
lnsize	-0.278***	-0.233***	-0.208***
	(0.005)	(0.004)	(0.003)
lnage	0.119***	0.064***	0.055***
	(0.007)	(0.007)	(0.005)
lnkl	-0.147***	-0.153***	-0.094***
	(0.004)	(0.004)	(0.003)

续表

变量	(1) 滞后一期	(2) 滞后二期	(3) 开埠通商历史
lniexport	-0.106***	-0.082***	-0.208***
	(0.003)	(0.003)	(0.002)
finance	-0.033***	0.021	-0.037***
	(0.013)	(0.016)	(0.011)
常数项	5.503***	2.648***	3.140***
	(0.178)	(0.298)	(0.070)
行业固定效应	Yes	Yes	Yes
年份固定效应	Yes	Yes	Yes
rho	0.395	0.219	0.328
rho 值似然比检验	6185.55	1667.3	16000
Likelihood	-48355.9	-155887.1	-314294.8
观测值	409667	331484	617827

注：变量前面加"ln"表示进行了对数处理；括号内的值表示标准误差；*、**、*** 分别表示在10%、5%和1%的水平上显著；rho 值似然比检验用来表示模型控制了企业不可观测异质性。

(2) 稳健性检验

本节采用了四种不同的方法来检验基准回归结果的稳健性。

第一，更换回归模型。分别采用 probit 模型和 logit 模型重新估计了贸易便利化水平对企业出口持续时间的影响，回归结果如表5-6所示。列(1) 至列(3) 是采用 logit 模型的回归结果，列(1) 只有核心解释变量；列(2) 在核心解释变量的基础上加入了企业层面的控制变量，但并未控制行业固定效应；列(3) 在前两列的基础上进一步控制了行业固定效应，而列(4) 至列(6) 是采用 probit 模型的回归结果。与 cloglog 模型相比，虽然贸易便利化回归系数的大小发生了变化，但贸易便利化的系数仍然为负，均在1%的水平下显著，可见基准回归结果并未因估计的方法不同而产生较大的变化。这表明基准回归结果具有一定的稳健性，即贸易便利化水平的提高能够显著地降低企业出口风险，延长企业出口持续时间。

表 5-6 稳健性检验——更换回归模型

变量	(1) xtlogit	(2) xtlogit	(3) xtlogit	(4) xtprobit	(5) xtprobit	(6) xtprobit
lnTFI	-2.152***	-2.198***	-1.847***	-1.228***	-1.259***	-1.055***
	(0.045)	(0.043)	(0.045)	(0.025)	(0.024)	(0.025)
lnsize		-0.252***	-0.265***		-0.142***	-0.150***
		(0.004)	(0.004)		(0.002)	(0.003)
lnage		0.081***	0.079***		0.047***	0.046***
		(0.006)	(0.006)		(0.003)	(0.003)
lnkl		-0.085***	-0.101***		-0.047***	-0.055***
		(0.004)	(0.004)		(0.002)	(0.002)
lniexport		-0.258***	-0.257***		-0.147***	-0.147***
		(0.002)	(0.002)		(0.001)	(0.001)
finace		-0.082***	-0.081***		-0.039***	-0.039***
		(0.033)	(0.033)		(0.012)	(0.012)
常数项	1.265***	2.861***	3.391***	2.670***	1.603***	2.869***
	(0.011)	(0.074)	(0.070)	(0.070)	(0.023)	(0.058)
行业固定效应	Yes	No	Yes	Yes	Yes	Yes
年份固定效应	Yes	Yes	Yes	Yes	No	Yes
rho	0.314	0.297	0.287	0.331	0.315	0.305
rho 值似然比检验	21000	17000	16000	17000	16000	16000
Likelihood	-332942.2	-323331.2	-314399.2	-333043.2	-315844.1	-314499.2
观测值	627644	617844	617841	627644	617844	617841

注：变量前面加"ln"表示进行了对数处理；括号内的值表示标准误差；*、**、***分别表示在10%、5%和1%的水平上显著；rho值似然比检验用来表示模型控制了企业不可观测异质性。

第二，重新选择出口贸易段。分别用首个持续时间段和唯一持续时间段的观测样本，采用 cloglog 模型再次进行回归分析，回归结果见表 5-7 的列（1）和列（2），结果显示贸易便利化水平的回归系数仍然为负，且通过了 1% 的显著性检验。这说明基准回归结果具有较强的稳健性，即贸易便利化显著降低了企业出口失败的概率，有利于企业出口生存。

第三，更换核心解释变量测度方法。为避免贸易便利化测算方法不同而产生的干扰，本节还采用主成分分析法和加权法重新对贸易便利化进行了测度并再次进行了回归，回归结果见表 5-7 的列（3）和列（4），结果显示贸易便利化水平的回归系数在 1% 的水平下仍显著为负，说明贸易便利化显著地降低了企业出口失败的概率，有利于延长企业出口持续时间，进一步证明了基准回归结果的稳健性。

表 5-7 稳健性检验——更换样本和解释变量测度方法

变量	唯一持续时间段 (1)	首个持续时间段 (2)	加权法 (3)	主成分分析法 (4)
lnTFI	-2.137***	-1.553***	-0.334***	-0.423***
	(0.062)	(0.045)	(0.008)	(0.008)
lnsize	-0.396***	-0.231***	-0.218***	-0.221***
	(0.006)	(0.004)	(0.003)	(0.003)
lnage	0.253***	0.140***	0.058***	0.058***
	(0.009)	(0.006)	(0.005)	(0.005)
lnkl	-0.158***	-0.082***	-0.090***	-0.088***
	(0.005)	(0.004)	(0.003)	(0.003)
lniexport	-0.314***	-0.239***	-0.196***	-0.195***
	(0.004)	(0.003)	(0.002)	(0.002)

续表

变量	唯一持续时间段	首个持续时间段	加权法	主成分分析法
	(1)	(2)	(3)	(4)
finance	-0.041***	-0.033**	-0.035***	-0.035***
	(0.016)	(0.013)	(0.011)	(0.011)
常数项	4.962***	3.493***	2.442***	2.325***
	(0.103)	(0.085)	(0.071)	(0.071)
行业固定效应	Yes	Yes	Yes	Yes
年份固定效应	Yes	Yes	Yes	Yes
rho	0.571	0.489	0.330	0.328
rho 值似然比检验	12000	14000	15000	15000
Likelihood	-169389.1	-264711.7	-314611.0	-314294.8
观测值	375589	527805	617841	617841

注：变量前面加"ln"表示进行了对数处理；括号内的值表示标准误差；*、**、***分别表示在10%、5%和1%的水平上显著；rho值似然比检验用来表示模型控制了企业不可观测异质性。

第四，贸易便利化的分项指标。采用贸易便利化的四个分项指标：电子商务应用、法制环境、交通基础设施、海关效率分别进行了回归，回归结果如表5-8的列（1）至列（4）所示，除交通基础设施系数为负但未通过显著性检验外，其他分项指标的系数均显著为负，再次证明了本书估计结果的稳健性。从分项指标的系数绝对值来看，首先，法制环境对企业出口持续时间的影响最大，估计系数为0.621；其次，电子商务应用的估计系数为0.616；最后，海关效率的估计系数为0.031。

表 5-8 稳健性检验——贸易便利化分项指标回归分析

变量	电子商务应用 (1)	法制环境 (2)	交通基础设施 (3)	海关效率 (4)
lnTFI	-0.616***	-0.621***	-0.073	-0.031***
	(0.008)	(0.007)	(0.090)	(0.002)
lnsize	-0.229***	-0.238***	-0.206***	-0.208***
	(0.003)	(0.003)	(0.003)	(0.003)
lnage	0.061***	0.049**	0.056***	0.055***
	(0.005)	(0.005)	(0.005)	(0.005)
lnkl	-0.084***	-0.082***	-0.096***	-0.093***
	(0.003)	(0.003)	(0.003)	(0.003)
lniexport	-0.198***	-0.193***	-0.209***	-0.204***
	(0.002)	(0.002)	(0.002)	(0.002)
finance	-0.037***	-0.035***	-0.037***	-0.036***
	(0.011)	(0.011)	(0.011)	(0.011)
常数项	2.253***	2.215***	3.236***	2.905***
	(0.070)	(0.069)	(0.071)	(0.072)
行业固定效应	Yes	Yes	Yes	Yes
年份固定效应	Yes	Yes	Yes	Yes
rho	0.320	0.317	0.338	0.332
rho 值似然比检验	14000	14000	16000	15000
Likelihood	-313058.0	-312108.2	-315394.5	-315360.3
观测值	617842	617842	617842	617842

注：变量前面加"ln"表示进行了对数处理；括号内的值表示标准误差；*、**、***分别表示在10%、5%和1%的水平上显著；rho 值似然比检验用来表示模型控制了企业不可观测异质性。

5.3.4 异质性检验

（1）基于企业所有制的异质性检验

贸易便利化对不同所有制的企业出口持续时间是否存在异质性影响

呢？根据企业所有制不同，将出口企业分为国有企业、私营企业和外资企业，实证分析了贸易便利化对不同所有制企业出口持续时间的影响，表5-9的列（1）至列（3）展示了回归结果。由回归结果可以看出，国有企业、私营企业和外资企业的贸易便利化系数均为负，且通过了1%的显著性检验，说明贸易便利化对不同所有制企业出口持续时间均有显著的促进作用；从估计系数绝对值的大小来看，私营企业贸易便利化的系数为1.553，国有企业贸易便利化系数为0.932，而外资企业的系数为0.119，表明贸易便利化对私营企业出口生存的作用更大，然后为国有企业，而对外资企业出口生存的促进作用最小。这或许是因为相对国有企业和外资企业而言，私营企业的资金更紧张，且复杂的通关手续、基础设施不足等导致的贸易复杂性，加大了私营企业的贸易成本并增大了不确定性，因此，贸易便利化条件的改善对私营企业出口持续时间的促进作用更大。

（2）基于出口贸易方式的异质性检验

考虑到贸易便利化对采取不同贸易方式的企业出口生存可能会造成不同的影响，将样本按照贸易方式的不同划分为一般贸易企业和加工贸易企业，表5-9的列（4）和列（5）分别展示了一般贸易和加工贸易企业的回归结果。从回归结果来看，贸易便利化的系数都显著为负，表明无论一般贸易企业还是加工贸易企业，贸易便利化对其出口持续时间均有促进作用。从贸易便利化系数的绝对值大小来看，一般贸易企业为1.437，加工贸易企业为0.443，反映出贸易便利化对一般贸易企业出口生存的促进作用更强。一般贸易企业自主进行生产、寻找销售对象、开拓市场，企业面临贸易成本更高，因此一般贸易企业出口生存对贸易成本的敏感度更高，贸易便利化可以降低贸易成本，从而降低了一般贸易企业的出口风险。

表 5-9　区分企业所有制、贸易方式的异质性检验

变量	国有企业 (1)	私营企业 (2)	外资企业 (3)	一般贸易 (4)	加工贸易 (5)
lnTFI	-0.932***	-1.553***	-0.119***	-1.437***	-0.443***
	(0.223)	(0.040)	(0.070)	(0.037)	(0.088)
lnsize	-0.152***	-0.202***	-0.267***	-0.210***	-0.237***
	(0.025)	(0.004)	(0.007)	(0.003)	(0.009)
lnage	0.036***	0.039***	0.104***	0.050***	-0.015
	(0.030)	(0.005)	(0.013)	(0.005)	(0.014)
lnkl	-0.019	-0.074***	-0.073***	-0.084***	0.095***
	(0.030)	(0.003)	(0.007)	(0.003)	(0.009)
lniexport	-0.185***	-0.199***	-0.142***	-0.205***	-0.095***
	(0.016)	(0.002)	(0.005)	(0.002)	(0.005)
finance	-0.346*	-0.047***	0.016	-0.034***	0.071
	(0.143)	(0.019)	(0.020)	(0.012)	(0.057)
常数项	1.193	3.291***	1.163	3.387***	0.786
	(1.133)	(0.071)	(1.131)	(0.070)	(1.131)
行业固定效应	Yes	Yes	Yes	Yes	Yes
年份规定效应	Yes	Yes	Yes	Yes	Yes
rho	0.325	0.320	0.273	0.328	0.176
rho 值似然比检验	128.16	11000	1427.1	13000	108.52
Likelihood	-5495.5	-233668.2	-74020.3	-276578.6	-38427.9
观测值	12216	437672	167925	533813	84016

注：变量前面加"ln"表示进行了对数处理；括号内的值表示标准误差；*、**、*** 分别表示在10%、5%和1%的水平上显著；rho 值似然比检验用来表示模型控制了企业不可观测异质性。

(3) 基于企业所在地的异质性检验

贸易便利化对企业出口持续时间的影响是否存在地区差异？按照企

业所处的地区将其划分为东部、中部、西部进行回归分析，回归结果见表 5-10 的列（1）至列（3）。由回归结果可以看出，东部和西部贸易便利化的回归系数显著为负，但中部地区贸易便利化估计系数却显著为正，说明贸易便利化对东部和西部地区企业出口生存有显著的促进作用，但对中部地区没有促进作用。从贸易便利化系数的绝对值大小来看，西部地区贸易便利化系数为 0.931，东部地区贸易便利化系数为 0.258，反映出相对于东部地区企业，贸易便利化对西部地区企业出口持续时间作用更强、成本加成的提升作用更强。这或许是因为东部地区贸易便利化水平相对较高，东部地区企业早已从贸易便利化进程中获益，进一步推进该地区的贸易便利化进程的作用相对有限，而西部地区由于贸易便利化基础薄弱，水平较低，从贸易便利化推进中获得的边际效益更大，因而贸易便利化对西部地区企业出口持续时间的促进作用更大。

（4）基于企业要素密集度的异质性检验

借鉴黄先海等（2018）的方法，把资本要素密集度位于前 50% 的企业定义为资本密集型企业，将位于后 50% 的企业定义为劳动密集型企业，分组比较了贸易便利化对不同要素密集度企业出口持续时间的影响，回归结果见表 5-10 的列（4）和列（5）。从回归结果来看，贸易便利化的系数均显著为负，表明资本密集型企业和劳动密集型企业的贸易便利化对其出口持续时间均有显著的促进作用。从贸易便利化系数的绝对值大小来看，资本密集型企业为 1.872，劳动密集型企业为 0.836，反映出贸易便利化对资本密集型企业出口持续时间的影响程度要大于劳动密集型企业。资本密集型企业相对于劳动密集型企业来说，使用的中间投入品、资本品种类更多，贸易便利化提升以后，这类企业受到的成本降低效应和生产率提升效应更大，因而更有利于企业延长出口持续时间。

表 5-10　区分企业所在地、要素密集度的异质性检验

变量	东部地区 (1)	中部地区 (2)	西部地区 (3)	资本密集型 (4)	劳动密集型 (5)
lnTFI	-0.258***	10.830***	-0.931**	-1.872***	-0.836***
	(0.046)	(0.478)	(0.447)	(0.051)	(0.047)
lnsize	-0.254***	-0.150***	-0.140***	-0.175***	-0.267***
	(0.004)	(0.010)	(0.017)	(0.004)	(0.005)
lnage	0.080**	-0.048**	-0.018	0.037***	0.062***
	(0.005)	(0.012)	(0.023)	(0.007)	(0.006)
lnkl	-0.101***	-0.078***	0.010	0.074***	-0.243***
	(0.003)	(0.010)	(0.019)	(0.006)	(0.006)
lniexport	-0.185***	-0.207***	-0.216***	-0.191***	-0.223***
	(0.002)	(0.006)	(0.011)	(0.003)	(0.003)
finance	-0.026**	-0.597***	1.412***	-0.032***	-0.245**
	(0.012)	(0.202)	(0.291)	(0.012)	(0.098)
常数项	3.338***	1.122***	1.933***	2.816***	4.217***
	(0.347)	(0.141)	(0.661)	(0.143)	(0.083)
行业固定效应	Yes	Yes	Yes	Yes	Yes
年份固定效应	Yes	Yes	Yes	Yes	Yes
rho	0.338	0.301	0.327	0.376	0.279
rho 值似然比检验	13000	1571.1	442.8	7617.1	4690.93
Likelihood	-272051.8	-27376.4	-5507.62	-149516.0	-165353.1
观测值	551305	47532	18983	299555	318282

注：变量前面加"ln"表示进行了对数处理；括号内的值表示标准误差；*、**、***分别表示在10%、5%和1%的水平上显著；rho值似然比检验用来表示模型控制了企业不可观测异质性。

5.3.5 机制检验

基础回归和稳健性检验均证实贸易便利化可以显著地提升企业出口技术复杂度，但贸易便利化通过何种渠道影响企业出口技术复杂度需进一步研究。本部分借鉴魏浩等（2019）的做法，采用中介效应两步法来检验贸易便利化对企业出口技术复杂度的作用机制。根据前文的理论机制分析，选取出口成本节约效应和生产率提升效应进行机制检验。

（1）出口成本节约效应

企业参与国际贸易需支付更高的贸易成本。如果企业无法承担过高的贸易成本，会选择退出国际市场；而贸易成本的降低无疑为企业实现持续经营创造更多的成本和利润优势，有助于企业提升在国际市场的竞争力（许家云和毛其淋，2016），进而对企业出口生存产生积极的影响。在不确定性较高的国际市场中，有效降低交易成本是贸易关系得以持续的关键因素（邓路，2018）。本部分采用两步法来检验贸易便利化通过出口成本效应来延长企业出口持续时间的渠道是否成立。第一步，检验贸易便利化对出口成本的影响；第二步，检验出口成本的降低是否能延长企业出口持续时间。企业出口成本（TC）借鉴刘斌和王乃嘉（2016）做法，采用出口比率乘以企业成本得到，出口比率用出口规模除以工业总产值来表示。借鉴许和连等（2017）和胡昭玲等（2021）的做法，企业成本由企业的管理费用、财务费用、主营业务成本、销售成本、应付工资总额和应付福利费用总额构成。

回归结果见表5-11的列（1）和列（2）。在表5-11的列（1）中，贸易便利化的系数显著为负，表明贸易便利化能够显著降低企业的出口成本；同时，在列（2）的回归结果中发现，企业出口成本对企业出口生存的影响显著为正,说明出口成本的下降能显著地延长企业出口持续时间。综合列(1)和列(2)的回归结果可以看出,贸易便利化通过降低出口成本延长了企业出口持续时间,从而证实了出口成本节约效应是贸易便利化延长企业出口持续时间的传导机制。

(2)生产率提升效应

生产率是决定企业生存率的一个重要因素。很多研究生存分析的文献表明企业生产率水平与企业在出口市场的风险率负相关(陈勇兵等,2012;赵瑞丽等,2016),即生产率高的企业,抵御出口风险的能力较强。本部分也分两个步骤来检验贸易便利化通过生产率提升效应来延长企业出口持续时间的作用机制是否成立。第一步,检验贸易便利化对企业生产率的影响;第二步,检验生产率的提升能否延长企业出口持续时间。由于中国工业企业数据库2000—2012年中部分年份关键数据缺失,如工业增加值,因此借鉴张梦婷等(2018)的做法,采用人均产出来表示生产率(tfp)。回归结果见表5-11的列(3)和列(4)。在表5-11列(3)中,贸易便利化的系数显著为正,表明贸易便利化对企业生产率有显著的促进作用;同时,在列(4)的回归结果中发现,企业生产率对企业出口生存的影响显著为负,说明企业生产率的提升能显著延长企业出口持续时间。综合列(3)和列(4)的回归结果可以看出,贸易便利化通过提升企业生产率延长了企业出口持续时间,从而证实了生产率提升效应是贸易便利化延长企业出口持续时间的传导机制。据此,证明了假设4。

表5-11 机制检验

变量	lnTC	fail	lntfp	fail
	(1)	(2)	(3)	(4)
lnTFI	−0.097***		1.548***	
	(0.011)		(0.043)	

续表

变量	lnTC (1)	fail (2)	lntfp (3)	fail (4)
lnTC		0.003***		
		(0.001)		
lntfp				−0.036***
				(0.002)
lnsize	−0.050***	−0.218***	−0.745***	−0.237***
	(0.000)	(0.003)	(0.002)	(0.004)
lnage	0.040***	0.060***	0.003	0.051***
	(0.000)	(0.005)	(0.002)	(0.005)
lnkl	−0.054***	−0.086***	0.069***	−0.091***
	(0.000)	(0.003)	(0.002)	(0.003)
lniexport	0.014***	−0.200***	0.000	−0.205***
	(0.000)	(0.002)	(0.001)	(0.002)
finance	0.000	0.036	−0.018***	0.034***
	(0.001)	(0.011)	(0.005)	(0.011)
常数项	0.472***	3.389***	11.537***	3.610***
	(0.105)	(0.070)	(0.354)	(0.075)
行业固定效应	Yes	Yes	Yes	Yes
年份固定效应	Yes	Yes	Yes	Yes
rho	0.999	0.331	0.879	0.335
rho 值似然比检验		15000		16000
Likelihood		−314602.87		−315289.78
观测值	675062	617824	675085	617841

注：变量前面加"ln"表示进行了对数处理；括号内的值表示标准误差；*、**、***分别表示在10%、5%和1%的水平上显著；rho 值似然比检验用来表示模型控制了企业不可观测异质性。

5.4 本章小结

本章采用中国工业企业数据库和中国海关数据库的匹配数据，基于企业层面的视角，理论和实证分析了贸易便利化对企业出口持续时间的影响和作用机制。在计量方法的选择上，本章主要采用非参数 K-M 生存分析法和二元离散时间生存分析模型（cloglog）进行实证分析，并选择合适的工具变量解决了贸易便利化产生的内生性问题。本章主要研究结论如下。

第一，借鉴 Facundo 等（2016）通过建立数理模型发现，贸易便利化能够降低企业出口成本，提升企业生产率有利于延长企业出口持续时间。

第二，生存分析法表明样本期内（2002—2012 年）我国企业出口持续时间的中位数仅为 5 年，出口持续时间并不长，并且企业出口生存时间存在异质性。从企业所有制来看，国有企业和外资企业出口持续时间要长于私营企业；从企业所在地来看，东部地区企业出口持续时间长于西部和中部地区企业；从企业出口贸易方式来看，加工贸易企业出口持续时间长于一般贸易企业；从企业资本密集度来看，资本密集型企业出口持续时间长于劳动密集型企业；从贸易便利化水平高低来看，位于高贸易便利化水平组的企业出口持续时间明显高于低贸易便利化水平组的企业。

第三，基准回归模型表明贸易便利化水平对企业出口持续时间有显著的促进作用，在考虑内生性问题，改变实证方法，更换贸易便利化的测度方法，改变样本范围后，这一结论依然成立。贸易便利化的分项指标中，海关效率、法制环境和电子商务应用对企业出口持续时间均具有显著促进作用，且作用大小为：法制环境>电子商务应用>海关效率，而交通基础设施在样本期内对企业出口持续时间并没有显著作用。

第四，贸易便利化对企业出口生存的影响具有明显的异质性。具体表现为：贸易便利化对私营企业出口生存的促进作用大于国有企业和外资企业；贸易便利化对西部地区企业出口生存的促进作用大于东部地区，而对中部地区企业出口持续时间并没有显著的促进作用；贸易便利化对一般贸易企业出口生存的促进作用大于加工贸易企业；贸易便利化对资本密集型企业出口生存的促进作用大于劳动密集型企业。

第五，采用中介效应两步法发现出口成本节约效应和企业生产率提升效应是贸易便利化降低企业出口风险，延长企业出口持续时间的主要途径。

第 6 章
CHAPTER 6

贸易便利化对出口企业成本加成的影响

　　成本加成表示产品价格和边际成本之间的偏离，反映了企业在市场中的定价能力和超额利得，是衡量企业竞争力和盈利能力的重要指标之一。本章旨在考察贸易便利化对出口企业成本加成的影响，首先，从理论上分析贸易便利化影响出口企业成本加成的机制；其次，构建计量模型检验贸易便利化对企业成本加成的影响；再次，对基准回归结果进行了稳健性和内生性检验，以识别研究结论的可靠性；最后，引入企业异质性分样本检验和中介效应检验，以深入考察贸易便利化对成本加成的异质性影响及贸易便利化通过何种途径对出口企业加成产生影响。

6.1 贸易便利化对出口企业成本加成影响的理论分析

企业是市场经济的主体，增强其市场竞争力对中国外贸的高质量发展至关重要。企业成本加成是衡量企业定价能力的重要指标（孙林等，2022），国内学者研究表明，中国出口企业的成本加成普遍较低，甚至低于国内非出口企业的成本加成，即中国多数出口企业落入了"低成本加成率陷阱"（盛丹和王永进，2012；刘啟仁和黄建忠，2015；黄先海等，2016），其定价能力亟待提升。针对此问题的研究，不少学者认为中国"优进优出型"贸易模式，即主动扩大进口有利于增强对外贸易竞争力。张杰等（2015）研究表明，企业通过进口优质产品和技术设备可以改进自身技术、降低成本与加速转型升级，特别是对高技术中间品的进口能够替代能源、劳动等基础要素投入，扩大企业生产要素选择空间，加速技术溢出和先进经验转移，最终提高企业盈利能力。2016年，商务部颁布的《对外贸易发展"十三五"规划》中对中国的贸易模式做出明确要求，强调要加强关键设备、零部件等的进口，鼓励企业引进消化吸收再创新，提高国际竞争力。2018年，国务院办公厅在其转发的《关于扩大进口促进对外贸易平衡发展的意见》中也再次明确提出了上述观点。2021年，《"十四五"对外贸易高质量发展规划》进一步明确"扩大先进技术、重要设备、关键零部件进口"。通过提升口岸效率、海关环境、规制环境等贸易便利化措施成为推动我国进口的主要路径之一（程凯和杨逢珉，2020）。因此，本章主要从进口角度，分析贸易便利化对出口企业成本加成的影响。

6.1.1 贸易便利化对进口的影响

与贸易自由化类似，贸易便利化的主要目的是削减贸易成本，但与贸易自由化不同的是，贸易便利化主要涉及边境管理、通关费用、监管和安全制度等降低贸易成本的措施。贸易便利化对进口成本的影响主要体现在制度性成本：一方面，直接表现在费用的减少，如降低进口环节合规成本、减少不合理收费等直接降低了企业的进口成本，而通过扩大基础设施建设规模等能大大降低运输成本，并提高交通运输通道的连接性，降低进口的运输成本；另一方面，贸易便利化可以表现为时间成本的减少，如通关、物流等效率的提升缩短了产品在流通环节的时间，间接削减了企业的物流成本和仓储成本，而行政审批流程的简化等也大大缩短了企业进口的时间，从而降低了企业的进口成本。据WTO估算，《贸易便利化协定》如果得到落实，将使全球贸易成本下降14.3%，进口货物通关时间减少47%。Hornok和Koren（2015）利用西班牙船运的微观数据研究发现，每艘船行政成本降低50%相当于关税降低9个百分点；Hummels等（2007）发现，通关时间每延迟一天，相当于对制成品征收0.6%~2.3%的从价税。由此可见，贸易便利化对降低进口成本有积极的作用。

6.1.2 进口对企业成本加成的影响

贸易便利化削减了进口成本对进口的增加的影响，通过进口的技术溢出效应和竞争效应对企业成本加成产生影响。

（1）技术溢出效应

贸易便利化大大降低了进口成本，企业可以获得原本因高昂的贸易成本而无法进入国内市场的产品，进口将增加，特别是进口种类会增加。Hoekman 和 Shepherd（2015）认为，贸易便利化降低了贸易成本，刺激了多样化的进口产品消费需求。

首先，贸易便利化水平的提高降低了企业进口成本，间接增加了其利润，从而使其更有能力进口高质量中间品。蕴含新技术、新知识的进口产品的增加，为本国企业提供了更多的模仿和学习的机会，有利于企业跨越关键技术和零部件生产的技术门槛，提升企业创新能力，并带动成本加成的提高。Connolly（2003）基于1965—1990年全球75个国家的经验研究，证实了高技术含量和高质量产品进口对进口国的创新溢出作用，而创新能力也是提升企业成本加成的重要来源。进口产品种类越多，技术扩散效应越强，就越有利于提升企业的成本加成。Goldberg 等（2010）以印度企业为样本研究发现，进口中间品种类的提高，企业的成本加成也随之提高。祝树金等（2019）也证实了进口会显著地改善企业产品出口加成率。其次，进口中间品种类的增加扩大了制造业企业中间投入品的选择范围，在制造过程中带来技术溢出效应提高了产品的差异化程度，增强了企业的垄断势力，进而提升了企业的成本加成。最后，从国外进口具有比较优势的中间产品，在一定程度上提升了企业生产效率，降低了企业平均生产成本，有利于提升企业市场份额和成本加成。

（2）竞争效应

贸易便利化降低了进口成本引致更多进口，加剧了本国产品市场的竞争。崔鑫生和李芳（2020）发现，贸易便利化水平的提高对我国农产品、工业品和中间品进口贸易的影响非常显著。进口竞争加剧，一方面，对价格会形成向下的压力，特别是在竞争程度低的行业，具有垄断地位的企业会选择通过降价来维持原有的垄断地位，进口竞争会促使价格向边际成本靠拢，对成本加成有消极的影响，产生"促进竞争效应"（Feenstra，2010）；另一方面，贸易便利化导致大量的国外同类或相近产品进入国内市场，使国内企业面临的市场竞争加剧。进口竞争会激励本土企业更新生产设备，改进管理方式，从而提升企业生产率水平（简泽等，2014）。在通常情况下，企业的边际生产成本与其生产率水平之间存在负相关关系。贸易便利化水平的提高会降低企业的边际生产成本，提高企业的成本加成率（张营营等，2019）。此外，进口竞争的加剧会激励本土企业进行研发创新，提高产品质量，生产有差异化的产品，从而达到"逃离竞争"的目的（Amiti 和 Khandelwal，2013；祝树金等，2019）；企业的定价能力得到提升，成本加成会上升，特别是竞争程度比较高的行业，企业是价格接受者，进口竞争加剧导致企业增加研发投入，成本降低的幅度大于价格提高的幅度，成本加成会上升。由于我国国内制造业竞争相对激烈（孙辉煌和兰宜生，2008），预计进口竞争导致的"逃离竞争效应"将大于"促进竞争效应"，即竞争效应对我国出口企业成本加成会产生积极的作用。

6.2 计量模型设定与数据说明

6.2.1 计量模型设定

为了分析贸易便利化与出口企业成本加成的关系，借鉴李宏亮和谢建国（2018）、李思慧和徐保昌（2018）的研究，将基准模型设定为

$$\ln mkp_{it} = \alpha_0 + \alpha_1 \ln TFI_{idt} + \beta X_{it} + \mu_i + \mu_j + \mu_t + \varepsilon_{ijdt} \quad (6-1)$$

其中，i 为企业；j 为企业所在的行业；d 为企业所在的省份；t 为时间；mkp_{it} 为企业成本加成；TFI_{idt} 为企业所在省份的贸易便利化水平，X_{it}

为企业层面控制变量的集合,包括企业规模、企业年龄、企业人均资本、企业融资约束等;μ_i、μ_j、μ_t 分别为企业、行业和时间固定效应;ε_{ijdt} 为随机干扰项。

6.2.2 变量定义

(1) 被解释变量

企业成本加成 (mkp)。目前,企业成本加成的计算方法主要有会计法和生产函数法两种。相对而言,会计法简单明了,所需数据容易获得且能够更好地体现行业之间的差异;国内外许多学者均采用会计法对企业成本进行测度。另外,本章采用 2001—2007 年的数据进行分析①,时间年限较短,采用会计法进行测算可以避免受到经济周期和外部冲击的影响。因此,采用会计法测算企业的成本加成,具体计算方法为

$$\left(\frac{p-c}{p}\right)_{it} = 1 - \frac{1}{mkp_{it}} = \left(\frac{va-wage}{va+input}\right)_{it} \qquad (6-2)$$

其中,p 为产品价格,c 为企业的边际成本;mkp 为企业成本加成;va 为企业的工业增加值;wage 为企业当年所支付的工资总额,input 为中间投入成本。

(2) 核心解释变量

贸易便利化 (lnTFI)。借鉴 Wilson (2003, 2005) 的做法,从海关效率、法制环境、电子商务应用和交通基础设施四个方面构建贸易便利化指标体系,测算出各个省份在贸易便利化相关领域的得分,在此基础上,将所有变量标准化再取简单平均值得到各省贸易便利化综合得分,具体计算方法见第 2 章。

---

① 由于 2007 年后,中国工业企业数据库中工业增加值和中间投入成本的数据缺失严重,难以测算出口企业成本加成,因此本章样本期间为 2001—2007 年。

(3) 控制变量

本章选取的控制变量主要有：企业规模（lnscale）采用企业雇用职工总数的对数表示用以控制规模效应；企业资本密集度（lncapital）采用企业年固定资产与职工总数的比值衡量并采用对数形式；企业年龄（lnage）采用当年年份减去企业成立年份加 1 并取对数形式；融资约束（finance）采用企业利息支出与固定资产的比值来衡量，数值越大表示企业融资约束越小，反之则表示企业融资约束越大；政府补贴（sub）为二值变量，当企业受到了政府补贴，取值为 1，如果企业没有政府补贴，sub 取值为零。

6.2.3 数据来源及说明

本章所需数据主要来源于中国工业企业数据库和中国海关贸易数据库，样本区间为 2001—2007 年。两套数据合并匹配时采取了以下做法：第一，将企业名称和年份相同的企业进行合并；第二，将邮政编码相同且电话号码后七位相同的企业也进行了合并；第三，根据会计准则剔除了异常值和缺失值。贸易便利化计算的原始数据主要来自《中国统计年鉴》《中国口岸年鉴》等。主要变量的描述性统计如表 6-1 所示。

表 6-1 主要变量的描述性统计

变量	观测值	均值	标准差	最小值	最大值
lnmkp	141468	0.193	0.254	-4.334	7.401
lnTFI	141491	1.855	0.393	-0.180	2.621
lnscale	141491	5.548	1.170	2.079	11.526
lnage	140172	1.940	0.756	0	7.597
lncapital	141230	3.630	1.381	-6.208	9.782
finance	141456	0.007	0.027	-7.614	3.829
sub	141491	0.224	0.417	0	1

6.3 实证结果分析

6.3.1 基准回归结果

为了检验贸易便利化对出口企业成本加成的影响，对式（6-1）进行了回归分析，表6-2展示了基准回归结果。表6-2列（1）为仅考虑了核心解释变量的回归结果，贸易便利化（lnTFI）的估计系数为0.353，且在1%的水平上显著为正，说明贸易便利化水平的提高有助于提升出口企业成本加成。

表6-2的列（2）至列（6）为逐步加入企业层面控制变量的回归结果。企业规模（lnscale）的估计系数一直为负，且通过了1%的显著性检验，表明企业规模越大，企业加成率反而越低，这可能是由于企业规模越大，管理成本越高。企业年龄（lnage）的估计系数为正，且通过了1%的显著性检验，表明企业经营时间与企业成本加成之间为正向关系，或许是因为企业在生产经营过程中逐步积累了经验，产品的成本控制能力得到提高。企业资本密集度（lncapital）统计系数显著为正，说明企业资本密集度提升有助于企业成本加成的提高，这可能是由于资本密度高的企业生产的产品往往是资本密集型的产品，产品差异度相对较高，因而企业的成本加成也相对较高。融资约束（finance）的系数显著为正，说明企业的融资约束越小，企业的成本加成越高，这与李宏亮和谢建国（2018）的研究结论相吻合；政府补贴（sub）的估计系数为负，且未能通过显著性检验，说明政府补贴对企业成本加成没有显著的作用。

与表6-2中的列（1）相比，列（2）至列（6）的核心解释变量

（贸易便利化）的估计系数的符号和显著性水平均未发生变化，说明即使控制众多因素，研究结论依然保持较好的稳定性。这说明贸易便利化的提升对出口企业成本加成有显著的促进作用。

表 6-2　基准回归结果

变量	(1)	(2)	(3)	(4)	(5)	(6)
lnTFI	0.353***	0.356***	0.362***	0.366***	0.363***	0.364***
	(0.058)	(0.058)	(0.057)	(0.058)	(0.058)	(0.058)
lnscale		−0.011***	−0.013***	−0.010***	−0.010***	−0.010***
		(0.002)	(0.002)	(0.003)	(0.003)	(0.003)
lnage			0.018***	0.017***	0.017***	0.017***
			(0.003)	(0.003)	(0.003)	(0.003)
lncapital				0.004**	0.004**	0.004**
				(0.002)	(0.002)	(0.002)
finance					0.243***	0.243***
					(0.108)	(0.108)
sub						−0.000
						(0.002)
常数项		0.105***	0.079***	0.045	0.046	0.046
		(0.028)	(0.028)	(0.030)	(0.030)	(0.030)
企业固定效应	Yes	Yes	Yes	Yes	Yes	Yes
年份固定效应	Yes	Yes	Yes	Yes	Yes	Yes
行业固定效应	Yes	Yes	Yes	Yes	Yes	Yes
样本量	127581	127581	126275	126033	126033	126033
R^2	0.4462	0.4464	0.4486	0.4528	0.4533	0.4533

注：括号内为标准误，*、**、***分别表示在10%、5%和1%的水平上显著，各模型均采用聚类到企业层面的标准误进行回归。

6.3.2 内生性检验和稳健性检验

(1) 内生性检验

由于贸易便利化与企业成本加成之间可能存在反向因果关系,即企业成本加成可能会反作用于贸易便利化。为了有效地处理内生性问题,本章采用工具变量法进行回归分析。首先,借鉴杨逢珉和程凯(2019)的方法,分别采用贸易便利化滞后一期和滞后二期作为工具变量进行二阶段最小二乘法回归;其次,参考崔鑫生等(2019)的做法选取各省开埠通商历史作为工具变量进行回归,开埠通商是历史事件独立于企业成本加成具有外生性;最后,开埠通商越早的省份,工商业相对越发达,贸易便利化水平也相对较高,内生性回归结果如表6-3所示。表6-3显示,工具变量F值都大于10,排除了弱工具变量问题,说明工具变量选择是有效的;贸易便利化的回归系数均为正且通过了1%的显著性检验,这一结果表明,在有效控制可能存在的内生性情况下,贸易便利化水平的提高显著促进了我国企业成本加成的提升,这与前文的基准回归结果保持一致,本书研究结论的可靠性得到了证明。

表6-3 工具变量法回归结果

变量	滞后一期 (1)	滞后二期 (2)	开埠通商历史 (3)
lnTFI	0.905***	1.434***	0.798***
	(0.120)	(0.243)	(0.129)
lnscale	-0.018***	-0.021***	-0.006***
	(0.003)	(0.003)	(0.002)
lnage	0.008***	0.007	0.017***
	(0.003)	(0.005)	(0.003)

续表

变量	滞后一期 (1)	滞后二期 (2)	开埠通商历史 (3)
lncaptial	0.004**	0.003	0.005***
	(0.002)	(0.002)	(0.001)
finance	0.283***	-0.091	0.243***
	(0.027)	(0.058)	(-0.029)
sub	-0.001	-0.004	0.002
	(0.002)	(0.003)	(0.002)
企业固定效应	Yes	Yes	Yes
年份固定效应	Yes	Yes	Yes
行业固定效应	Yes	Yes	Yes
工具变量 F 值	19000	10000	176.906
N	81865	56157	126033

注：括号内为标准误，*、**、***分别表示在10%、5%和1%的水平上显著，各模型均采用聚类到企业层面的标准误进行回归。

(2) 稳健性检验

本节采用了三种不同的方法来检验回归结果的稳健性。

第一，改变企业成本加成的测度方法。在基准回归中企业的成本加成采用会计法进行测度，本部分采用 De Loecker 等（2016）的生产函数法对企业成本加成重新测算，以检验成本加成度量方法的变化是否会影响贸易便利化对企业成本加成的作用效果。具体测算方法如下。

假设企业 i 在时间 t 的生产函数为

$$Q_{it} = F(L_{it}, K_{it}, M_{it}, \omega_{it}) \qquad (6-3)$$

其中，Q_{it} 为企业 i 在时间 t 的总产出；L_{it}、K_{it} 和 M_{it} 分别为劳动、资本和中间要素的投入量；ω_{it} 为企业生产率；生产函数 F(·) 连续二次可微。企业为追求利润最大化，即在总产出给定的情况下追求成本最小化，建立拉格朗日方程：

$$\zeta(L_{it}, K_{it}, M_{it}, \lambda_{it}) = \omega_{it}L_{it} + r_{it}K_{it} + p_{it}^m M_{it} + \lambda_{it}[Q_{it} - F(L_{it}, K_{it}, M_{it}, \omega_{it})] \tag{6-4}$$

其中，ω_{it}、r_{it} 和 p_{it}^m 分别为劳动、资本和中间投入要素的价格，λ_{it} 为拉格朗日乘子。对式（6-4）中的中间投入求一阶导数，可以得到：

$$\frac{\partial \zeta_{it}}{\partial M_{it}} = p_{ir}^m - \lambda_{it} \frac{\partial F_{it}}{\partial M_{it}} = 0 \tag{6-5}$$

式（6-5）两边同时乘以 $\frac{M_{it}}{Q_{it}}$ 可以得到：

$$\frac{\partial F_{it}}{\partial M_{it}} \frac{M_{it}}{Q_{it}} = \frac{1}{\lambda_{it}} \frac{p_{it}^m M_{it}}{Q_{it}} = \frac{P_{it}}{\lambda_{it}} \frac{p_{it}^m M_{it}}{P_{it} Q_{it}} \tag{6-6}$$

其中，P_{it} 为最终产品价格；拉格朗日乘子满足条件 $\lambda_{it} = \frac{\partial \zeta}{\partial Q_{it}} = c_{it}$，其中 c_{it} 为给定产出水平下的边际成本；企业成本加成（u_{it}）表示为产品价格（P_{it}）与边际成本（c_{it}）之比，即 $u_{it} = \frac{p_{it}}{c_{it}}$。由式（6-6）进一步推导可以得到：

$$u_{it} = \theta_{it}^m (\alpha_{it}^m)^{-1} \tag{6-7}$$

其中，$\theta_{it}^m = \frac{\partial F_{it}}{\partial M_{it}} \frac{M_{it}}{Q_{it}}$ 为中间要素投入 M_{it} 的产出弹性；$\alpha_{it}^m = \frac{p_{it}^m M_{it}}{P_{it} Q_{it}}$ 为中间要素投入 M_{it} 在生产成本中所占的比重。中间要素投入 M_{it} 可以直接从中国工业企业数据库中直接获取。因此，测算企业成本加成的关键在于准确地估计中间要素投入 M_{it} 的产出弹性（θ_{it}^m），这需要控制不可观测的生产率冲击。借鉴祝树金等（2023）的做法，采用超越对数生产函数对企业生产函数进行估计，具体模型设定如下。

$$q_{it} = \beta_l l_{it} + \beta_k k_{it} + \beta_m m_{it} + \beta_{ll} l_{it}^2 + \beta_{kk} k_{it}^2 + \beta_{mm} m_{it}^2 + \beta_{lk} l_{it} k_{it} + \qquad (6-8)$$
$$\beta_{lm} l_{it} m_{it} + \beta_{km} k_{it} m_{it} + \beta_{lkm} l_{it} k_{it} m_{it} + \omega_{it} + \varepsilon_{it}$$

其中，q、l、k 和 m 分别为 Q、L、K 和 M 的对数。

借助 ACF（2015）两步法，在二位行业层面上对生产函数的各个系数进行估算（$\hat{\beta}_l$, $\hat{\beta}_k$, $\hat{\beta}_m$, $\hat{\beta}_{ll}$, $\hat{\beta}_{kk}$, $\hat{\beta}_{mm}$, $\hat{\beta}_{lk}$, $\hat{\beta}_{lm}$, $\hat{\beta}_{km}$, $\hat{\beta}_{lkm}$），即可得到每个企业的中间品投入产出弹性。

$$\widehat{\theta_{it}^m} = \hat{\beta}_m + 2\hat{\beta}_{mm} m_{it} + \hat{\beta}_{lm} l_{it} + \hat{\beta}_{lkm} l_{it} k_{it} \qquad (6-9)$$

利用式（6-7）和式（6-9）可以得到企业层面的成本加成。

采用 De Loecker 等（2016）的生产函数法对企业成本加成重新测算后，对基准模型再次进行了回归，回归结果如表 6-4 的列（1）至列（3）所示。在列（1）中，解释变量只包括贸易便利化一个变量，未引入其他控制变量，结果显示，贸易便利化对企业成本加成有显著的正向作用。列（2）在列（1）的基础上进一步控制了企业层面的控制变量，贸易便利化的系数依然显著为正。列（3）在列（2）的基础上进一步加入了年份固定效应和行业固定效应，贸易便利化的回归结果依然显著为正，这进一步表明了贸易便利化水平的提高会提升企业成本加成，证明了基准结果的稳健性。

第二，改变贸易便利化的测度方法。为了避免因贸易便利化测算方法不同而产生的干扰，本部分采用主成分分析法重新对贸易便利化进行测度并再次进行回归，回归结果如表 6-4 的列（4）至列（6）所示。在列（4）中，解释变量只包括贸易便利化一个变量，未引入其他控制变量，结果显示，贸易便利化对企业成本加成有显著的正向作用。列（5）在列（4）的基础上进一步控制了企业层面的控制变量，贸易便利化的系数依然显著为正。列（6）在列（5）的基础上进一步加入了年份固定效应和行业固定效应，贸易便利化的回归结果依然显著为正，进一步表明了贸易便利化水平的提高会提升企业成本加成,证明了基准结果的稳健性。

表 6-4　稳健性检验——替换变量

变量	(1)	(2)	(3)	(4)	(5)	(6)
lnTFI	0.311***	0.223***	0.152**	0.043***	0.040***	0.057***
	(0.078)	(0.081)	(0.081)	(0.011)	(0.011)	(0.013)
lnscale		0.004	0.002		-0.010***	-0.010***
		(0.003)	(0.004)		(0.002)	(0.003)
lnage		0.015***	0.008***		0.008***	0.017***
		(0.003)	(0.003)		(0.002)	(0.003)
lncapital		-0.006***	-0.006***		0.004**	0.004**
		(0.002)	(0.003)		(0.002)	(0.002)
finance		-0.162***	-0.155		0.244***	0.243***
		(0.074)	(0.106)		(0.108)	(0.025)
sub		-0.000	0.000		-0.000	-0.000
		(0.003)	(0.003)		(0.002)	(0.002)
常数项		0.115***	0.171***	0.226***	0.248***	0.240***
		(0.038)	(0.044)	(0.008)	(0.024)	(0.025)
企业固定效应	Yes	Yes	Yes	Yes	Yes	Yes
年份固定效应	No	No	Yes	No	No	Yes
行业固定效应	No	No	Yes	No	No	Yes
样本量	97832	96783	96783	127581	126033	126033
R^2	0.5128	0.4464	0.5225	0.4528	0.4525	0.4533

注:括号内为标准误,*、**、***分别表示在10%、5%和1%的水平上显著。

第三,贸易便利化的分项指标。采用贸易便利化的四个分项指标:海关效率、法制环境、电子商务应用、交通基础设施分别进行了回归,回归结果如表6-5的列(1)至列(4)所示,除电子商务应用估计系数为负但未通过显著性检验外,其他均显著为正,再次证明了本书的估计结果的稳健性。从分项指标的影响来看，首先，交通基础设施对出口企业成本加成影响最大，估计系数为 0.066；其次，法制环境估计系数为 0.025；最后，海关效率系数为 0.006。电子商务应用估计系数未能通过显著性估计，可能是因为在样本期（2001—2007 年），电子商务应用发展还并不十分成熟，处于起步阶段，因此电子商务应用对出口企业成本加成并没有显著的影响。

表 6-5 稳健性检验——贸易便利化分项指标

变量	(1) 海关效率	(2) 法制环境	(3) 电子商务应用	(4) 交通基础设施
lnTFI	0.006***	0.025**	−0.052	0.066***
	(0.002)	(0.081)	(0.043)	(0.009)
lnscale	−0.009***	−0.009***	−0.009***	−0.009***
	(0.003)	(0.003)	(0.002)	(0.003)
lnage	0.017***	0.017***	0.017***	0.017***
	(0.003)	(0.003)	(0.002)	(0.003)
lncapital	0.005**	0.005**	0.005**	0.004**
	(0.002)	(0.002)	(0.002)	(0.002)
finance	−0.162***	−0.162***	0.244***	0.243***
	(0.074)	(0.074)	(0.108)	(0.025)
sub	−0.000	−0.000	−0.000	−0.000
	(0.002)	(0.002)	(0.002)	(0.002)
常数项	0.200***	0.243***	0.244**	0.244***
	(0.038)	(0.107)	(0.107)	(0.023)
企业固定效应	Yes	Yes	Yes	Yes
年份固定效应	Yes	Yes	Yes	Yes
行业固定效应	Yes	Yes	Yes	Yes
样本量	126033	126024	126033	126033
R^2	0.4531	0.4531	0.4531	0.4536

注：括号内为标准误，*、**、*** 分别表示在 10%、5% 和 1% 的水平上显著。

6.3.3 异质性检验

(1) 基于企业所处地区的异质性检验

由于我国改革开放属于渐进式,各省份经济发展和对外开放水平存在差异,贸易便利化水平也存在明显的地区差异。那么,贸易便利化对企业成本加成是否也存在地区差异呢?按照企业所处的地区将其划分为东部、中部、西部进行回归分析,回归结果如表6-6的列(1)至列(3)所示。由回归结果可以看出,东部地区和西部地区贸易便利化的回归系数显著为正,但中部地区贸易便利化估计系数虽然为正,但未通过显著性检验,说明从整体来看贸易便利化对出口企业成本加成还是有显著的促进作用;从估计系数的大小来看,西部地区贸易便利化的系数为0.475,东部地区贸易便利化的系数为0.340,反映出相对于东部地区企业而言,贸易便利化对西部地区企业成本加成的提升作用更强,可能是因为西部地区企业相对于东部地区企业而言技术水平相对较低,贸易便利化带来的技术溢出效应和竞争效应在西部地区作用更大,从而更多地促进了西部地区企业成本加成的提升。

(2) 基于企业所有制的异质性检验

中国特殊的经济现实情况决定了不同性质的企业在很多方面都存在明显的差异,那么贸易便利化对不同所有制的企业成本加成是否存在异质性影响呢?根据企业所有制不同,将出口企业分为国有企业、外资企业和私营企业,实证分析了贸易便利化对不同所有制企业成本加成的影响,表6-6的列(4)至列(6)展示了回归结果。由回归结果可以看出,国有企业贸易便利化的系数为正,但未通过显著性检验;外资企业贸易便利化的系数为正,且通过了显著性检验;私营企业贸易便利化的系数为正也通过了显著性检验,说明在样本期内贸易便利化对外资企业和私营企业的成本加成有显著的促进作用。从估计系数的大小来看,外资企业贸易便利化的系数为 0.773;私营企业贸易便利化的系数为 0.267,反映出贸易便利化对外资企业成本加成的提升作用明显高于其他企业。这可能是因为相对于私营企业而言,外资企业对中间品进口隐含技术的消化和吸收能力更强,即贸易便利化引致的技术溢出效应对外资企业作用更明显,因而更有利于外资企业通过进口促进企业成本加成的提升。

表 6-6 区分企业所在地、所有制的异质性检验

变量	区分企业所在地			区分企业所有制		
	东部地区	中部地区	西部地区	国有企业	外资企业	私营企业
	(1)	(2)	(3)	(4)	(5)	(6)
lnTFI	0.340***	0.496	0.475*	0.074	0.773***	0.267***
	(0.061)	(0.325)	(0.252)	(0.354)	(0.158)	(0.059)
lnscale	-0.009***	-0.034*	-0.020	-0.059	-0.016**	-0.009***
	(0.003)	(0.018)	(0.027)	(0.049)	(0.007)	(0.003)
lnage	0.019***	-0.005	-0.010	-0.019	0.051	0.009***
	(0.003)	(0.009)	(0.015)	(0.017)	(0.011)	(0.003)
lncapital	0.005**	-0.001	-0.024	0.013	-0.000	0.005***
	(0.002)	(0.012)	(0.022)	(0.035)	(0.005)	(0.002)
finance	0.249***	-0.394	0.078	0.078	0.111	0.251***
	(0.105)	(0.422)	(0.551)	(0.551)	(0.170)	(0.109)
sub	-0.000	-0.011	0.009	-0.034*	0.006	-0.002
	(0.002)	(0.015)	(0.009)	(0.017)	(0.005)	(0.002)
常数项	0.038	0.394*	0.422***	0.226***	-0.115	0.088***
	(0.032)	(0.422)	(0.221)	(0.008)	(0.019)	(0.032)
企业固定效应	Yes	Yes	Yes	Yes	Yes	Yes

续表

变量	区分企业所在地			区分企业所有制		
	东部地区	中部地区	西部地区	国有企业	外资企业	私营企业
	(1)	(2)	(3)	(4)	(5)	(6)
年份固定效应	Yes	Yes	Yes	Yes	Yes	Yes
行业固定效应	Yes	Yes	Yes	Yes	Yes	Yes
样本量	119985	4028	2020	1431	28288	94192
R^2	0.4491	0.4660	0.6001	0.5912	0.4461	0.4715

注：括号内为标准误，*、**、***分别表示在10%、5%和1%的水平上显著。

(3) 基于企业技术水平的异质性检验

根据技术水平，将企业分为高技术企业和中低技术企业，考察贸易便利化对不同技术水平企业成本加成的异质性影响。回归结果如表6-7列(1)和列(2)所示，高技术企业和中低技术企业贸易便利化的回归系数均显著为正，说明贸易便利化对高技术和中低技术企业的成本加成均有促进作用；从系数的大小来看，中低技术企业的系数更大，说明贸易便利化对中低技术企业成本加成的提升作用大于高技术企业，或许是因为相对于高技术企业而言，中低技术企业进入门槛较低，市场竞争更激烈，市场结构更接近完全竞争。贸易便利化带来的市场竞争压力将促使企业更多地投入重组和技术创新等活动来提高技术水平以降低边际成本和提升产品的差异性，企业"逃离竞争"的意愿更强；因此，贸易便利化对中低技术企业成本加成的促进作用更大。

(4) 基于企业出口贸易方式的异质性检验

考虑到贸易便利化可能对采取不同贸易方式出口企业的成本加成影响不同，将样本按照贸易方式的不同划分为一般贸易企业和加工贸易企业，表6-7列(3)和列(4)分别展示了一般贸易和加工贸易企业的回归结果。从估计结果来看,贸易便利化的回归系数都显著为正,表明无论是加工贸易企业还是一般贸易企业,贸易便利化都促进了其成本加成的提升。从贸易便利化的系数来看,一般贸易企业为 0.390,加工贸易企业为 0.321,反映出相对于加工贸易企业而言,贸易便利化对一般贸易企业成本加成的提升作用更强。其可能的原因,一方面,加工贸易具有"两头在外"的特点,产品主要销往国外,贸易便利化带来的国内市场竞争加剧对其影响并不大;另一方面,加工贸易企业主要从事加工装配等,企业研发水平相对较弱,贸易便利化并未对其产生明显的技术溢出效应。因此,贸易便利化对一般贸易企业成本加成作用更大。

(5) 基于企业进口产品的异质性检验

按照 BEC 分类标准,产品可以分为消费品、资本品和中间品。本部分研究对象是制造业进口企业,主要进口资本品和中间品,消费品进口所占比重较低,因此,主要考察贸易便利化对资本品和中间品进口企业成本加成的异质性影响。表 6-7 列(5)和列(6)分别展示了资本品和中间品进口企业的回归结果,结果显示,贸易便利化对资本品和中间品进口企业成本加成均有显著的提升作用,但从贸易便利化的系数来看,资本品进口企业的贸易便利化系数为 0.265,而中间品进口企业的贸易便利化系数为 0.185,可见相对于中间品进口企业而言,贸易便利化对资本品进口企业的成本加成作用更大。这或许是因为相对于中间品,资本品内含了更多的技术,是物化于贸易流的研发(R&D)溢出的重要载体,而且资本品往往是大型成套设备,在进口的同时往往还捆绑各种形式的"知识":安装支持、设计图、质量控制软件、工程师培训等,可以在短期内提升企业的技术水平,提高产品技术含量和定价能力;另外,相对于中间品的进口而言,进口资本品对促进企业开展研发有明显的效果，更有利于企业提高产品的技术含量，从而促进企业高质量发展。

表6-7　区分行业、贸易方式和进口产品种类的异质性检验

变量	高技术 (1)	中低技术 (2)	一般贸易 (3)	加工贸易 (4)	资本品进口 (5)	中间品进口 (6)
lnTFI	0.301***	0.389***	0.390***	0.321***	0.265***	0.185***
	(0.112)	(0.069)	(0.101)	(0.090)	(0.081)	(0.042)
lnscale	0.004	-0.017***	0.001	-0.011***	-0.009**	-0.006***
	(0.005)	(0.003)	(0.005)	(0.004)	(0.004)	(0.002)
lnage	0.019***	0.015***	0.011*	-0.019***	0.021***	0.009***
	(0.005)	(0.003)	(0.005)	(0.004)	(0.004)	(0.002)
lncapital	0.004	0.004	0.001	0.006**	0.003	0.000
	(0.004)	(0.002)	(0.005)	(0.002)	(0.003)	(0.002)
finance	0.343***	-0.394	-0.207	0.272***	0.283***	0.044
	(0.060)	(0.422)	(0.157)	(0.100)	(0.090)	(0.032)
sub	0.002	-0.002	-0.000	-0.002	0.000	-0.000
	(0.002)	(0.002)	(0.003)	(0.003)	(0.003)	(0.001)
常数项	-0.011	0.077**	0.036***	0.038	0.080	0.736***
	(0.058)	(0.036)	(0.058)	(0.045)	(0.044)	(0.023)
企业固定效应	Yes	Yes	Yes	Yes	Yes	Yes
年份固定效应	Yes	Yes	Yes	Yes	Yes	Yes
行业固定效应	Yes	Yes	Yes	Yes	Yes	Yes
样本量	42569	82465	37989	71271	67203	94082
R^2	0.4675	0.4533	0.5187	0.4683	0.4795	0.4405

注：括号内为标准误，*、**、***分别表示在10%、5%和1%的水平上显著。

6.3.4 机制检验

基准回归和稳健性检验均证实贸易便利化有利于出口企业成本加成的提高，但贸易便利化通过何种渠道影响出口企业成本加成需进一步的研究。本部分借鉴魏浩等（2017）的做法，采用中介效应两步法来检验贸易便利化对出口企业成本加成的作用机制。根据前文的理论机制分析，选取技术溢出效应和竞争效应进行相应的机制检验。

（1）技术溢出效应

贸易便利化降低了贸易成本，扩大了进口，特别是进口产品种类的增多为企业提供了学习机会。技术溢出效应可以提高企业的技术水平，一方面，可以降低企业边际成本；另一方面，企业能够更好地生产异质性产品，提高定价能力。两者均有利于企业成本加成的提高。一般而言，进口越多，特别是进口产品种类越多，技术扩散效应越强，因此，分别选取企业进口产品种类（var）和进口规模（scale）来衡量贸易便利化的技术溢出效应。企业进口产品种类（var）采用 HS8 位码来衡量。借鉴魏浩等（2017）的两步法进行中介机制检验，构建如下中介效应模型。

$$\ln Y_{it} = \alpha_0 + \alpha_1 \ln tfi_{idt} + \beta \mathbf{X}_{it} + \mu_i + \mu_j + \mu_t + \varepsilon_{ijdt} \quad (6\text{-}10)$$

$$\ln mkp_{it} = \alpha_0 + \alpha_1 \ln tfi_{idt} + \alpha_2 \ln Y_{it} + \beta \mathbf{X}_{it} + \mu_i + \mu_j + \mu_t + \varepsilon_{ijdt} \quad (6\text{-}11)$$

其中，Y_{it} 为技术溢出效应，分别代表企业进口产品种类和进口规模。表 6-8 中的列（1）和列（3）为式（6-10）的回归结果，可以看出，贸易便利化的系数显著为正，表明贸易便利化显著地促进了企业进口种类和企业进口规模的增加。列（2）和列（4）分别为引入进口产品种类和进口规模之后式（6-11）的回归结果。列（2）的回归结果显示，企业进口产品种类对企业成本加成的影响显著为正，说明贸易便利化通过进口产品种类的技术溢出效应提升企业成本加成。列（4）的回归结果也显示，企业进口规模对企业成本加成的影响显著为正，说明贸易便利化通过进口规模的技术溢出效应提升企业成本加成。

（2）竞争效应

贸易便利化降低了贸易成本，扩大了进口规模，市场竞争加剧。进口增加可能会产生"促进竞争效应"导致企业成本加成降低，但面对激烈的竞争，企业会加大技术创新，增强产品的不可替代性，达到"逃离竞争"的目的。总体而言，进口竞争有利于企业成本加成的提高。选取市场集中度作为竞争效应的代理指标，市场集中度一般采用企业所在行业的赫芬达尔指数（HHI）表示。赫芬达尔指数的计算公式为

$$\mathrm{HHI} = \sum_{i=1}^{N} \left(\frac{x_i}{X} \right)^2 \qquad (6\text{-}12)$$

其中，x_i 为企业 i 的销售额，X 为企业所在行业（两位码）的销售额。HHI 数值越小，表示行业市场集中度越低，企业所面临的市场竞争压力越大。市场竞争压力越大，企业为了能够在市场上生存，会主动加大创新，增强产品的不可替代性，以达到"逃离竞争"的目的。反之，HHI 数值越大，说明行业市场集中度越高，市场竞争压力相对较小，企业创新意愿不强。基于竞争效应，构建如下中介效应模型。

$$\mathrm{HHI}_{ijt} = \alpha_0 + \alpha_1 \mathrm{lntfi}_{idt} + \beta \mathbf{X}_{it} + \mu_i + \mu_j + \mu_t + \varepsilon_{ijdt} \qquad (6\text{-}13)$$

$$\mathrm{lnmkp}_{it} = \alpha_0 + \alpha_1 \mathrm{lntfi}_{idt} + \alpha_2 \mathrm{HHI}_{ijt} + \beta \mathbf{X}_{it} + \mu_i + \mu_j + \mu_t + \varepsilon_{ijdt} \qquad (6\text{-}14)$$

表6-8 中的列（5）是式（6-13）的回归结果，可以看出，贸易便利化的系数显著为负，表明贸易便利化显著地降低了市场集中度，即加大了企业的竞争压力。在表6-8 的列（6）中，HHI 对企业成本加成影响的估计系数显著为正，表明市场集中度越低，市场竞争越激烈，企业为了生存，增强了产品的不可替代性，提升了企业的成本加成，"逃离竞

争"的效应大于"促进竞争效应",说明竞争效应是贸易便利化提升企业成本加成的主要渠道。

表6-8 贸易便利化影响企业成本加成的机制检验

变量	lnvar (1)	lnmkp (2)	lnvalue (3)	lnmkp (4)	HHI (5)	lnmkp (6)
lnTFI	1.150***	0.360***	1.634***	0.359***	-0.048***	0.362***
	(0.188)	(0.058)	(0.405)	(0.058)	(0.016)	(0.058)
lnvar		0.002**				
		(0.001)				
lnvalue				0.002**		
				(0.000)		
HHI						-0.030*
						(0.017)
lnscale	0.299***	-0.011***	0.649***	-0.012***	0.000	-0.010***
	(0.008)	(0.003)	(0.017)	(0.003)	(0.000)	(0.003)
lnage	0.004	0.017***	0.000	0.017***	-0.000	0.017***
	(0.010)	(0.003)	(0.021)	(0.003)	(0.000)	(0.003)
lncapital	0.083***	0.004**	0.162***	0.004*	-0.000	0.004**
	(0.005)	(0.002)	(0.011)	(0.002)	(0.000)	(0.002)
finance	-0.042	0.243***	-0.170	0.243***	0.002	0.243***
	(0.055)	(0.107)	(0.106)	(0.107)	(0.003)	(0.025)
sub	0.017***	-0.000	0.018	-0.000	-0.000	-0.000
	(0.006)	(0.002)	(0.014)	(0.002)	(0.002)	(0.002)
常数项	-0.052	0.046	7.962***	0.023	0.248***	0.049
	(0.095)	(0.030)	(0.203)	(0.030)	(0.024)	(0.030)
企业固定效应	Yes	Yes	Yes	Yes	Yes	Yes
年份固定效应	Yes	Yes	Yes	Yes	Yes	Yes
行业固定效应	Yes	Yes	Yes	Yes	Yes	Yes
样本量	126041	126033	120641	126033	126041	126033
R^2	0.8720	0.4534	0.8385	0.4528	0.8882	0.4533

注:括号内为标准误,*、**、***分别表示在10%、5%和1%的水平上显著。

6.4 本章小结

本章主要分析贸易便利化对出口企业成本加成的影响。一方面，从进口的角度理论分析了贸易便利化对出口企业成本加成的影响；另一方面，采用中国工业企业数据库和中国海关数据库的匹配数据，实证分析了贸易便利化对出口企业成本加成的影响和作用机制。本章的主要研究结论如下：

第一，理论分析表明贸易便利化的提升削减了企业的进口成本导致进口增加，通过技术溢出效应和竞争效应促进出口企业成本加成的提升。

第二，贸易便利化对出口企业成本加成具有显著的促进作用。这一结果在一系列的稳健性检验后，如更换企业成本加成和贸易便利化的测度方法及考虑模型内生性问题后依然成立。在贸易便利化的分项指标中，海关效率、法制环境和交通基础设施对企业成本加成均具有显著的促进作用，且作用大小为：交通基础设施>法制环境>海关效率，而电子商务应用在样本期内对出口企业成本加成并没有显著作用。

第三，贸易便利化对出口企业成本加成的影响具有异质性。具体而言，按照企业所在地区分类，贸易便利化显著地提升了东部地区和西部地区出口企业成本加成，并且对西部地区企业成本加成的提升作用更大，而对中部地区企业并未产生显著的作用。按照企业所有制类型分类，贸易便利化显著地提升了外资企业和私营企业的成本加成，并且对外资企业成本加成提升作用更大，而对国有企业成本加成并没有显著的作用。按照技术类型分类，无论是高技术企业还是中低技术企业，贸易便利化对企业成本加成都有显著的促进作用，并且贸易便利化对中低技术企业成本加成的作用更大。按照贸易方式分类，贸易便利化对一般贸易和加工贸易企业的成本加成均具有促进作用，并且对一般贸易企业的成本加成促进作用更大。按照进口产品类型分类，贸易便利化对资本品进口企业成本加成提升作用要高于中间品进口企业。

第四，采用中介效应两步法发现技术溢出效应和竞争效应是贸易便利化提升出口企业成本加成的主要机制，与理论分析保持一致。

第 7 章

CHAPTER 7

结论与政策建议

本章对本书的研究内容进行总结,在此基础上,提出相应的政策建议,并总结不足之处。

7.1 研究结论

本书主要测度了中国省级层面贸易便利化水平，并从企业出口二元边际、出口技术复杂度、出口持续时间和成本加成四个方面分析了贸易便利化对企业出口绩效的影响。本书的主要结论如下：

第一，中国贸易便利化水平不断提升，远高于世界平均水平，但仍有提升空间；中国省级层面贸易便利化呈现出"东部优于西部、沿海优于内陆"的显著特点，但地区差异在逐步缩小。

根据 OECD 的 TFIs 数据库可以发现，中国的综合贸易便利化指数由 2017 年的 1.348 上升为 2022 年的 1.606，提升了 19.14%，呈现出递增趋势，在一定程度上证明了中国近年来贸易便利化改革取得了一定的成效。2022 年在全球 164 个经济体中位居第 51 位，反映出中国贸易便利化仍有较大的提升空间。在贸易商的参与、边境机构的内部合作、费用和上诉程序四个方面，中国已经领先全球最佳；在边境机构的外部合作、单证类手续、自动化手续、预裁定等方面，中国与全球最佳仍存在一定的差距，说明中国在这几方面还有待进一步提高。

从省域贸易便利化发展及特征看，2001—2012 年，我国各地区贸易便利化水平总体上表现出逐渐上升的发展趋势，其中上海、北京和广东贸易便利化水平的均值位居前三位，而甘肃、西藏和新疆贸易便利化均值位居后三位，呈现"东部优于西部、沿海优于内陆"的典型特征。这主要是与当地经济发展状况，特别是产业环境有关。东部沿海省域是我国改革开放前沿，进出口贸易活跃，设施方面条件优越，无论是港口、仓储等硬件设备，还是思想意识、制度建设方面都符合便利化的要求。2001—

2012年，中部地区、西部地区贸易便利化发展速度高于东部地区，说明我国贸易便利化地区差异在逐步减小。从贸易便利化分项指标来看，电子商务应用的增幅最大，交通基础设施的增幅排名第二，市场环境指数的增幅排名第三，海关效率指数的增幅最小；东部地区在这四个分项指标的得分均远远高于中部地区和西部地区。

第二，贸易便利化显著促进了企业出口，对企业出口二元边际有着显著的影响。

出口企业所在地贸易便利化的提升有利于通过扩展边际（"产品—目的地"的数量）和集约边际促进企业出口额增长。这一结果在重新测度核心解释变量和考虑内生性的情景下依然成立。异质性分析发现，贸易便利化对中西部地区企业、内资企业、劳动密集型企业的影响更大。进一步分析表明，贸易便利化的扩展边际作用主要通过促进企业出口目的地数量增加，进而促进企业出口增长，但对企业出口产品种类数并没有显著的影响。贸易便利化会通过降低出口固定成本和可变成本进而促进了企业出口的增长。

出口目的地贸易便利化水平的提升对中国企业出口额有积极的促进作用，但企业的出口增长主要通过减少出口产品种类（扩展边际）、提高产品平均出口额（集约边际）实现，且贸易便利化对异质性企业有不同的影响。出口目的地贸易便利化水平的提升导致小企业更多地缩小出口产品种类，说明贸易便利化的提升更有利于大企业；出口目的地贸易便利化水平的提高导致中国加工贸易企业会更多地减少出口产品种类，但同时导致加工贸易企业产品出口强度增长高于一般贸易企业；低收入水平国家贸易便利化水平的提高对中国企业出口扩展边际的消极作用更大，但高收入国家贸易便利化对中国企业出口集约边际的促进作用更大。

理论和实证分析均表明双向贸易便利化（企业所在地和出口目的地）

均会导致我国多产品企业出口产品种类的减少和出口产品分布偏度的提升，加剧企业产品组合的"倾斜效应"，使多产品企业更多地出口更具有比较优势的核心产品，以应对贸易便利化带来的竞争效应。面对贸易便利化的提升，多产品企业出口调整呈现出一定的异质性。国内贸易便利化对内资企业出口产品组合影响不显著，但内资企业和外资企业面对出口目的地贸易便利化的提升，都会减少出口产品种类，集中资源出口核心产品。加工贸易企业由于市场主要在国外，因此国内贸易便利化对加工贸易出口产品组合并没有显著的影响，但国内贸易便利化对一般贸易企业多产品企业有显著的影响，加工贸易和一般贸易企业面对国外贸易便利化的提升都会减少出口产品种类并集中资源出口核心产品，且加工贸易企业调整幅度更大。

第三，贸易便利化有利于企业出口技术复杂度的提升。

理论分析表明贸易便利化的提升将导致贸易成本的下降，一方面，会有更多的企业选择高技术进行生产（技术选择效应），从而提升企业出口技术复杂度；另一方面，贸易成本的降低会提升企业利润，激励企业加大研发投入力度，进而促进企业出口技术复杂度的提升。2001—2012年，我国企业出口技术复杂度总体呈现不断增长的趋势，由 2001 年 14405.79 上升为 2012 为 31680.27，增长了 1.199 倍。资本密集型企业、西部地区企业、内资企业及小企业的出口技术复杂度相对较高。实证分析表明，贸易便利化水平对企业出口技术复杂度有显著的促进作用。这一结果在一系列的稳健性检验后，如更换贸易便利化和企业出口技术复杂度测度方法，考虑模型内生性问题后依然成立。贸易便利化的分项指标中，海关效率、法制环境和交通基础设施对企业出口技术复杂度均具有显著促进作用，而电子商务应用在样本期内对企业出口技术复杂度并没有显著的作用。贸易便利化对企业出口技术复杂度的影响具有明显的异质性：贸易便利化对一般贸易企业出口技术复杂度的促进作用大于加工贸易企业；对中西部地区企业出口技术复杂度的促进作用大于东部地区；对内资企业出口技术复杂度的促进作用大于外资企业；对劳动密集型企业出口技术复杂度的促进作用大于资本密集型企业。中介效应也表明贸易成本节约效应和研发提升效应是贸易便利化提升企业出口技术复杂度的主要机制。

第四，贸易便利化有利于延长企业出口生存时间，降低企业出口风险。

数理模型分析表明贸易便利化通过降低企业出口成本，提升企业生产率从而延长了企业出口持续时间，降低出口风险。非参数 K-M 生存分析法表明样本期内，中国企业出口持续时间的中位数仅为 5 年，出口持续时间并不长，并且企业出口生存时间存在异质性。具体而言，国有企业和外资企业出口持续时间长于私营企业，东部地区企业出口持续时间长于西部地区和中部地区企业，加工贸易企业出口持续时间长于一般贸易企业，资本密集型企业出口持续时间长于劳动密集型企业，位于贸易便利化高水平组的企业出口持续时间明显高于贸易便利化低水平组的企业。实证分析表明贸易便利化水平对企业出口持续时间有显著的促进作用，在改变实证方法，更换贸易便利化的测度方法，改变样本范围，考虑内生性问题后，此结论依然成立。贸易便利化的分项指标中，海关效率、法制环境和电子商务应用对企业出口持续时间均具有显著的促进作用，而交通基础设施在样本期内对企业出口持续时间并没有显著作用。基于企业异质性的实证结果表明：贸易便利化对私营企业出口生存的促进作用大于国有企业和外资企业；对西部地区企业出口生存的促进作用大于东部地区，而对中部地区企业出口持续时间并没有显著的促进作用；对一般贸易企业出口生存的促进作用大于加工贸易企业；对资本密集型企业出口生存的促进作用大于劳动密集型企业。中介效应表明出口成本效应和企业生产率提升效应是贸易便利化降低企业出口风险，延长企业出口持续时间的主要途径。

第五，贸易便利化有利于出口企业成本加成的提升。

贸易便利化水平的提高削减了企业进口成本导致进口增加，通过技术溢出效应和竞争效应提升出口企业的成本加成。实证分析表明，贸易便利化对出口企业成本加成具有显著的促进作用，此结果在一系列的稳健性检验后，如更换企业成本加成和贸易便利化的测度方法，考虑模型内生性问题后依然成立。在贸易便利化的分项指标中，海关效率、法制环境和交通基础设施对出口企业成本加成均具有显著的促进作用，而电子商务应用在样本期内对出口企业成本加成并没有显著作用。贸易便利化对出口企业成本加成的影响具有异质性。具体而言，贸易便利化显著地提升了东部地区和西部地区出口企业成本加成，并且对西部地区企业成本加成的提升作用更大，而对中部地区企业并未产生显著的作用；贸易便利化显著地提升了外资企业成本加成，而对国有企业成本加成并没有显著作用；贸易便利化对中低技术企业成本加成作用要大于高技术企业；贸易便利化对一般贸易企业的成本加成促进作用要大于加工贸易企业，贸易便利化对资本品进口企业成本加成提升作用高于中间品进口企业。

7.2 政策建议

我国是贸易大国，但还不是贸易强国，还存在企业出口技术复杂度偏低、出口持续时间偏短、出口盈利能力不强等问题；提升企业出口绩效是新时代对外贸易高质量发展的重要内容之一，而贸易便利化对提升企业出口绩效提供了新思路。根据主要研究结论，结合当前我国贸易便利化改革现状特征，本书从以下几个方面提出政策建议。

第一，深化贸易便利化认识，大力推进贸易便利化建设。在传统的关税"红利"作用大大削弱的情况下，要充分认识贸易便利化的重要性。本书的理论与研究结果表明，贸易便利化水平的提高对企业出口绩效有显著的促进作用，促进了企业出口增长，提升了企业出口技术复杂度，延长了企业出口持续时间，增强了出口企业盈利能力（成本加成的提升）。近年来，中国贸易便利化水平虽然得到不断提升，但根据2022年OECD的贸易便利化综合指数（TFIs），在全球164个经济体中，中国仅位居51位，中国的贸易便利化水平仍有待提高。具体而言，可以采取以下措施：

一是优化法制环境。政府应完善对外贸易相关的法律法规，特别是加强竞争政策和知识产权保护相关的法律法规建设，为企业提供公平的权利保护，提高合约的可执行性，提高政策法规的透明程度，完善海关行政管理制度。政府还应积极吸取发达经济体与国际组织相关规章制度中的可借鉴点，同时在积极履行WTO的相关承诺，带头遵守《贸易便利化协议》相关规定及保持政策法规连续性的基础上，继续加强相关法制法规的监管与管理，为企业进入国际市场提供法制保障，促进更多企业高质量地参与国际分工，让更多中国企业持续地参与国际分工。

二是提升海关效率。一方面，政府需继续深入推进国际贸易"单一窗口"建设，通过建设国际贸易"单一窗口"平台，优化通关数据、单据和流程，推进跨部门之间数据在"单一窗口"交换和共享，真正实现"一次申报、一次查验、一次放行"，为企业提供通关"一站式"服务；另一方面，政府继续加大改革力度，提高口岸通关信息化智能化水平，全面推广监管单证的电子化、标准化和无纸化，鼓励海关、税务、外汇管理等行政执法部门的审核与执法环节的融合，大力精简进出口环节监管证件和随附单据，减少单证流转环节和时间。提高海关效率，才能让企业缩短贸易时间和减少贸易成本，在出口中获得更多的收益。

三是加快推进交通基础设施建设，缩小交通基础设施的东西部差距。政府应继续加大交通基础设施的建设规模和投资力度，进而推进"边境上"和"边境内"的交通基础设施共同发展，提升边境口岸物流效率。同时，还要加快东部、中部、西部各区域内部城市群的交通基础设施建设，尤其要注重各个地区的口岸基础设施及相关的附属设施的建设。在交通运输存量扩大的基础上，东部地区应继续提高交通基础设施建设质量，加快区域交通一体化进程。中部、西部地区仍需侧重在量上加快内部交通基础设施的建设及加快推进与东部沿海地区的大通道建设，提供物流效率和效益。

四是大力开展电子商务应用。为了提升企业出口绩效，可以通过大力推进跨境电子商务，完善跨境电子商务应用生态环境，探索多层次、多元化的跨境电子商务发展方式。一方面，政府持续扎实推进跨境电商综合试验区建设，创新跨境电子商务运营模式，培育跨境电子商务服务功能，建立与之适应的海关监管、检验检疫、退税、跨境支付、物流等支撑系统，并大力推广跨境电子商务综合试验区的成功经验；另一方面，不断推进跨境电子商务应用技术革新，鼓励发展高端信息技术和广泛应用互联网技术，在企业中推进数字营销，建立线上线下融合、境内境外联动的营销体系，推进虚拟品牌战略、移动支付结算及海外仓储等业务，推动企业将传统业务转向跨境电子商务活动，为出口企业提升绩效创造新路径。

在实施的过程中，可以从东部沿海商贸发达省份着手，由东向西，有层次、有步骤、有重点地向全国推进。我国省级层面贸易便利化水平呈现出显著的地区差异，其中东部沿海省份在贸易便利化的综合排名上领先意味着它们有很多可供借鉴的宝贵经验，并且贸易便利化改革试点也首先在这些省份开始，其贸易便利化发展速度较快、程度较高、意识较强、认识较深，在很多领域都可以对中西部省份开展贸易便利化提供理论和实践帮助。目前，我国海关已经在京津冀、珠三角和长江经济带开展了区域通关一体化改革，成效显著，并得到了广泛认同。此外，可以将这些地区施行一体化的经验分享给我国其他省份借鉴实施，以促进我国贸易便利化水平的提升。

第二，共同推进贸易便利化改革。本书的研究还发现，出口目的地贸易便利化水平的提高还可以使多产品出口企业通过调整生产产品范围和产品分布来优化企业内部资源配置，提高企业出口竞争力。在积极响应 WTO 实施《贸易便利化协定》号召的同时，中国还可以借助双边或区域自由贸易协定，共同推进贸易便利化改革，完善跨国和跨地区的通关合作机制；持续创新海关国际合作，促进跨境电子商务等外贸新型业态发展，推广跨境电子商务企业与公共服务平台的对接。尤其是以"一带一路"倡议为契机，建立合作机制，通过加强基础设施与互联互通建设、增进跨境机构合作、提供技术援助与能力建设等方式在共建"一带一路"国家的贸易便利化建设中发挥作用。

第三，中国出口企业应充分考虑出口目的地贸易便利化建设带来的外部环境变化，主动调整出口产品种类和出口产品分布以应对外部冲击。对出口企业而言，出口目的地贸易便利化是把"双刃剑"。贸易便利化水平的提高，虽然降低了出口贸易成本，但同时也带来了更激烈的竞争。在竞争更激烈的出口市场，多产品企业应审慎选择产品多元化战略，更多地以核心产品为主参与竞争，通过优化企业内资源配置提升企业核心竞争力，以保持出口的稳定性和可持续性。特别是加工贸易、成立年限较短及规模较小的多产品企业在面对贸易便利化带来的竞争效应时，更应该积极、主动地对企业内部资源进行优化配置，把资源聚焦于生产率高的核心产品，放弃边际成本高的边缘产品，以提升企业的核心竞争力。政府对这些企业也应重点给予关注，出台相关政策帮助企业降低出口成本，鼓励企业合理配置内部资源，引导企业出口。此外，在贸易不断便利化的背景下，政府可以根据出口目的地市场环境，结合企业规模、企业性质等特征对企业进行有针对性的指导。

7.3 不足之处

第一，贸易便利化测度还存在一定的局限。本书基于省际数据从法制环境、海关效率、交通基础设施和电子商务应用四个层面构建指标体系，评估了我国各地区的贸易便利化水平，但实际上广义的贸易便利化内涵较为广泛，OECD 的评估体系包含 11 个一级指标，APEC 的评估体系包含 22 个一级指标，这些数据都是从国家层面基于调查问卷收集获取的。而从一国内部量化贸易便利化，目前鲜有个人或机构采用更细致的问卷收集贸易便利化数据，崔鑫生（2017）虽然采用问卷收集了贸易便利化数据，但也只是截面数据，因此，本书只能选取宏观统计数据进行测算。如果将来能细化省际贸易便利化评估体系，采用更全面、更具体的指标评估各地区的贸易便利化水平，对具体剖析各地区贸易便利化改革短板及切实推进地区贸易便利化发展意义更大。

第二，数据使用方面。受数据的限制，本书的样本期主要为 2001—2012 年，尽管在国际贸易领域，两个常用的大型微观数据库，即中国工业企业数据库和海关贸易数据库样本期通常为 2001—2013 年，但数据在时效上仍有不足。因此，在未来的研究中，应尽量使用最新数据，以体现实证研究的时效性。

虽然与以往多数文献单独考察国内贸易便利化或出口目的地贸易便利化对企业出口影响的做法相比，本书将国内贸易便利化和出口目的地贸易便利化放入同一分析框架，研究在两者共同作用下对中国企业出口的影响并进行比较分析，在一定程度上丰富了贸易便利化和企业出口绩效的相关研究，但由于数据和精力所限，本书只探讨了双向贸易便利化对企业出口边际的影响，而对企业出口技术复杂度、出口持续时间和成本加成并未进行探讨，这也是将来的研究方向之一。

参考文献

[1] 曹颖琦，焦晓松，廖望科. 贸易便利化与出口实绩：来自国别组效应的证据［J］. 贵州财经大学学报，2017，189（4）：84-92.

[2] 曾铮，周茜. 贸易便利化测评体系及对我国出口的影响［J］. 国际经贸探索，2008（10）：4-9.

[3] 陈虹，杨成玉. "一带一路"国家战略的国际经济效应研究——基于CGE模型的分析［J］. 国际贸易问题，2015（10）：4-13.

[4] 陈雯，孙照吉. 劳动力成本和企业出口二元边际［J］. 数量经济技术经济研究，2016，33（9）：22-39.

[5] 陈勇兵，李燕，周世民. 中国企业出口持续时间及其决定因素［J］. 经济研究，2012，47（7）：48-61.

[6] 程凯，杨逢珉. 贸易便利化对企业出口持续时间的影响：基于进口中间品视角［J］. 国际经贸探索，2022，38（2）：66-82.

[7] 程凯，杨逢珉. 贸易便利化与中国企业进口中间品质量升级［J］. 经济评论，2020，225（5）：82-97.

[8] 崔鑫生，郭龙飞，李芳. 贸易便利化能否通过贸易创造促进省际贸易——来自中国贸易便利化调研的证据［J］. 财贸经济，2019，40（4）：100-115.

[9] 崔鑫生，李芳. 贸易便利化对中国进口的影响——基于贸易引力模型的实证分析［J］. 经济问题，2020，7（1）：123-128.

[10] 崔鑫生. 中国省域贸易便利化现状分析 [J]. 国际贸易, 2017 (4): 34-39.

[11] 戴翔, 金碚. 产品内分工、制度质量与出口技术复杂度 [J]. 经济研究, 2014, 49 (7): 4-17+43.

[12] 邓路. 国家形象、交易信任与出口持续时间——来自中国产品层面的证据 [J]. 当代财经, 2018, 407 (10): 14-23.

[13] 杜两省, 马雯. 机器人的应用对我国出口升级的影响研究 [J]. 当代财经, 2022, 455 (10): 115-125.

[14] 段文奇, 刘晨阳. 贸易便利化、企业异质性与多产品企业出口 [J]. 国际贸易问题, 2020, 449 (5): 72-88.

[15] 樊纲, 王小鲁, 朱恒鹏. 中国市场化指数——各地区市场化相对进程 2011 年报告 [M]. 北京: 经济科学出版社, 2011.

[16] 樊海潮, 张丽娜. 贸易自由化、成本加成与企业内资源配置 [J]. 财经研究, 2019, 45 (5): 139-152.

[17] 范黎波, 郝安琪, 吴易明. 制造业企业数字化转型与出口稳定性 [J]. 国际经贸探索, 2022, 38 (12): 4-18.

[18] 方晓丽, 朱明侠. 中国及东盟各国贸易便利化程度测算及对出口影响的实证研究 [J]. 国际贸易问题, 2013, 369 (9): 68-73.

[19] 高翔, 黄建忠. 政府补贴对出口企业成本加成的影响研究——基于微观企业数据的经验分析 [J]. 产业经济研究, 2019, 101 (4): 49-60.

[20] 高翔, 袁凯华. 清洁生产环境规制与企业出口技术复杂度——微观证据与影响机制 [J]. 国际贸易问题, 2020, 446 (2): 93-109.

[21] 高越, 任永磊, 冯志艳. 贸易便利化与 FDI 对中国出口增长三元边际的影响 [J]. 经济经纬, 2014 (11): 46-51.

[22] 何树全,张秀霞.中国对美国农产品出口持续时间研究[J].统计研究,2011(2):34-38.

[23] 何有良,陆文香.企业家精神与中国制造业企业出口持续时间[J].国际商务(对外经济贸易大学学报),2018,183(4):1-11.

[24] 胡超.中国—东盟自贸区进口通关时间的贸易效应及比较研究——基于不同时间密集型农产品的实证[J].国际贸易问题,2014(8):58-67.

[25] 胡昭玲,江璐,杨慧梅.最低工资、地区间"攀比效应"与企业全球价值链参与[J].国际经贸探索,2021,37(5):4-19.

[26] 黄先海,金泽成,余林徽.出口、创新与企业加成率:基于要素密集度的考量[J].世界经济,2018,41(5):125-146.

[27] 黄先海,诸竹君,宋学印.中国中间品进口企业"低加成率之谜"[J].管理世界,2016,274(7):23-35.

[28] 简泽,张涛,伏玉林.进口自由化、竞争与本土企业的全要素生产率——基于中国加入WTO的一个自然实验[J].经济研究,2014,49(8):120-132.

[29] 蒋为,蒋柳.法制环境契约执行与中国企业出口行为[J].当代财经,2015,362(1):87-97.

[30] 孔庆峰,董虹蔚."一带一路"国家的贸易便利化水平测算与贸易潜力研究[J].国际贸易问题,2015(12):158-168.

[31] 李波,杨先明.贸易便利化与企业生产率:基于产业集聚的视角[J].世界经济,2018,41(3):56-81.

[32] 李丹,陈瑾,孙楚仁.增值税改革与中国制造业企业出口持续时间[J].国际贸易问题,2022,474(6):73-89.

[33] 李谷成,魏诗洁,范丽霞.贸易便利化对农产品出口技术复杂度的

影响研究——来自中国和"一带一路"沿线国家（或地区）的经验证据［J］. 农业经济与管理，2020，64（6）：86-96.

［34］李宏，王云廷，刘珅. CEO特征对企业出口技术复杂度的影响——来自制造业上市公司的证据［J］. 河南社会科学，2019，27（10）：47-56.

［35］李宏兵，谷均怡，赵春明. 进口中间品质量、成本加成与中国企业持续出口［J］. 经济与管理研究，2021，42（6）：26-42.

［36］李宏亮，谢建国. 融资约束与企业成本加成［J］. 世界经济，2018，41（11）：121-144.

［37］李惠娟，蔡伟宏. 离岸生产性服务中间投入对中国制造业出口技术复杂度的影响［J］. 世界经济与政治论坛，2016，316（3）：122-141.

［38］李俊青，苗二森. 不完全契约条件下的知识产权保护与企业出口技术复杂度［J］. 中国工业经济，2018，369（12）：115-133.

［39］李清政，王佳，舒杏. 中国对东盟自贸区农产品出口贸易持续时间研究［J］. 宏观经济研究，2016（5）：139-151.

［40］李思慧，徐保昌. 金融市场化、融资约束与企业成本加成：来自中国制造业企业的证据［J］. 国际贸易问题，2018，422（2）：164-174.

［41］李小平，彭书舟，肖唯楚. 中间品进口种类扩张对企业出口复杂度的影响［J］. 统计研究，2021，38（4）：45-57.

［42］连慧君，魏浩. 进口竞争是否影响了中国企业出口？［J］. 世界经济文汇，2023，273（2）：48-69.

［43］林常青，许和连. 出口经验对出口市场扩张的影响研究——基于出口持续时间视角［J］. 中南财经政法大学学报，2017（2）：138-146+156.

［44］林正静. 进口中间品差异化程度、市场集中度与企业成本加成［J］.

国际商务研究, 2022, 43 (5): 26-41.

[45] 刘斌, 王乃嘉. 制造业投入服务化与企业出口的二元边际——基于中国微观企业数据的经验研究 [J]. 中国工业经济, 2016, 342 (9): 59-74.

[46] 刘秉镰, 刘玉海. 交通基础设施建设与中国制造业企业库存成本降低 [J]. 中国工业经济, 2011 (5): 69-79.

[47] 刘会政, 朱光. 全球价值链嵌入对中国装备制造业出口技术复杂度的影响——基于进口中间品异质性的研究 [J]. 国际贸易问题, 2019, 440 (8): 80-94.

[48] 刘啟仁, 黄建忠. 异质出口倾向、学习效应与"低加成率陷阱" [J]. 经济研究, 2015, 50 (12): 143-157.

[49] 刘任国, 吴海英. 全球价值链和增加值贸易: 经济影响、政策启示和统计挑战 [J]. 国际经济评论, 2013 (4): 86-96.

[50] 毛其淋, 许家云. 中间品贸易自由化提高了企业加成率吗: 来自中国的证据 [J]. 经济学 (季刊), 2017, 16 (2): 485-524.

[51] 毛其淋, 方森辉. 创新驱动与中国制造业企业出口技术复杂度 [J]. 世界经济与政治论坛, 2018, 327 (2): 1-24.

[52] 孟庆雷, 王煜昊. "一带一路"国家贸易便利化对出口技术复杂度的影响 [J]. 中南民族大学学报 (人文社会科学版), 2022, 42 (12): 123-133+197.

[53] 孟夏, 董文婷. 企业数字化转型与出口竞争力提升——来自中国上市公司的证据 [J]. 国际贸易问题, 2022, 478 (10): 73-89.

[54] 欧定系, 田野. 政府补贴对企业出口持续时间的影响 [J]. 湘潭大学学报 (哲学社会科学版), 2018 (3): 51-62.

[55] 彭世广, 周应恒, 耿献辉. SPS措施对中国生鲜水果出口持续时间

的影响［J］．中国农村经济，2020，432（12）：103-122.

［56］戚建梅，洪俊杰，仪珊珊．多产品出口对企业生存影响的微观数据分析［J］．世界经济研究，2017，276（2）：25-37+135.

［57］齐俊妍，王永进，施炳展，等．金融发展与出口技术复杂度［J］．世界经济，2011，34（7）：91-118.

［58］钱学锋，范冬梅，黄汉民．进口竞争与中国制造业企业的成本加成［J］．世界经济，2016，39（3）：71-94.

［59］钱学锋，潘莹，毛海涛．出口退税、企业成本加成与资源误置［J］．世界经济，2015，38（8）：80-106.

［60］钱学锋，王胜，陈勇兵．中国的多产品出口企业及其产品范围：事实与解释［J］．管理世界，2013（1）：9-27+66.

［61］茹玉骢，李燕．电子商务与中国企业出口行为：基于世界银行微观数据的分析［J］．国际贸易问题，2014（12）：3-13.

［62］邵军．中国出口贸易联系持续期及影响因素分析［J］．管理世界，2011（6）：24-34.

［63］沈鸿，向训勇，顾乃华．全球价值链嵌入位置与制造企业成本加成——贸易上游度视角的实证研究［J］．财贸经济，2019，40（8）：83-99.

［64］盛斌，陈帅．全球价值链、企业异质性与企业的成本加成［J］．产业经济研究，2017，89（4）：1-16.

［65］盛斌，毛其淋．进口贸易自由化是否影响了中国制造业出口技术复杂度［J］．世界经济，2017，40（12）：52-75.

［66］盛斌．WTO《贸易便利化协定》评估对中国的影响研究［J］．国际贸易，2016（1）：4-13.

［67］盛丹，包群，王永进．基础设施对中国企业出口行为的影响："集

约边际"还是"扩展边际"[J]. 世界经济, 2011 (1): 17-36.

[68] 盛丹, 王永进. 中国企业低价出口之谜——基于企业加成率的视角 [J]. 管理世界, 2012, 224 (5): 8-23.

[69] 施炳展. 中国出口增长的三元边际 [J]. 经济学 (季刊), 2010 (9): 1312-1330.

[70] 施炳展. 中国企业出口产品质量异质性: 测度与事实 [J]. 经济学 (季刊), 2013, 13 (1): 263-284.

[71] 史亚茹, 于津平, 毕朝辉. 贸易便利化与企业技术升级 [J]. 国际经贸探索, 2022, 38 (7): 72-85.

[72] 宋伟良, 贾秀录. 贸易便利化对中国产品出口的影响研究——基于G20国的计算 [J]. 宏观经济研究, 2018 (11): 102-115.

[73] 宋周莺, 刘卫东. 中国信息化发展进程及其时空格局分析 [J]. 地理科学, 2013 (3): 257-265.

[74] 孙楚仁, 李媚媚, 陈瑾. 双边政治关系改善能延长企业出口产品持续时间吗 [J]. 国际经贸探索, 2022, 38 (7): 4-24.

[75] 孙辉煌, 兰宜生. 贸易开放、不完全竞争与成本加成——基于中国制造业数据的实证分析 [J]. 财经研究, 2008 (8): 43-51.

[76] 孙林, 俞慧洁, 余林徽, 等. 区域贸易政策不确定性与企业成本加成——来自中国多产品企业的微观证据 [J]. 国际贸易问题, 2022, 479 (11): 155-174.

[77] 谭晶荣, 潘华曦. 贸易便利化对中国农产品出口的影响研究——基于丝绸之路沿线国家的实证分析 [J]. 国际贸易问题, 2016 (5): 39-49.

[78] 谭智, 王翠竹, 李冬阳. 目的国制度质量与企业出口生存: 来自中国的证据 [J]. 数量经济技术经济研究, 2014 (8): 87-101.

[79] 唐宜红，顾丽华. 贸易便利化与制造业企业出口——基于"一带一路"沿线国家企业调查数据的实证研究[J]. 国际经贸探索，2019，35（2）：4-19.

[80] 佟家栋，李连庆. 贸易政策透明度与贸易便利化影响——基于可计算一般均衡模型的分析[J]. 南开经济研究，2014（4）：3-16.

[81] 汪戎，李波. 贸易便利化与出口多样化：微观机理与跨国证据[J]. 国际贸易问题，2015（3）：33-43.

[82] 汪亚楠，周梦天. 贸易政策不确定性、关税减免与出口产品分布[J]. 数量经济技术经济研究，2017（12）：127-142.

[83] 王小鲁，樊纲，胡李鹏. 中国分省份市场化指数报告（2018）[M]. 北京：社会科学文献出版社，2019.

[84] 王永进，盛丹，施炳展，等. 基础设施如何提升了出口技术复杂度？[J]. 经济研究，2010，45（7）：103-115.

[85] 魏浩，白明浩，郭也. 融资约束与中国企业的进口行为[J]. 金融研究，2019（2）：98-116.

[86] 魏昀妍，程文先. 地区出口制度复杂度会延长企业出口持续时间吗——基于中国企业微观数据的分析[J]. 国际经贸探索，2021，37（6）：70-85.

[87] 魏昀妍，樊秀峰. 基于商品生存时间视角的中国向"丝路"国家出口增长趋势研究[J]. 世界经济研究，2017（7）：110-121.

[88] 肖扬，直银苹，谢涛. "一带一路"沿线国家贸易便利化对中国制造业企业出口技术复杂度的影响[J]. 宏观经济研究，2020，262（9）：164-175.

[89] 许和连，成丽红，孙天阳. 制造业投入服务化对企业出口国内增加值的提升效应——基于中国制造业微观企业的经验研究[J]. 中国

工业经济, 2017 (10): 62-80.

[90] 许家云, 毛其淋. 政府补贴、治理环境与中国企业生存 [J]. 世界经济, 2016, 39 (2): 75-99.

[91] 许家云, 毛其淋. 人民币汇率水平与出口企业加成率——以中国制造业企业为例 [J]. 财经研究, 2016, 42 (1): 103-112.

[92] 许统生, 方玉霞. 进口产品种类提高了企业成本加成吗 [J]. 当代财经, 2020, 424 (3): 114-125.

[93] 薛冰, 卫平. 贸易成本与中国出口产品二元边际 [J]. 经济与管理研究, 2017 (7): 14-25.

[94] 杨逢珉, 程凯. 贸易便利化对出口产品质量的影响研究 [J]. 世界经济研究, 2019, 299 (1): 93-104+137.

[95] 杨继军, 刘依凡, 李宏亮. 贸易便利化、中间品进口与企业出口增加值 [J]. 财贸经济, 2020, 41 (4): 115-128.

[96] 杨军, 黄洁, 洪俊杰, 等. 贸易便利化对中国经济影响分析 [J]. 国际贸易问题, 2015, 393 (9): 156-166.

[97] 叶宁华, 包群, 张伯伟. 进入、退出与中国企业出口的动态序贯决策 [J]. 世界经济, 2015, 38 (2): 86-111.

[98] 易靖韬, 蒙双. 多产品出口企业、生产率与产品范围研究 [J]. 管理世界, 2017 (5): 42-50.

[99] 殷宝庆, 肖文, 刘洋. 贸易便利化影响了出口技术复杂度吗——基于 2002—2014 年省级面板样本的检验 [J]. 科学学与科学技术管理, 2016 (12): 73-81.

[100] 于欢, 姚莉, 何欢浪. 数字产品进口如何影响中国企业出口技术复杂度 [J]. 国际贸易问题, 2022, 471 (3): 35-50.

[101] 余娟娟, 余东升. 政府补贴、行业竞争与企业出口技术复杂度 [J].

财经研究, 2018, 44 (3): 112-124.

[102] 余淼杰, 袁东. 贸易自由化、加工贸易与成本加成——来自我国制造业企业的证据 [J]. 管理世界, 2016, 276 (9): 33-43+54.

[103] 张凤, 孔庆峰. 贸易便利化对中国相对出口结构的非对称性影响——基于产业层面的经验证据 [J]. 经济问题探索, 2014, 9 (1): 180-185.

[104] 张杰, 郑文平, 陈志远. 进口与企业生产率——中国的经验证据 [J]. 经济学 (季刊), 2015, 14 (3): 1029-1052.

[105] 张杰, 郑文平. 政府补贴如何影响中国企业出口的二元边际 [J]. 世界经济, 2015 (6): 22-48.

[106] 刘军梅, 张磊, 王中美, 等. 贸易便利化: 金砖国家合作的共识 [M]. 上海: 上海人民出版社, 2014.

[107] 张梦婷, 俞峰, 钟昌标, 等. 高铁网络、市场准入与企业生产率 [J]. 中国工业经济, 2018 (5): 137-156.

[108] 张体俊, 黄建忠, 高翔. 企业管理能力、全要素生产率与企业出口——基于中国制造业微观企业证据 [J]. 国际贸易问题, 2022, 473 (5): 155-174.

[109] 张晓静, 吕梁. "一带一路"与中国出口: 基于贸易便利化视角 [J]. 亚太经济, 2015 (3): 21-27.

[110] 张亚斌, 刘俊, 李城霖. 丝绸之路经济带贸易便利化测度及中国贸易潜力 [J]. 财经科学, 2016 (5): 112-122.

[111] 张营营, 白东北, 高煜. 贸易便利化对企业出口国内附加值率的影响——来自中国制造业企业的证据 [J]. 商业经济与管理, 2019, 336 (10): 58-69.

[112] 赵瑞丽, 孙楚仁, 陈勇兵. 最低工资与企业出口持续时间 [J].

世界经济, 2016, 39 (7): 97-120.

[113] 郑玉, 郑江淮. 贸易成本如何影响我国出口技术含量? [J]. 经济评论, 2020, 224 (4): 111-127.

[114] 周茂, 李雨浓, 姚星, 等. 人力资本扩张与中国城市制造业出口升级: 来自高校扩招的证据 [J]. 管理世界, 2019, 35 (5): 64-77+198-199.

[115] 周世民, 孙瑾, 陈勇兵. 中国企业出口生产率估计: 2000—2005 [J]. 财贸经济, 2013 (2): 80-90.

[116] 朱剑冰, 吕静. 贸易便利化评价指标体系研究及其应用 [J]. 湖南大学学报, 2015 (6): 70-75.

[117] 朱晶, 毕颖. 贸易便利化对中国农产品出口深度和广度的影响 [J]. 国际贸易问题, 2018 (4): 60-71.

[118] 祝树金, 彭彬, 李丹, 等. 最低工资、融资约束与企业成本加成——兼论最低工资的资源配置效应 [J]. 国际商务 (对外经济贸易大学学报), 2023, 210 (1): 120-138.

[119] 祝树金, 钟腾龙, 李仁宇. 进口竞争、产品差异化与企业产品出口加成率 [J]. 管理世界, 2019, 35 (11): 52-71+231.

[120] Albornoz F, Fanelli S, Hallak J C. Survival in Export Markets [J]. Journal of International Economics, 2016, 102 (9): 262-281.

[121] Amiti M, Freund C. The Anatomy of China's Export Growth [R]. Washington: World Bank, 2008.

[122] Amiti M, Khandelwal A K. Import Competition and Quality Upgrading [J]. Review of Economics and Statistics, 2013, 95 (2): 476-490.

[123] Araujo L, Mion G, Ornelas E. Institutions and Export Dynamics [J]. Journal of International Economics, 2016, 98 (1): 2-20.

[124] Arkolakis C, Muendler M A. The Extensive Margin of Exporting Products: A firm-level analysis [R]. Boston: National Bureau of Economic Research, 2011.

[125] Avetisyan, Misak, Heatwole, et al. Competitiveness and Macroeconomic Impacts of Reduced Wait Times at US Land Freight Border Crossings [J]. Transportation Research, 2015, 78A (8): 84-101.

[126] Bas M, Strauss-Kahn V. Input-trade Liberalization, Export Prices and Quality Upgrading [J]. Journal of International Economics, 2015, 95 (1): 250-262.

[127] Bernard A B, Beveren I V, Vandenbussche H. Multi-product Exporters and the Margins of Trade [J]. Japanese Economic Review, 2014, 65 (2): 142-157.

[128] Bernard A B, Redding S J, Schott P K. Multiproduct Firms and Trade Liberalization [J]. The Quarterly Journal of Economics, 2011, 126 (3): 1271-1318.

[129] Besedes T. A Search Cost Perspective on Formation and Duration of Trade [J]. Review of International Economics, 2008, 16 (5): 835-849.

[130] Besedes T, Blyde J. What Drives Export Survival: An Analysis of Export Duration in Latin American [R]. Washington: American Development Bank, Mimeo, 2010.

[131] Besedes T, Prusa T J. The Role of Extensive and Intensive Margins and Export Growth [J]. Journal of Development Economics, 2006, 96 (2): 371-379.

[132] Besedes T, Prusa T J. Ins, Outs and Duration of Trade [J]. Canadi-

an Journal of Economics, 2006, 39 (1): 266-295.

[133] Beverelli C, Neumueller S, Teh R. Export Diversification Effects of the WTO Trade Facilitation Agreement [J]. World Development, 2015 (76): 293-310.

[134] Bustos P. The Impact of Trade on Technology and Skill Upgrading Evidence from Argentina [R]. Barcelona: Vniversitat Pompeu Fabra, 2007.

[135] Carballo J, Alejandro G, Schaur G, et al. The Heterogeneous Costs of Port-of-Entry Delays [R]. Washington: Inter-American Development Bank, 2014.

[136] Caselli M, Chatterjee A, Woodland A. Multi-product Exporters, Variable Markups and Exchange Rate Fluctuations [J]. Canadian Journal of Economics, 2017, 50 (4): 1130-1160.

[137] Changey T. Distorted Gravity: The Intencive and Extensive Margins of International Trade [J]. American Economic Review, 2008, 98 (4): 1707-1721.

[138] Chatterjee A, Dix-Carneiro R, Vichyanond J. Multi-product Firms and Exchange Rate Fluctuations [J]. American Economic Journal: Economic Policy, 2013, 5 (1): 77-110.

[139] Clarke G R G. Has the Internet Increased Exports for Firms from Low and Middle-income Countries? [J]. Information Economics and Policy, 2008, 20 (1): 16-37.

[140] Connolly M. The Dual Nature of Trade: Measuring Its Impact on Imitation and Growth [J]. Journal of Development Economics, 2003, 72 (1): 31-55.

[141] De Loecker J, Goldberg P K, Khandelwal A K, et al. Prices, Markups

and Trade Reform [J]. Econometrica, 2016, 84 (2): 445-510.

[142] Demurger S. Infrastructure Development and Economic Growth: An Explanation for Regional Disparities in China [J]. Journal of Comparative Economics, 2001 (1): 95-117.

[143] Dennis A. Global Economic Crisis and Trade: The Role of Trade Facilitation [J]. Applied Economics Letters, 2010, 17 (18): 1753-1757.

[144] Dennis A, Shepherd B. Trade Facilitation and Export Diversification [J]. The World Economy, 2011 (34): 101-122.

[145] Djankov S, Freund C, Pham C. Trading on Time [J]. The Review of Economics and Statistics, 2010, 92 (1): 166-173.

[146] Dollar D, Haooward-Driemeier M, Mengistae T. Investment Climate and international Integration [J]. World Development, 2006, 34 (9): 1498-1516.

[147] Donaldson D. Railroads of the Raj: Estimation the Impact of Transportation Infrastructure [J]. American Economic Review, 2018, 108 (4): 899-934.

[148] Esteve-Pérez S, Requena S F, Vicente J, et al. The Duration of Firm-destination Export Relationships: Evidence from Spain, 1997-2006 [J]. Economic Inquiry, 2013, 51 (1): 159-180.

[149] Facundo A, Sebastian F, Hallak J C. Survival in Export Markets [J]. Journal of International Economics, 2016, 102 (1): 261-281.

[150] Feenstra R C. Measuring the Gains from Trade under Monopolistic Competition [J]. Canadian Journal of Economics, 2010, 43 (1): 1-28.

[151] Feenstra R C, Ma H. Trade Facilitation and the Extensive Margin of Exports [J]. Japanese Economic Review, 2014 (65): 158-177.

[152] Felipe J, Kumar U. The Role of Trade Facilitation in Central Asia: A Gravity Model [J]. Eastern European Economics, 2012, 50 (4): 4-20.

[153] Feng L, Li Z, Swenson D L. The Connection between Imported Intermediate Inputs and Exports: Evidence from Chinese Firms [J]. Journal of International Economics, 2016, 101 (7): 86-101.

[154] Francois J, Manchin M. Institutions, Infrastructure, and Trade [J]. World Development, 2012 (46): 165-175.

[155] Francois J, van Meijl H, van Tongernen F. Trade Liberalization in the Doha Development Round [J]. Economic Policy, 2005 (42): 350-391.

[156] Francois J, Manchin M. Institutions Infrastructure and Trade [J]. World Development, 2013 (6): 165-175.

[157] Freund C L, Weinhold D. The Effect of the Internet on International Trade [J]. Journal of International Economics, 2004 (1): 171-189.

[158] Goldar B, Aggarwal S C. Trade Liberalization and Price-cost Margin in Indian Industries [J]. The Developing Economics, 2005, 43 (3): 346-373.

[159] Goldberg P K, Khandelwal A K, Pavcnik N, et al. Imported Intermediate Inputs and Domestic Product Growth: Evidence from India [J]. The Quarterly journal of economics, 2010, 125 (4): 1727-1767.

[160] Grossman G M, Helpman E. Trade, Knowledge Spillovers, and Growth [J]. European Economic Review, 1991, 35 (2): 517-526.

[161] Hausman R, Hwang J, Rodrik D. What You Export Matters [J]. Journal of Economic Growth, 2007, 12 (1): 1-25.

[162] Hess W, Persson M. The Duration of Trade Revisited Continuous-Time vs Discrete-Time Hazards [J]. Empirical Economics, 2012,

43（1）：1083-1107.

[163] Hoekman B, Nicita A. Trade Policy, Trade Costs and Developing Country Trade [J]. World Development, 2011（12）：2069-2079.

[164] Hoekman B, Shepherd B. Who Profits from Trade Facilitation Initiatives? [J]. Journal of African Trade, 2013（2）：51-57.

[165] Hoekman B, Shepherd B. Who Profits from Trade Facilitation Initiatives? Implications for African Countries [J]. Journal of African Trade 2015, 2（1）：51-70.

[166] Hornok D, Koren M. Administrative Barriers to Trade [J]. Journal of International Economics, 2015, 96（S1）：110-122.

[167] Hummels D, Klenow P L. The Variety and Quality of a Nation's Exports [J]. American Economic Review, 2005, 95（3）：704-723.

[168] Hummels D, Minor P, Reisman M. Calculating Tariff Equivalent for Time in Trade [R]. Washington：Nathan Associates report for US Agency for International Development, 2007.

[169] Hummels D, Schaur G. Time as a Trade Barrier [J]. American Economic Review, 2013, 103（7）：2935-59.

[170] Ilmakunnas P, Nurmi S. Dynamics of Export Market Entry and Exit [J]. Journal of Economics, 2010, 112（1）：101-126.

[171] Iwanow T, Kirkpatrick C. Trade Facilitation Regulatory Quality and Export Performance [J]. Journal of International Development, 2007（6）：735-753.

[172] Jenkins S P. Easy Estimation Methods for Discrete-Time Duration Models [J]. Oxford Bulletin of Economics and Statistics, 1995, 57（1）：129-138.

[173] Kugler M, Verhoogen E. Prices, Plant Size, and Product Quality [J]. The Review of Economic Studies, 2012, 79 (1): 307-339.

[174] Lee Hyo-young, Kim Chong-Sup. The Impact of Trade Facilitation on the Extensive and Intensive Margins of Trade: An application for Developing Countries [J]. Journal of East Asian Economic Integration 2012, 16 (1): 67-96.

[175] Levchenko A A. InstitutionalQuality and International Trade [J]. The Review of Economic Studies, 2007 (3): 791-819.

[176] Li Yue, Wilson J S. Time as a Determinant of Comparative Advantage [R]. Washington: Word Bank, 2009.

[177] Liapis P. Changing Patterns of Trade in Processed Agricultural Products [R]. Paris: OECD, 2011.

[178] Ma Y, Qu B Z, Zhang Y F. Judicial Quality, Contract Intensity and Trade: Firm-level Evidence From Developing and Transition Countries [J]. Journal of Comparative Economics, 2010 (2): 146-159.

[179] Mayer T, Melitz M J, Ottaviano G I P. Market Size, Competition, & the Product Mix of Exporters [J]. American Economic Review, 2014, 104 (2): 495-536.

[180] Melitz M J. The Mpact of Trade on Intra-Industry Reallocations and Aggregate Industry Prodactivity [J]. Econometrica, 2003, 71 (6): 1695-1725.

[181] Melitz M J, Redding S J. Heterogeneous Firms and Trade [J]. Handbook of International Economics, 2014 (4): 1-54.

[182] Melitz M J. The Impact of Trade in Intra-industry Reallocations & Aggregate Industry Productivity [J]. Econometrica, 2003, 71 (6):

1695-1725.

[183] Michaely M. Trade, Income Levels, and Dependence [M]. Amsterdam: North-Holland, 1984.

[184] Minetti R, Zhu S C. Credit Constraints and Firm Export: Microeconomic Evidence from Italy [J]. Journal of International Economics, 2011, 89 (1): 202-215.

[185] Miraskari S R. The Effect of the Internet on Trade Flows [J]. Economics and Finance Review, 2011 (6): 100-106.

[186] Moise E, Sorescu S. Trade Facilitation Indicators: The Potential Impact of Trade Facilitation on Developing Countries' Trade [R]. Paris: OECD, 2013.

[187] Nitsch V. Die Another Day: Duration in German Import Trade [J]. Review of World Economics, 2009, 145 (3): 133-154.

[188] Noria G L. The Effect of Trade Liberalization on Manufacturing Price Cost Margins: The Case of Mexico, 1994—2003 [J]. Working Papers, 2013, 128 (15): 25-36.

[189] Nunn N. Relationship-Specificity, Incomplete Contracts, and the Pattern of Trade [J]. Quarterly Journal of Economics, 2007, 122 (2):569-600.

[190] OECD. OECD Facilitation Indicators: The Impact on Trade Costs [R]. Paris: OECD, 2011.

[191] OECD. OECD Trade Facilitation Indicators: An Overview of Available Tools [R]. Paris: OECD, 2015.

[192] OECD. Trade Facilitation and the Global Economy [R]. Paris: OECD, 2018.

[193] Persson M. Trade Facilitation and the Extensive Margin [J]. The

Journal of International Trade & Economic Development, 2013 (22): 658-693.

[194] Pieterse E, Parnell S, Haysom G. African Dreams: Locating Urban Infrastructure in the 2020 Sustainable Development Agenda [J]. Area Development and Policy, 2018 (2): 217-236.

[195] Portol S, Canuto O, Morini C. The Impacts of Trade Facilitation Measures on International Trade Flows [J]. Social Science Electronic Publish, 2015 (1): 1-18.

[196] Portugal-Perez A, Wilson J S. Export Performance and Trade Facilitation Reform: Hard and Soft Infrastructure [J]. World Development, 2012, 40 (7): 1295-1307.

[197] Qiu L D, Zhou W. Multiproduct Firms and Scope Adjustment in Globalization [J]. Journal of International Economics, 2013, 91 (1): 142-153.

[198] Raei F, Ignatenko A, Mircheva B. Global Value Chains: What are the Benefits and Why Do Countries Participate? [R]. Washington: IMF, 2019.

[199] Rainer L, Kathryn L, Grégoire M, et al. Ecommerce and Developing Country-SME Participation in Global Value Chains [R]. Geneva: WTO, 2018.

[200] Stone S, Strutt A. Transport Infrastructure and Trade Facilitation in the Greater Mekong Subregion [M]. London: Edward Elgar Publishing, 2010.

[201] Tripathi S, Leitão Nuno Carlos. India's Trade and Gravity Model: A Static and Dynamic Panel Data [R]. Munich: MPRA Paper, 2013.

[202] Uribe-Echevarria A M, Silvente F R. The Intensive and Extensive Margins of Trade: Decomposing Exports Growth Differences across Spanish

Regions [J]. Investigaciones Regionales, 2012 (23): 53-76.

[203] Van Assche A, Gangnes B. Electronics Production Upgrading: Is China Exceptional? [J]. Applied Economics Letters, 2010, 17 (5): 477-482.

[204] Wilson J S, Mann C L, Otsuki T. Assessing the Benefits of Trade Facilitation: A Global Perspective [J]. The World Economy, 2005, 28 (6): 841-871.

[205] Wilson J S, Mann C L, Otsuki T. Trade Facilitation and Economic Development: A New Approach to Quantifying the Impact [J]. The World Bank Economic Review, 2003, 17 (3): 367-389.

[206] Woo Yuen-Pau. APEC's Trade Facilitation Action Plan: A Mid-Term Assessment [R]. Vancouver: Asia-Pacific Foundation of Canada, 2004.

[207] World Trade Organization (WTO). World Trade Report [R]. Geneva: World Trade Organization, 2015.

[208] Xu B. The Sophistication of Exports: Is China Special [J]. China Economic Review, 2010, 21 (3): 482-493.

[209] Xu B, Lu J Y. Foreign Direct Investment, Processing Trade, and the Sophistication of China's Exports [J]. China Economic Review, 2009, 20 (3): 425-439.

[210] Yeaple S R. A Simple Model of Firm Heterogeneity, International Trade, and Wages [J]. Journal of International Economics, 2005, 65 (1): 1-20.

[211] Zaki C. An Empirical Assessment of the Trade Facilitation Initiative: Econometric Evidence and Global Economic Effects [J]. World Trade Review, 2014 (13): 103-130.